Hagstrom · Investieren mit Warren Buffett

Robert G. Hagstrom

Investieren mit Warren Buffett

Sichere Gewinne mit der Fokus-Strategie

FinanzBuch Verlag München

© der Originalausgabe by Robert G. Hagstrom.
Die Deutsche Bibliothek – CIP-Einheitsaufnahme
Ein Titeldatensatz für diese Publikation ist bei
Der Deutschen Bibliothek erhältlich

Für Bob und Ruth Hagstrom,
die mit Liebe, Geduld und Unterstützung
ihrem Sohn erlaubten,
seinen eigenen Weg zu finden.

AUS DEM AMERIKANISCHEN VON
CARSTEN ROTH

Gesamtbearbeitung: Michael Volk, München
Satz und Repro: SatzTeam Berger, Ellenberg
Druck: Wiener Verlag GmbH, Himberg

© 2000 BY FINANZBUCH VERLAG GMBH MÜNCHEN
LANDSHUTER ALLEE 61 · 80637 MÜNCHEN
TEL.: 089/65 12 85-0 FAX: 089/65 20 96
E-MAIL: HAGSTROM@FINANZVERLAG.COM

ISBN 3-932114-35-3

Für mehr Bücher: www.finanzverlag.com

VORWORT

Warren Buffett ist überzeugt davon, dass es sehr wichtig ist, Grundkenntnisse der Mathematik und Wahrscheinlichkeitsrechnung zu besitzen, und dass Investoren die Psychologie des Marktes verstehen sollten. Er warnt uns vor den Gefahren, die darin liegen, die Marktbewegungen vorhersehen zu wollen. Allerdings waren seine Anleitungen zu beiden Bereichen nur sehr begrenzt. Wir wissen zwar sehr viel darüber, wie er seine Aktien auswählt, doch Buffetts öffentliche Stellungnahmen zu Wahrscheinlichkeiten, Psychologie und Vorhersagen sind vergleichsweise selten.

Das mindert nicht die Bedeutung dieser Lektionen; es bedeutet lediglich, dass ich gezwungen war, die Lücken mit meinen eigenen und den Interpretationen anderer zu füllen. Bei diesem Unterfangen verließ ich mich auf den Mathematiker Dr. Ed Thorp, der mir half, die Wahrscheinlichkeitsrechnung besser zu verstehen, ich verließ mich auf Charlie Munger, der mir half, die Psychologie der Fehleinschätzungen zu würdigen, und auf Bill Miller, der mir etwas über die Wissenschaft komplexer adaptiver Systeme beibrachte.

Nun sind ein paar allgemeine Anmerkungen über die Struktur des Buchs angebracht. Stellen Sie sich zwei große, nicht ganz symmetrische Bereiche vor, die zwischen einem Einleitungskapitel und einer Zusammenfassung liegen. Das erste Kapitel gibt in einer Art Zusammenfassung eine Vorschau auf das Konzept des Fokus-Investing und seiner wichtigsten Elemente. Die Kapitel 2 bis 5 stellen das erste große Segment dar. Zusammengenommen bieten sie sowohl die wissenschaftliche als auch die statistische Grundlage des Fokus-Investing und zeigen die Lehren, die man aus den Erfahrungen bekannter Fokus-Investoren ziehen kann.

Wir interessieren uns nicht nur für den intellektuellen Rahmen, der das Fokus-Investing stützt, sondern auch für das Verhalten von Fokus-Portfolios im Allgemeinen. Leider bieten die historischen Daten über Fokus-Portfolios bisher zu wenig Beobachtungen, um statistisch aussagefähige Schlüsse zu ziehen. Hier liegt ein aufregender und großer Bereich für Forschung, die das ändern kann.

1997 und 1998 führten Dr. Joan Lamm-Tennant und ich eine Studie über die Theorie und den Prozess des Fokus-Investing durch. In dieser Studie betrachteten wir 3.000 Fokus-Portfolios über verschiedene Zeiträume; dann verglichen wir das Verhalten dieser Portfolios mit den deutlich diversifizierten Portfolios, die heute die Investment-Fonds und institutionellen Portfolios dominieren. Die Ergebnisse dieser Studie erschienen in einer wissenschaftlichen Arbeit mit dem Titel *Fokus-Investing: An Optimal Portfolio Strategy Alternative to Active versus Passive Management*, und was wir herausfanden, fasse ich in unwissenschaftlicher Sprache in Kapitel 4 zusammen.

In den Kapiteln 6 bis 8, dem zweiten großen Segment dieses Buchs, wenden wir unsere Aufmerksamkeit anderen Bereichen dieser Studie zu: der Mathematik, der Psychologie und der neuen Wissenschaft der Komplexität. Hier werden Sie die neuen Gedanken finden, die ich von Ed Thorp, Charlie Munger und Bill Miller aufgenommen habe. Manche mögen es für eigenartig halten, dass wir in Bereiche gehen, die anscheinend nichts mit unserem Thema zu tun haben. Aber ich bin überzeugt, dass jeder Versuch des Fokus-Investing scheitern muss, wenn man diese anderen Disziplinen nicht versteht.

Schließlich bietet Kapitel 9 zusammengefasste Informationen über die Charakteristika von Fokus-Investoren und eindeutige Anleitungen, damit Sie selbst mit einer Fokus-Investment-Strategie für Ihr Portfolio beginnen können.

ROBERT G. HAGSTROM

INHALT

Kapitel 1

Focus-Investing

Robert, wir konzentrieren uns auf einige wenige hervorragende Unternehmen. Wir sind Focus-Investoren.

— Warren Buffett

Ich erinnere mich an diese Unterhaltung mit Warren Buffett, als ob es gestern gewesen wäre. Aus zwei Gründen war dies für mich ein entscheidender Augenblick. Erstens bewegte dieses Gespräch mein Denken in völlig neue Richtungen, und zweitens gab diese Unterhaltung einem Ansatz des Portfolio-Managements einen Namen, von dem ich instinktiv glaubte, es sei äußerst vernünftig, der unsere Branche aber lange Zeit übersehen hatte. Diesen Ansatz nennen wir heute Fokus-Investing – und er ist genau das Gegenteil von dem, was die meisten Menschen sich unter dem vorstellen, was erfahrene Kapitalanleger tun.

Hollywood lieferte uns das visuelle Klischee eines Geldmanagers bei seiner Arbeit: Er spricht gleichzeitig in zwei Telefone, er kritzelt frenetisch Notizen, während er versucht, flackernde Computerbildschirme im Auge zu behalten, auf denen es an allen Ecken und Enden blinkt und piepst, er haut immer dann auf seine Tastatur, wenn ein Computerflimmern einen minimalen Kursrückgang zeigt.

Warren Buffett, der Inbegriff eines Fokus-Investors, ist von diesem Stereotyp der Hektik so weit entfernt, wie man es sich nur vorstellen

9

kann. Der Mann, den viele als den größten Investoren der Welt ansehen, wird im Allgemeinen mit den Worten sanft, bodenständig und großväterlich beschrieben. Er bewegt sich mit einer Ruhe, die aus großem Selbstvertrauen resultiert, und dennoch sind seine Leistungen und seine Performance legendär. Es ist kein Zufall, dass die gesamte Investmentbranche genau beobachtet, was er tut. Wenn Buffett seinen Weg als Fokus-Investing charakterisiert, dann ist es nur klug zu ergründen, was das bedeutet und wie es gemacht wird.

Fokus-Investing ist eine bemerkenswert einfache Idee und dennoch: Wie die meisten einfachen Ideen beruht sie auf einer komplexen Basis von miteinander verflochtenen Konzepten. Wenn wir diese Idee gegen das Licht halten und all ihre Facetten betrachten, dann finden wir unter der strahlenden Helligkeit der Oberfläche Tiefe, Substanz und eine solide Denkweise.

In diesem Buch werden wir diese miteinander verwobenen Konzepte eines nach dem anderen gründlich durchleuchten. An dieser Stelle möchte ich Ihnen lediglich den Grundgedanken des Fokus-Investing vorstellen. Das Ziel dieses Überblickskapitels gibt das Ziel des ganzen Buchs wieder: Ich möchte Ihnen eine neue Denkweise über Anlageentscheidungen und das Management von Portfolios vorstellen. Doch ich möchte Sie warnen: Dieser neue Weg ist sehr wahrscheinlich das Gegenteil von dem, was Ihnen immer über die Kapitalanlage in Aktien gesagt wurde. Er ist von der üblichen Denkweise über Aktien so weit entfernt, wie Warren Buffett von dem oben beschriebenen Hollywood-Klischee.

Der Grundgedanke des Fokus-Investing kann ganz einfach dargestellt werden:

Wählen Sie ein paar Aktien aus, von denen Sie glauben, dass sie langfristig wahrscheinlich überdurchschnittliche Gewinne einbringen werden, konzentrieren Sie den größten Teil Ihres Vermögens auf diese Aktien und haben Sie die Kraft, ruhig zu bleiben, auch wenn es an der Börse kurzfristige Umschwünge gibt.

Ohne Zweifel erheben sich bei dieser Zusammenfassung alle möglichen Fragen:

Wie erkenne ich diese überdurchschnittlichen Aktien?

Wieviel ist „ein paar"?

Was bedeutet „konzentrieren"?

Wie lange muss ich die Aktien halten?

Und letztlich:

Weshalb sollte ich das tun?

Die umfassenden Antworten auf diese Fragen finden sich in den folgenden Kapiteln. Unser Ziel ist es, einen Überblick über das Vorgehen beim Fokus-Investing zu geben, und wir beginnen mit der sehr vernünftigen Frage, weshalb Sie sich damit überhaupt befassen sollten.

PORTFOLIO-MANAGEMENT HEUTE: SIE HABEN DIE WAHL ZWISCHEN ZWEI MÖGLICHKEITEN

Augenblicklich scheint sich das Portfolio-Management in einer Art Tauziehen zwischen zwei widerstreitenden Strategien zu befinden: dem aktiven Portfolio-Management und dem Index-Investing.

Aktive Portfolio-Manager kaufen und verkaufen ständig eine große Zahl von Aktien. Ihre Aufgabe ist es, die Kunden zufrieden zu stellen, und das bedeutet, dass man ständig besser sein muss als der Markt, und das an jedem Tag. Wenn ein Kunde den ganz offensichtlichen Maßstab anlegt − „Wie schneidet mein Portfolio im Vergleich zum Gesamtmarkt ab?" − und die Antwort positiv ist, dann läßt der Kunde sein Geld im Fonds. Um an der Spitze zu bleiben, versuchen die aktiven Manager zu prognostizieren, was mit den Aktien in den kommenden sechs Monaten geschehen wird, und schichten das Portfolio ständig in der Hoffnung, um von ihren Prognosen zu profitieren. Im Durchschnitt haben die Aktien-Fonds von heute mehr als 100 Aktien im Portfolio und schichten es jährlich zu 80 % um.

Index-Investing dagegen ist eine Strategie des Kaufens und Haltens.

Hier wird ein breit diversifiziertes Aktien-Portfolio zusammengestellt und gehalten, das so gestaltet ist, dass es das Verhalten eines speziellen Vergleichsindexes wie beispielsweise des Standard & Poor's 500 (S&P 500) nachvollzieht.

Im Vergleich zum aktiven Management ist das Index-Investing etwas Neues und weitaus weniger verbreitet. Seit den 80er Jahren, als Index-Fonds als legitime Alternativstrategie anerkannt wurden, liegen die Anhänger dieser beiden Strategien ständig in einem Kampf, um festzustellen, welcher Weg die höheren Gewinne abwirft. Aktive Portfolio-Manager behaupten, dass sie wegen ihrer überlegenen Talente, die richtigen Aktien auswählen zu können, besser seien als jeder Index. Index-Strategen haben hingegen die jüngste Geschichte auf ihrer Seite. In einer Studie, die die Ergebnisse eines Zeitraums von 20 Jahren (1977 bis 1997) verfolgte, fielen die Aktien-Fonds, denen es gelang, den S&P 500 zu schlagen, ganz dramatisch von 50 % in den früheren Jahren auf kaum 25 % in den letzten vier Jahren zurück. Seit 1997 steht es um die Aktien-Fonds sogar noch schlechter. Im November 1998 waren 90 % der aktiv gemanagten Fonds schlechter als der Markt (durchschnittlich 14 % schwächer als der S&P 500), was bedeutet, dass lediglich 10 % besser waren als der Markt.

Aktives Portfolio-Management, so wie es heute praktiziert wird, hat nur eine geringe Chance, besser zu sein als der S&P 500. Weil sie frenetisch Hunderte von Aktien in jedem Jahr kaufen und verkaufen, wurden die institutionellen Geldmanager in gewissem Sinn selbst der Markt. Ihre grundlegende Theorie lautet: Kaufe heute – alles, was wir heute empfehlen, kannst du später mit Gewinn wieder verkaufen, ganz gleich, was es ist. Der fatale Fehler dieser Logik: Unter Berücksichtigung der komplexen Eigenarten der Finanzwelt sind Prognosen unmöglich (siehe Kapitel 8, in dem wir komplexe adaptive Systeme beschreiben). Dieses wackelige theoretische Fundament wird weiter beeinträchtigt durch die systemimmanenten Kosten, die mit diesem hohen Niveau an Aktivität einhergehen – Kosten, die die Nettogewinne der Investoren mindern. Wenn wir diese Kosten einrechnen, wird es offensichtlich, dass aktives Geldmanagement seinen eigenen Untergang bewirkt hat.

Wegen seiner geringeren Kosten ist Index-Investing besser als die

Anlage in aktiv gemanagte Portfolios und das in vielerlei Hinsicht. Doch selbst der beste Index-Fonds wird auch bei bester Leistung nur die Gewinne des Gesamtmarktes einbringen. Index-Investoren können nicht schlechter sein als der Markt – aber auch nicht besser.

Die zu Grunde liegende Attraktivität beider Strategien ist aus der Sicht der Investoren die gleiche: Risikominimierung durch Diversifikation. Investoren versuchen, sich eine schöne warme Schutzdecke zu schaffen, indem sie viele Aktien aus vielen Branchen und vielen Marktsegmenten halten. Dies soll sie vor fürchterlichen Verlusten schützen, die dann vorkommen könnten, wenn sie ihr ganzes Geld in einen Bereich investiert hätten, der gerade eine schlimme Zeit durchmachen muss. In normalen Zeiten (so glaubt man) werden manche Aktien in einem diversifizierten Portfolio in ihrem Kurs steigen, andere fallen und man hofft, dass das Erstere das Letztere kompensieren wird. Aktive Manager glauben, dass sich die Chancen verbessern, wenn die Zahl der Aktien im Portfolio wächst. Zehn ist besser als eine und 100 besser als zehn.

Ein Index-Fonds erfordert entsprechend seiner Definition diese Art von Diversifikation, wenn der Index, den der Fonds wiederspiegelt, ebenfalls diversifiziert ist, wie es die meisten auch sind. Der traditionelle Aktien-Fonds, in dem mindestens 100 Aktien ständig in Bewegung sind, bietet ebenfalls Diversifikation.

Wir haben dieses Mantra der Diversifikation schon so lange gehört, dass wir der unausweichlichen Konsequenz dieser Diversifikation gegenüber intellektuell taub geworden sind: mittelmäßige Ergebnisse. Obwohl es richtig ist, dass aktive und Index-Fonds Diversifikation bieten, erzielt im Allgemeinen keine dieser beiden Strategien außerordentliche Gewinne. Dies sind die Fragen, die sich intelligente Anleger stellen sollten: Bin ich mit durchschnittlichen Gewinnen zufrieden? Kann ich besser abschneiden?

EINE NEUE WAHLMÖGLICHKEIT

Was sagt Warren Buffett zu dieser anhaltenden Diskussion, ob eine In-
dex-Strategie besser ist als eine aktive Strategie? Hätte er nur diese
beiden Wahlmöglichkeiten, würde er ohne zu zögern die Index-Strate-
gie wählen. Ganz besonders dächte er an risikoscheue Investoren und
Menschen, die nur über geringen wirtschaftlichen Sachverstand verfügen und dennoch von den langfristigen Vorteilen der Kapitalanlage in
Aktien profitieren wollen. „Wenn ein ahnungsloser Investor regelmäßig in einen Index-Fonds investiert", sagt Buffett in seiner unnach-
ahmlichen Art, „dann kann er tatsächlich besser abschneiden als die
meisten Anlageprofis."

Buffett würde jedoch sehr schnell eine dritte Alternative herausstellen, eine ganz andere Art der aktiven Portfolio-Strategie, die die Chancen, den Index zu schlagen, deutlich verbessert. Diese Alternative ist das
Fokus-Investing.

FOKUS-INVESTING: DAS GROSSE BILD

„Finden Sie herausragende Unternehmen"

Im Laufe der Jahre hat Waren Buffett eine Methode zur Auswahl von
Unternehmen entwickelt, die er für wert hält, sein Geld darin anzulegen. Seine Wahl beruht auf einem Gedanken, der dem gesunden
Menschenverstand entspringt: Wenn es einem Unternehmen gut geht
und es von klugen Menschen gemanagt wird, dann wird sich der darin
liegende Wert auch in seinem Aktienkurs zeigen. Deshalb widmet Buffett den größten Teil seiner Aufmerksamkeit nicht den Aktienkursen,
sondern der Analyse von wirtschaftlichen Daten der Unternehmen
und der Beurteilung des Managements.

Das soll nicht bedeuten, dass die Analyse eines Unternehmens – alle
Informationen aufzudecken, die uns etwas über seinen wirtschaftlichen
Wert sagen – besonders einfach ist. Dafür ist sehr viel Arbeit nötig.

Doch Buffett hat oft gesagt, dass seine „Hausaufgaben" nicht mehr Energie benötigten, als der Versuch, an der Spitze des Marktes zu bleiben – nur die Ergebnisse seien wesentlich nützlicher.

Wenn Buffett ein Unternehmen analysiert, dann prüft er es nach einer Reihe von Grundsätzen oder fundamentalen Prinzipien der Kapitalanlage. Diese Grundsätze, die ich auf Seite 16 in einem Kasten zusammengefasst habe, können wir als eine Art Werkzeugkasten betrachten. Jeder einzelne Grundsatz ist ein analytisches Werkzeug, und zusammengenommen bilden sie eine Methode, um die Unternehmen herauszukristallisieren, die die besten Chancen auf hohe Gewinne haben.

Wenn Sie Warren Buffetts Grundsätzen folgen, dann führen diese Sie unausweichlich zu guten Unternehmen, die in einem Fokus-Portfolio ihren Platz haben sollten. Der Grund ist, dass Sie wahrscheinlich Unternehmen ausgewählt haben, die über einen langen Zeitraum hinweg eine überlegene Performance zeigten und über ein stabiles Management verfügen. Diese Stabilität weist darauf hin, dass diese Unternehmen in der Zukunft höchstwahrscheinlich genauso weiterarbeiten werden wie in der Vergangenheit. Und das ist das Herzstück des Fokus-Investing: Konzentrieren Sie Ihre Kapitalauflage auf Unternehmen, die mit höchster Wahrscheinlichkeit eine überdurchschnittliche Performance aufweisen werden.

Die Wahrscheinlichkeitstheorie, die aus der Mathematik kommt, ist eines der Konzepte, auf denen das Fokus-Investing beruht. In Kapitel 6 werden Sie mehr über die Wahrscheinlichkeitstheorie erfahren und wie sie auf die Kapitalanlage angewandt werden kann. Für den Augenblick reicht es aus, wenn Sie sich der mentalen Übung unterziehen, nur an „gute Unternehmen" und „Ereignisse mit hoher Wahrscheinlichkeit" zu denken. Bei Ihrer Analyse haben Sie bereits Unternehmen mit einer guten Vergangenheit und deshalb mit guten Aussichten für die Zukunft erkannt. Nun nehmen Sie das, was Sie schon wissen, und denken darüber in einer anderen Art nach – unter dem Aspekt von Wahrscheinlichkeiten.

Grundsätze aus The Warren Buffett Way

Grundsätze für das Unternehmen
1. Ist das Geschäft einfach und leicht verständlich?
2. War das Unternehmen ständig aktiv im Geschäft?
3. Hat das Unternehmen günstige langfristige Aussichten?

Grundsätze für das Management
1. Handelt das Management rational?
2. Ist das Management seinen Aktionären gegenüber ehrlich?
3. Kann das Management dem institutionellen Imperativ widerstehen?

Grundsätze für die Finanzen
1. Konzentrieren Sie sich auf die Eigenkapitalrendite und nicht auf die Gewinne je Aktie.
2. Kalkulieren Sie die „Gewinne der Inhaber".
3. Halten Sie Ausschau nach Unternehmen mit hohen Gewinnspannen.
4. Stellen Sie sicher, dass das Unternehmen für jeden einbehaltenen Dollar mindestens einen Dollar an Marktwert geschaffen hat.

Grundsätze für den Markt
1. Wie hoch ist der Wert des Unternehmens?
2. Kann das Unternehmen mit einem deutlichen Abschlag auf seinen Wert gekauft werden?

„Weniger ist mehr"

Erinnern Sie sich an Buffetts Rat an einen ahnungslosen Investor, dieser solle sich an Index-Fonds halten? Für unsere Zwecke ist interessanter, was er danach sagte: „Wenn Sie allerdings ein Investor sind, der sich schon ein wenig auskennt, wenn Sie geschäftliche Abläufe verstehen und fünf bis zehn Unternehmen finden, die wichtige, langfristige, konkurrenzfähige Vorteile haben und zu einem vernünftigen Kurs gehandelt werden, dann ist die konventionelle Diversifikation (breitgestreute, aktive Portfolios) nichts für Sie."

Was ist an der konventionellen Diversifikation falsch? Erstens werden damit die Chancen erhöht, dass Sie etwas kaufen, wovon Sie nichts verstehen. Anleger, die sich auskennen und Buffetts Grundsätze befolgen, fahren besser, wenn sie ihre Aufmerksamkeit nur auf einige wenige Unternehmen konzentrieren – „fünf bis zehn" schlägt Buffett vor. Andere Anhänger der Fokus-Philosophie haben weniger vorgeschlagen, einige sogar nur drei Titel. Der durchschnittliche Investor jedoch sollte etwa zehn bis 15 verschiedene Titel in seinem Portfolio haben. Zurück zur Frage: „Wieviel ist ein paar?" Die Antwort lautet: nicht mehr als 15. Entscheidender als die genaue Zahl ist das Verständnis der Grundidee, die dahinter steht. Fokus-Investing funktioniert nicht, wenn es auf ein großes Portfolio mit Dutzenden von Aktien angewendet wird.

Warren Buffett verweist oft auf John Maynard Keynes, den britischen Ökonomen, von dem er viele Ideen übernommen hat. Im Jahr 1934 schrieb Keynes an einen Geschäftspartner: „Es ist ein Fehler zu glauben, man könne sein Risiko begrenzen, wenn man sein Kapital auf zu viele Unternehmen verteilt, von denen man wenig weiß und bei denen es keinen Grund für besonderes Vertrauen gibt ... Wissen und Erfahrung sind unbegrenzt, und es gibt nie mehr als zwei oder drei Unternehmen, in die ich völliges Vertrauen habe." Dieser Brief von Keynes könnte das erste Schriftstück sein, das jemals über Fokus-Investing verfasst wurde.

Einen noch größeren Einfluß auf Buffett hatte Philip Fisher, dessen Wirkungen auf Buffetts Denken ausreichend gewürdigt wurden. Fisher, ein sehr bekannter Kapitalanlageberater über ein halbes Jahrhundert hinweg, ist der Autor von zwei wichtigen Büchern: *Common*

Stocks and Uncommon Profits und *Paths to Wealth Through Common Stocks*, die von Warren Buffett beide sehr bewundert werden.

Phil Fisher war für seine Fokus-Portfolios bekannt. Er sagte immer, er ziehe es vor, wenige hervorragende Unternehmen im Portfolio zu haben, die er gut kenne, als viele durchschnittliche Unternehmen, von denen er viele nicht gut kenne. Fisher begann kurz nach dem Börsencrash von 1929 mit der Kapitalanlageberatung und erinnert sich gut, wie wichtig es war, gute Ergebnisse zu erzielen. „Damals durfte man sich keine Fehler erlauben. Ich erkannte: Je mehr ich von einem Unternehmen wusste, um so besser würde ich abschneiden." Grundsätzlich hatte Fisher in seinen Portfolios nie mehr als zehn Unternehmen, von denen drei oder vier oft 75 % der Gesamtanlage repräsentierten.

In seinem Buch *Common Stocks* schrieb er 1958: „Investoren, und noch viel weniger ihren Beratern, scheint es nie in den Sinn zu kommen, dass der Kauf von Aktien eines Unternehmens, über das man nicht ausreichend informiert ist, sogar noch gefährlicher ist, als sein Portfolio unzureichend diversifiziert zu haben." Mehr als 40 Jahre später hat Fisher, heute 91 Jahre alt, seine Meinung nicht geändert. „Großartige Aktien sind äußerst schwierig zu finden", erzählte er mir. „Wenn es allerdings nicht schwierig wäre, dann hätte sie jeder. Ich wusste, dass ich nur die besten besitzen wollte – oder überhaupt keine."

Ken Fisher, der Sohn von Phil Fisher, ist ebenfalls ein erfolgreicher Geldmanager. Er fasst die Philosophie seines Vaters so zusammen: „Die Anlagestrategie meines Vaters beruht auf einer außergewöhnlichen, jedoch sehr wichtigen Annahme, nämlich, dass weniger mehr ist."

„Setzten Sie große Einsätze auf Ereignisse, die mit hoher Wahrscheinlichkeit eintreffen"

Fishers Einfluss auf Buffett kann man auch in seiner Überzeugung erkennen, dass man dann, wenn man auf eine sehr gute Gelegenheit trifft, viel investieren sollte. Wie alle großen Anleger war Fisher sehr diszipliniert. In seinem Bestreben, so viel wie möglich über ein Unternehmen zu erfahren, unternahm er viele Reisen, um Firmen zu besuchen, an denen er interessiert war. Wenn ihm gefiel, was er sah, dann zögerte er nicht, einen größeren Geldbetrag zu investieren. Ken Fisher betont: „Mein Vater wusste, was es bedeutet, sehr viel auf etwas zu setzen, das sich lohnt."

Bei Warren Buffett hört sich das heute so an: „Bei jedem Investment, das Sie tätigen, sollten Sie den Mut und die Überzeugung haben, mindestens 10 % Ihres Vermögens in diese Aktie zu investieren."

Hiernach kann man verstehen, weshalb Buffett sagt, das ideale Portfolio solle nicht mehr als zehn Aktien enthalten, da ja auf jede 10 % des Vermögens entfallen. Dennoch funktioniert Fokus-Investing nicht so einfach, zehn gute Aktien herauszufinden und sein Vermögen gleichmäßig auf sie zu verteilen. Auch wenn alle Aktien in einem Fokus-Portfolio mit hoher Wahrscheinlichkeit erfolgreich sein werden, kann man nicht vermeiden, dass manche besser sein werden als andere und deshalb einen größeren Anteil am Portfolio ausmachen sollten.

Black-Jack-Spieler verstehen diese Taktik ganz intuitiv: Wenn die Chancen sehr stark zu ihren Gunsten stehen, dann tätigen sie einen großen Einsatz. In den Augen vieler Gelehrter haben Kapitalanleger und Spieler viel gemeinsam; vielleicht profitieren sie beide von der gleichen Wissenschaft: der Mathematik. Zusammen mit der Wahrscheinlichkeitstheorie liefert die Mathematik ein weiteres Element der Grundsätze des Fokus-Investing: das Kelly-Optimierungsmodell. Das Kelly-Modell besteht aus einer Formel, die die Wahrscheinlichkeit nutzt, um eine Optimierung zu berechnen – in diesem Fall die optimale Investment-Aufteilung. (Dieses Modell und die faszinierende Geschichte, wie es ursprünglich abgeleitet wurde, lesen Sie in Kapitel 6.)

Ich kann nicht mit Sicherheit sagen, ob Warren Buffett die Optimierungstheorie im Sinn hatte, als er Ende 1963 Aktien von American Express kaufte, doch ist dieser Kauf ein hervorragendes Beispiel für dieses Konzept – und für Buffetts Kühnheit. Während der 50er und 60er Jahre arbeitete Buffett als geschäftsführender Teilhaber einer Anlage-Kommanditgesellschaft in Omaha, Nebraska, wo er auch heute noch lebt. Die KG erlaubte es, große Positionen ins Portfolio zu nehmen, wenn sich gewinnträchtige Gelegenheiten boten, und 1963 gab es eine solche Gelegenheit. Im Zusammenhang mit dem berüchtigten Salatöl-Skandal um Tino de Angelis fiel der Kurs von American Express von

65 auf 35 $, als man glaubte, das Unternehmen würde wegen betrügerischer Lieferscheine über Millionen von Dollar haftbar gemacht werden. Warren investierte 13 Mio. $ – das waren 40 % seines KG-Anteils – und erwarb damit fast 5 % der ausgegebenen Aktien von American Express. In den nächsten zwei Jahren verdreifachte sich der Kurs, und die Buffett-Partnership profitierte davon mit 20 Mio. $ Gewinn.

„Seien Sie geduldig"

Fokus-Investing ist genau das Gegenteil einer Strategie, bei der man breit diversifiziert und jährlich einen hohen Anteil des Portfolios umschlägt. Unter allen aktiven Strategien hat das Fokus-Investing die beste Chance, langfristig die Rendite eines Indexes zu übertreffen, aber dazu bedarf es Investoren, die geduldig bei ihrem Portfolio bleiben, auch wenn es den Anschein hat, dass andere Strategien erfolgreicher seien. In kürzeren Zeitabständen, so stellen wir fest, können Veränderungen bei den Zinssätzen, der Inflation oder den kurzfristigen Erwartungen über die Gewinne eines Unternehmens die Aktienkurse beeinflussen. Wenn allerdings der Zeithorizont verlängert wird, dann werden zunehmend die Trends bei den grundlegenden wirtschaftlichen Gegebenheiten des Unternehmens selbst den Kurs dominieren.

Wie lang ist die ideale Haltedauer? Wie Sie sich gut vorstellen können, gibt es keine feste Regel (obwohl Buffett wahrscheinlich sagen würde, dass alles unter fünf Jahren Narretei sei). Es ist nicht das Ziel, überhaupt nicht umzuschichten. Das wäre in anderer Hinsicht dumm, weil es verhindern würde, dass Sie Vorteile nutzen, wenn Sie etwas Besseres finden. Ich möchte als Faustregel vorschlagen: Wir sollten pro Jahr nicht mehr als 10 bis 20 % des Portfolios umschichten. 10 % bedeuten, dass man die Aktien zehn Jahre lang hielte, und eine Rate von 20 % bedeuten eine Verweildauer von fünf Jahren im Portfolio.

„Keine Panik wenn es Kursveränderungen gibt"

Kursvolatilität ist ein Nebenprodukt des Fokus-Investing. In einem traditionellen aktiven Portfolio hat breite Diversifikation die Wirkung, dass die unausweichlichen Bewegungen einzelner Aktien ausgeglichen werden. Aktive Portfolio-Manager wissen nur zu gut, was geschieht, wenn Investoren ihre monatliche Abrechnung öffnen und sehen – schwarz auf weiß, dass der Dollarwert ihrer Beteiligungen gefallen ist. Auch diejenigen, die verstandesmäßig einsehen können, dass solch kleine Bewegungen ein Teil der Normalität sind, reagieren emotional und geraten in Panik.

Je diversifizierter ein Portfolio ist, desto geringer sind die Chancen, dass eine einzelne Kursveränderung die monatliche Abrechnung kippen lassen kann. Es stimmt, dass eine breite Diversifikation für viele Investoren Sicherheit bietet, weil Diversifikation die „Schlaglöcher" des Marktes ein wenig einebnet. Es stimmt aber auch, dass ein so bequemer Weg immer sehr flach verläuft. Wenn man, um Unannehmlichkeiten zu vermeiden, alle Hochs und Tiefs ausgleicht, dann erhält man eben auch nur durchschnittliche Ergebnisse.

Fokus-Investing aber hat überdurchschnittliche Ergebnisse zum Ziel. Wie wir im dritten Kapitel sehen werden, gibt es starke Hinweise sowohl in der akademischen Forschung als auch bei Fallstudien, dass dieses Streben erfolgreich sein kann. Zweifellos jedoch ist der Weg holprig. Fokus-Investoren akzeptieren die Holprigkeit, weil sie wissen, dass sie langfristig von den grundlegenden wirtschaftlichen Gegebenheiten der Unternehmen für diese kurzfristigen Kursfluktuationen mehr als belohnt werden.

Buffett ist ein Meister darin, solche Schläge zu ignorieren, ebenso wie sein langjähriger Freund und Kollege Charlie Munger, der Vizepräsident von Berkshire Hathaway. Die vielen Fans, die Berkshires bemerkenswerte Jahresberichte verschlingen, wissen, dass diese beiden Männer sich gegenseitig mit ergänzenden und manchmal kaum unterscheidbaren Ideen unterstützen und stärken. Mungers Einstellung und Philosophie haben Buffett ebenso beeinflusst, wie Buffett Munger beeinflusst hat.

In den 60er und 70er Jahren führte Munger eine Kapitalanlage-KG

(Partnership), in der er – wie Buffett etwa in der gleichen Zeit – die Freiheit hatte, für das Portfolio große Entscheidungen zu treffen. Seine Überlegungen zu den Entscheidungen in diesen Jahren klingen wie die Grundsätze des Fokus-Investing.

„Damals in den 60er Jahren nahm ich tatsächlich eine Zinstabelle", erklärte Charlie, „und traf verschiedene Annahmen, welchen Vorteil ich im Vergleich zum Verhalten der Aktien im Allgemeinen haben könnte." Charlie arbeitete mehrere Szenarios durch, einschließlich der Zahl von Aktien, die er im Portfolio benötigen würde, und welche Volatilität er erwarten könnte. Es war eine sehr geradlinige Kalkulation. „Weil ich Pokerspieler bin, wusste ich, dass man große Einsätze tätigen muss, wenn die Chancen gut stehen", sagte Charlie. Er schloss daraus, dass, solange er mit der Kursvolatilität zurechtkam, es ausreichen würde, lediglich drei Aktien zu halten. „Ich wusste, dass ich Rückschläge psychologisch wegstecken konnte", sagte er, „weil ich von Menschen erzogen wurde, die Rückschläge wegstecken können. Und deshalb war ich geradezu prädestiniert dafür, meine eigene Methode anzuwenden."

Vielleicht stammen auch Sie aus einer Familie, in der man mit Rückschlägen sehr gut umgehen kann. Aber auch wenn Sie nicht das Glück hatten, in ein solches Umfeld geboren zu werden, dann können Sie sich dieses Talent antrainieren. Der erste Schritt besteht darin, ganz bewusst zu entscheiden, sein Denken und sein Verhalten zu ändern. Neue Gewohnheiten anzunehmen und neue Denkmuster zu denken, das geht nicht über Nacht, aber es ist sicherlich machbar, dass Sie sich selbst beibringen, nicht in Panik zu geraten und nicht spontan auf die Launen des Marktes zu reagieren.

Wahrscheinlich werden Sie sich wohler fühlen, wenn Sie mehr über die Psychologie der Kapitalanlage erfahren (siehe Kapitel 7). Sozialwissenschaftler, die in einem Bereich namens Behavioral Finance arbeiten, haben angefangen, die psychologischen Aspekte des Phänomens Kapitalanlage ernsthaft zu untersuchen. Wahrscheinlich wird es auch für Sie hilfreich sein, einen anderen Maßstab für Ihren Erfolg zu benutzen. Wenn Sie Herzrhythmusstörungen bekommen, sobald Sie bemerken, dass die Aktienkurse fallen, dann ist es vielleicht an der Zeit, einen anderen Weg einzuschlagen, um Ihre Performance zu messen, einen Weg, der nicht sofort reagiert, aber ebenso sinnvoll ist (sogar sinnvoller, würde Buffett sagen). Dieser neue Maßstab hat mit dem Konzept des ökonomischen Benchmarking zu tun, das ich in Kapitel 4 vorstellen werde.

Fokus-Investing ist, wie ich schon sagte, eine ganz einfache Idee, die ihre Stärke aus verschiedenen, miteinander verbundenen Grundsätzen der Logik, der Mathematik und der Psychologie bezieht. Nach dem Überblick über diese Grundsätze in diesem Kapitel können wir nun die Grundidee formulieren, und zwar in einer Formuliereung, die konkrete Richtlinien enthält.

Zusammengefasst beinhaltet Fokus-Investing folgende Aktionen:
- Unter Beachtung der Grundsätze von Seite 16 wählen Sie einige (zehn bis 15) hervorragende Unternehmen aus, die in der Vergangenheit überdurchschnittliche Ergebnisse erzielten, und von denen Sie glauben, dass sie ihre starke Performance höchstwahrscheinlich auch in Zukunft fortsetzen können.
- Teilen Sie das zu investierende Vermögen proportional auf, und setzen Sie die höchsten Anteile auf die Aktien mit den wahrscheinlich besten Ergebnissen.
- Solange die Dinge nicht völlig aus der Ordnung geraten: Lassen sie das Portfolio weitestgehend für mindestens fünf Jahre intakt (länger ist besser), und üben sie, die „Schlaglöcher" in der Kursvolatilität mit Gleichmut zu ertragen.

EIN NETZWERK VON MODELLEN

Warren Buffett hat das Fokus-Investing nicht erfunden. Die Grundidee wurde ursprünglich vor mehr als 50 Jahren von John Maynard Keynes formuliert. Buffett jedoch wandte diese Grundidee mit erstaunlichem Erfolg an, bevor er ihr ihren Namen gab. Die Frage, die mich fasziniert, ist, weshalb die Wall Street – bekannt für ihre unverhohlene Willigkeit, jeden Erfolg zu kopieren – das Fokus-Investing bisher als valide Strategie missachtet hat.

1995 legten wir den Legg Mason Fokus Trust auf, erst der zweite Investment-Fonds überhaupt, der absichtlich nur 15 (oder weniger) Aktien in seinem Portfolio hatte (der erste war der Sequoia Fund; seine Geschichte wird in Kapitel 3 erzählt). Der Fokus Trust gab mir die unschätzbare Erfahrung, ein Fokus-Portfolio managen zu können. In den letzten vier Jahren hatte ich die Gelegenheit, mit Aktionären, Beratern, Analysten, anderen Portfolio-Managern und den Finanzmedien zu sprechen, und was ich daraus gelernt habe, führte mich zu der Annahme, dass Fokus-Investoren in einer Welt operieren, die weit entfernt ist von der, die die Investment-Branche dominiert. Die schlichte Wahrheit ist, dass sie anders *denken*.

Charlie Munger half mir, dieses Denkmuster zu verstehen, als er die Metapher eines Netzwerks von Modellen einführte. 1995 gab Munger eine Vorlesung mit dem Titel „Investment Expertise as a Subdivision of Elementary, Worldly Wisdom" bei Professor Guilford Babcock an der University of Southern California School of Business. Diese Vorlesung, über die auch im *Outstanding Investor Digest (OID)* berichtet wurde, war für Charlie ein besonderer Spaß, weil sie von einem Thema handelte, das er für ganz besonders wichtig hält: Wie Menschen zu Verständnis gelangen oder zu dem, was er „weltliche Weisheit" nennt.

Lediglich Fakten und Zahlen zusammenzustellen und zu zitieren, ist nicht genug. Weisheit bedeutet vielmehr, so erklärt Munger, darum zu wissen, wie die Fakten zusammen hängen und wie sie kombiniert werden können. Er ist der Überzeugung, dass die einzige Möglichkeit, Weisheit zu erlangen, darin besteht, die Lebenserfahrung gegenüber einer breiten, repräsentativen Auswahl von geistigen Modellen einzubringen. „Man muss Modelle in seinem Kopf haben", erklärte er, „und dann muss man die Erfahrung einbringen – sowohl eigene Erfahrungen als auch Erfahrungen aus zweiter Hand – und auf das Netzwerk dieser Modelle anwenden."

Die erste Regel, die man laut Charlie zu lernen hat, ist die, dass man vielfältige Modelle im Kopf haben muss. Man braucht nicht bloß mehr als eine Hand voll, sondern auch Modelle aus mehreren verschiedenen Disziplinen. Um ein erfolgreicher Investor zu werden, erklärt er, benötigt man einen multidisziplinären Denkansatz.

Mit dieser Strategie unterscheidet man sich von fast allen anderen, so betont Charlie, weil die Welt eben nicht multidisziplinär ist. Wirtschaftsprofessoren schließen normalerweise die Physik nicht in ihre Vorlesungen ein, Physiklehrer schließen Biologie nicht ein, Biologielehrer schließen die Mathematik nicht ein und Mathematiker beziehen nur selten die Psychologie in ihre Arbeit ein. Nach Charlies Meinung müssen wir diese „intellektuellen juristischen Grenzen" ignorieren und alle Modelle im Plan unseres Netzwerks berücksichtigen.

„Man kann nicht in Abrede stellen, dass das menschliche Gehirn in Modellen arbeiten muss", sagt Charlie. „Der Trick ist, sein Gehirn besser arbeiten zu lassen als das von anderen, weil es die allergrundsätzlichsten Modelle kennt – diejenigen, die am effizientesten arbeiten."

Ich bin mir darüber im Klaren, dass Fokus-Investing nicht einfach in die eng konstruierten Modelle passt, die in unserer Kapitalanlagekultur beliebt sind und angewendet werden. Um den vollen Nutzen des Fokus-Ansatzes zu erhalten, müssen wir unserem Denken ein paar weitere Konzepte, ein paar weitere Modelle hinzufügen. Sie werden mit Ihren Investments niemals zufrieden sein, bis Sie die Verhaltensmodelle aus der Psychologie verstehen. Sie werden ein Portfolio nie optimieren können, wenn Sie nicht das Konzept der statistischen Wahrscheinlichkeiten erlernen. Und es ist höchstwahrscheinlich, dass Sie den Unsinn, die Märkte vorhersagen zu wollen, nie richtig beurteilen können, wenn Sie nicht das Modell komplexer adaptiver Systeme verstehen.

Die Erkundung dieser Bereiche muss nicht besonders tiefgehend sein. „Man muss kein Experte in einem dieser Bereiche werden", erklärt Charlie. „Es reicht aus, wenn Sie die wirklich großen Ideen nehmen und sie früh und gründlich erlernen." Der spannende Teil an dieser Übung, so betont Charlie, ist die Einsicht, die man gewinnt, wenn mehrere Modelle kombiniert werden und zusammen in die gleiche Richtung arbeiten.

Das detaillierteste Modell, das Fokus-Investoren zu erlernen haben, ist das Modell der Aktienauswahl. Davon ausgehend müssen wir nur noch einige wenige einfache Modelle hinzufügen, um unsere Ausbildung zu beenden: um zu verstehen, wie man diese Aktien in einem Portfolio sammelt und wie man dieses Portfolio so managt, dass es weit in die Zukunft hinein die besten Ergebnisse abwirft. Doch wir sind dabei nicht allein. Wir haben Warrens und Charlies Weisheit, die uns führen können, und ihre gesammelten Erfahrungen bei Berkshire Hathaway. Typischerweise loben diese beiden Visionäre nicht sich selbst, sondern ihre Organisation, die sie bezeichnen als ein „didaktisches Unternehmen, das die richtigen Denksysteme lehrt und dessen wichtigste Lektion ist, dass nur wenige große Ideen wirklich funktionieren".

„Berkshire ist im Grunde eine altmodische Firma", sagte Charlie Munger, „und wir versuchen, die Disziplin aufzubringen, dies so zu belassen. Damit meine ich nicht altmodisch dumm. Ich meine die ewigen Wahrheiten: Die Grundsätze der Mathematik, einen grundsätzlichen Riecher für Gewinner, grundsätzliche Angst, grundsätzliche Kenntnisse der menschlichen Natur, die es ermöglichen, Vorhersagen über menschliches Verhalten zu treffen. Wenn man genau das mit einem gehörigen Maß an Disziplin tut, dann glaube ich, dass es wahrscheinlich recht gut ausgehen wird."

Kapitel 2
Die Hohepriester der modernen Finanzwelt

Traditionelle Weisheit kann viel Tradition beinhalten und wenig Weisheit.
— Warren Buffett

Das schlimmste Finanzdesaster des 20. Jahrhunderts war der Börsencrash von 1929 und die große Depression, die ihm folgte. Das zweitschlimmste Desaster war der Bärenmarkt und die Rezession von 1973/74. Er fing nicht mit einem einzigen schrecklichen Tag an, so wie beim Crash von 1929, und die Auswirkungen auf die amerikanischen Familien waren nicht so weitreichend und verheerend — deshalb nimmt dieses Desaster nicht den gleichen Platz in unserem kollektiven Gedächtnis ein. Dennoch ist für Finanzprofis dieser zweite Zeitraum fast ebenso wichtig, da er einen einschneidenden Wendepunkt in der Geschichte der modernen Kapitalanlage und insbesondere in der Entwicklung der modernen Portfolio-Theorie darstellt.

Wenn wir heute im Lichte der Erkenntnis zurückblicken, können wir erkennen, dass zwei sehr unterschiedliche Lehrmeinungen, deren Vertreter heute noch ernsthaft über Investmentphilosophie diskutieren, während dieses zweijährigen Debakels ihre Anfänge hatten. Zwei Gruppen in der Welt der Kapitalanlage suchten nach dem besten Weg, wie zu reagieren sei, und kamen zu unterschiedlichen Lösungen. Eigentlich kann man sie nicht als zwei Gruppen bezeichnen, es ist vermutlich richtiger zu sagen, dass ein Mann auf der Suche nach der Wahrheit war, Warren Buffett – und eine Gruppe, alle anderen.

Der Bärenmarkt von 1973/74 war ein langsamer, qualvoller Prozess von unablässigen Verlusten, der ununterbrochen zwei Jahre andauerte. Die breiteren Märkte gaben bis zu 60 % nach. Inhaber von Schuldverschreibungen sahen ihre Investments schwinden. Zinsen und Inflation schnellten bis auf zweistellige Raten hoch. Die Ölpreise galoppierten davon. Die Hypothekenzinsen waren so hoch, dass nur wenige Familien mit mittlerem Einkommen es sich leisten konnten, ein neues Haus zu kaufen. Es war eine finstere, brutale Zeit. Der finanzielle Schaden war so gravierend, dass Investmentmanager ihre eigene Strategie infrage stellten.

Auf der Suche nach Antworten wandten sich die meisten Anlageprofis langsam – und manche mit großem Zögern – wissenschaftlichen Studien zu, die zwei Jahrzehnte lang weitestgehend unbeachtet geblieben waren. Diese Studien wurden später zusammengenommen als moderne Portfolio-Theorie bezeichnet.

Buffett wandte sich in eine andere Richtung.

Warren Buffett, Sohn eines Aktienbrokers, begann schon im Alter von elf Jahren, die Kurstafel in der Firma seines Vaters in Omaha, Nebraska, auszufüllen. Seine ersten Aktien kaufte er noch im gleichen Jahr. Als Student an der University of Nebraska geriet der junge Mann mit einer Begabung für Zahlen an ein Buch mit dem Titel *The Intelligent Investor* von Benjamin Graham, einem Professor an der Columbia University. Graham hielt den intrinsischen Wert eines Unternehmens für die entscheidende Information bei einem Investment. Die wichtigste Aufgabe für Investoren sei es, diesen Wert genau zu errechnen und dann die Disziplin zu bewahren, Aktien nur dann zu kaufen, wenn der Kurs unter dem errechneten Betrag liege. Buffett war von diesem mathematischen Ansatz so begeistert, dass er für seine Promotion an die Columbia University ging, um unter Graham studieren zu können.

Nachdem er seinen Abschluss als Master in Wirtschaftswissenschaften gemacht hatte, kehrte Buffett nach Omaha zurück und begann, für seinen Vater zu arbeiten, der damals die Brokerfirma Buffett Falk & Company besaß. Es war 1952. Der junge Buffett begann, Ben Grahams

Techniken in die Tat umzusetzen. Genau wie Graham es gelehrt hatte, zog Buffett nur Aktien in Betracht, wenn diese weit unter ihrem kalkulierten Wert gehandelt wurden. Nach echter Graham-Art wurde Buffetts Interesse erst richtig geweckt, wenn Aktienkurse fielen.

Während der Zeit, in der er mit seinem Vater zusammenarbeitete, blieb Warren Buffett mit seinem Mentor in engem Kontakt, und 1954 lud Graham seinen früheren Studenten ein, zu ihm nach New York zu kommen und in der Graham-Newman Corporation zu arbeiten. Zwei Jahre später ging Graham in den Ruhestand, und Buffett kehrte nach Nebraska zurück. Mit sieben Kommanditisten und 100 $ eigenem Geld gründete er eine Kapitalanlagegesellschaft, die ein paar Jahre später den verblüffenden Deal mit American Express abzog, den ich schon im ersten Kapitel beschrieben habe. Buffett war 25 Jahre alt.

Als Komplementär hatte Buffett tatsächlich alle Freiheiten, das Vermögen der Partnership zu investieren. Zusätzlich zu Minderheitsbeteiligungen wie bei American Express kaufte er manchmal auch Anteile an Unternehmen, bei denen er daraufhin Kontrolle ausüben konnte; 1962 begann er, eine in Schwierigkeiten geratene Textilfabrik mit dem Namen Berkshire Hathaway zu erwerben.

1969, zwölf Jahre nach der Gründung, schloß Buffett die Investment-Partnership. Er hatte sich ein ehrgeiziges Ziel gesetzt – den Dow Jones Industrial Average jedes Jahr um zehn Punkte zu schlagen –, und er war weit besser: Nicht um zehn, sondern um 22 Punkte war er besser. Manche seiner ersten Investoren wollten mit einem anderen Geldmanager weiterarbeiten, und so bat Buffett seinen Freund und Studienkollegen von der Columbia University, Bill Ruane, deren Geld zu betreuen. Ruane stimmte zu, und das war der Anfang des Sequoia Fund (siehe Kapitel 3, dort lesen Sie mehr über Ruane).

Buffett nahm seinen Anteil an den Gewinnen der Partnership, kaufte weitere Aktien von Berkshire Hathaway und gewann schließlich die Kontrolle über das Unternehmen. Dann, für die nächsten paar Jahre, managte er das Textilunternehmen.

PORTFOLIO-MANAGEMENT DURCH DIVERSIFIKATION

Im März 1952, etwa zur der Zeit, als der Collegeabsolvent Warren Buffett anfing, für die Brokerfirma seines Vaters zu arbeiten, erschien in *The Journal of Finance* ein Artikel mit dem Titel „Portfolio Selection" von Harry Markowitz, einem Doktoranden der University of Chicago. Er war nicht lang – nur 14 Seiten – und entsprechend dem Standard wissenschaftlicher Zeitschriften unauffällig: nur vier Seiten Text (Grafiken und mathematische Gleichungen machten den Rest aus) und nur drei Anmerkungen. Dennoch wird diesem kurzen Artikel heute der Verdienst zugeschrieben, das moderne Finanzwesen initiiert zu haben.

Nach Markowitz benötigte man keine Bände, um zu erklären, was er für eine ziemlich einfache Sache hielt: Gewinn und Risiko sind unauflöslich miteinander verbunden. Als Ökonom glaubte er, es sei möglich, das Verhältnis zwischen den beiden zu einem statistisch validen Grad zu quantifizieren und so das Risiko bestimmen zu können, das erforderlich sei, um verschiedene Gewinnniveaus erreichen zu können. In seiner Arbeit präsentierte er die Berechnung, die seinen Schluss stützte: Kein Investor kann überdurchschnittliche Gewinne erzielen, wenn er nicht überdurchschnittliche Risiken eingeht.

„Mich traf die Erkenntnis, dass man am Risiko ebenso interessiert sein sollte wie am Gewinn", bemerkte Markowitz später. Obwohl diese Aussage heute erstaunlich selbstverständlich erscheint im Licht dessen, was wir über die Kapitalanlage gelernt haben, war das in den 50er Jahren ein revolutionäres Konzept. Bis zu dieser Zeit dachten Investoren wenig über das Risiko nach, wenn sie ein Portfolio managten. Die Portfolios kamen eher zufällig zu Stande. Wenn ein Manager glaubte, eine Aktie könnte im Kurs steigen, wurde sie einfach dem Portfolio hinzugefügt. Weiter brauchte man nicht zu denken.

Das erstaunte Markowitz. Sicher war es dumm, so überlegte er, zu glauben, man könne hohe Gewinne erzielen, ohne sich selbst einem gewissen Risiko auszusetzen. Um seine Gedanken zu klären, führte Markowitz etwas ein, das er effiziente Grenze (efficient frontier) nannte.

„Als Ökonom", erklärte er, „zeichnete ich eine Kurve mit dem erwarteten Gewinn auf einer Achse und dem Risiko auf der anderen." Die effiziente Grenze ist ganz einfach eine Linie von unten links nach oben rechts. Jeder Punkt auf dieser Linie stellt einen Zusammenhang zwischen möglichen Belohnungen und dem entsprechenden Risiko-Level dar. Das effizienteste Portfolio ist das, das bei einem gegebenen Risiko-Level den höchsten Gewinn bringt. Ein ineffizientes Portfolio setzt den Investor einem Risiko-Level ohne den entsprechenden Gewinn-Level aus. Das Ziel für Investmentmanager, sagte Markowitz, sei es, ein Portfolio dem Level der Risikotoleranz eines Investors anzupassen und gleichzeitig ineffiziente Portfolios zu begrenzen oder zu vermeiden.

1959 veröffentliche Markowitz sein erstes Buch, *Portfolio* Selection: Efficient Diversification *of Investment,* das auf seiner Dissertation basierte. In diesem Buch beschrieb er seine Ideen über das Risiko etwas gründlicher. „Ich benutzte die Standardabweichung als Maß für das Risiko", erklärt Markowitz. Die Varianz (Abweichung) kann man sich als die Entfernung vom Durchschnitt vorstellen. Nach Markowitz gilt: Je größer die Entfernung vom Durchschnitt ist, um so höher ist auch das Risiko.

Wir möchten vielleicht annehmen, dass das Risiko eines Portfolios, so wie es von Markowitz definiert wurde, ganz einfach die gewichtete durchschnittliche Varianz aller einzelnen Aktien im Portfolio sei. Doch diese Definition übersieht einen entscheidenden Punkt. Obwohl die Varianz einen Hinweis auf das Risiko einer einzelnen Aktie ergeben kann, sagt Ihnen der Durchschnitt zweier Varianzen (oder von 100 Varianzen) nur sehr wenig über das Risiko eines Portfolios mit zwei (oder 100) Aktien. Markowitz fand eine Möglichkeit, das Risiko eines ganzen Portfolios zu definieren. Viele glauben, dies sei seine größte Leistung.

Er nannte es „Kovarianz", basierend auf der bereits bestehenden Formel für die Varianz einer gewichteten Summe. Die Kovarianz mißt die Richtung einer Gruppe von Aktien. Wir sagen, dass zwei Aktien eine hohe Kovarianz ausweisen, wenn ihre Kurse (gleich aus welchem Grund) dazu tendieren, in eine gemeinsame Richtung zu gehen. Eine niedrige Kovarianz hingegen beschreibt zwei Aktien, die sich in gegensätzliche Richtungen bewegen. In Markowitzens Vorstellung liegt das Risiko eines Portfolios nicht in der Varianz der einzelnen Aktien, sondern in der Kovarianz der Beteiligungen. Je mehr diese sich in die gleiche Richtung bewegen, um so größer ist die Chance, dass wirtschaftliche Veränderungen sie alle gleichzeitig in den Keller schicken. Im gleichen Sinn kann ein Portfolio aus riskanten Aktien tatsächlich eine konservative Auswahl sein, nämlich wenn die einzelnen Aktienkurse in unterschiedliche Richtungen gehen. Egal wie, Markowitz sagte, Diversifikation sei der Schlüssel.

Nach Markowitz ist die richtige Reihenfolge, in der ein Investor handeln sollte, zunächst den Risiko-Level festzustellen, zu dem er noch beruhigt handeln kann, und dann ein effizientes, diversifiziertes Portfolio mit niedriger Kovarianz aufzubauen.

Das Buch von Markowitz wurde von Anlageprofis gründlich ignoriert – ebenso wie das ursprüngliche, zu Grunde liegende Papier sieben Jahre zuvor.

EINE MATHEMATISCHE DEFINITION VON RISIKO

Etwa zehn Jahre, nachdem Markowitzens bahnbrechendes Papier zum ersten Mal erschien, kam ein junger Student namens Bill Sharpe zu Markowitz, der damals im Bereich linearer Programmierung am Rand Institute arbeitete. Sharpe benötigte ein Thema für seine Dissertation, und einer seiner Professoren an der University of California hatte ihm vorgeschlagen, Markowitz aufzusuchen. Markowitz erzählte Sharpe von seiner Arbeit an der Portfolio-Theorie und dem Erfordernis, zahllose Kovarianzen zu bestimmen. Sharpe hörte aufmerksam zu, dann ging er zurück an die UCLA.

Im nächsten Jahr, 1963, wurde Sharpes Dissertation veröffentlicht, *A Simplified Model of Portfolio Analysis.* Sharpe berief sich auf die Ideen von Markowitz, schlug aber eine einfache Methode vor, die die zahllosen Berechnungen von Kovarianzen vermied, die Markowitzens Ansatz erforderte.

Sharpe behauptete, dass alle Wertpapiere eine gemeinsame Relation zu einem grundlegenden Basisfaktor hätten. Dieser Faktor könnte ein

Aktienindex, das Bruttosozialprodukt oder irgendein anderer Preisindex sein, solange diese Größe den größten Einfluss auf das Verhalten des Wertpapiers hätte. Nach Sharpes Theorie bräuchte ein Analyst lediglich die Relation des Wertpapiers zum dominanten Basisfaktor zu messen. Das vereinfachte Markowitzens Strategie stark.

Lassen Sie uns Aktien betrachten. Nach Sharpe war der Basisfaktor für Aktienkurse – der größte Einfluss auf ihr Verhalten – die Börse selbst (ebenfalls wichtig, aber weniger einflussreich waren die Branchen und die einzelnen Charakteristika der Aktien). Wenn der Kurs volatiler ist als der Markt als Ganzes, dann bewirkt die Aktie, dass das Portfolio variabler und deshalb riskanter wird. Wenn der Aktienkurs hingegen weniger volatil ist als der Gesamtmarkt, dann führt diese Aktie im Portfolio dazu, dass dieses weniger variabel und volatil ist. Nun konnte die Volatilität des Portfolios einfach durch die gewichtete durchschnittliche Volatilität der einzelnen Aktien bestimmt werden.

Sharpes Volatilitätsmaß erhielt einen Namen: Beta-Faktor. Beta wird als Grad der Korrelation zwischen zwei unterschiedlichen Kursbewegungen beschrieben: der Bewegung des Marktes als Ganzem und der Bewegung der einzelnen Aktie. Aktien, die in ihrem Wert genau wie der Markt als Ganzes steigen oder fallen, wird ein Beta von 1,0 zugeordnet. Wenn eine Aktie doppelt so schnell wie der Markt fällt oder steigt, dann liegt ihr Beta bei 2,0; macht die Bewegung einer Aktie nur 80 % von der des Gesamtmarktes aus, dann liegt das Beta bei 0,8. Allein aufgrund dieser Information können wir den gewichteten Durchschnitt des Betas eines Portfolios erstellen. Der Schluss daraus ist, dass jedes Portfolio mit einem Beta, das größer ist als 1,0, riskanter ist als der Gesamtmarkt; ein Portfolio mit einem Beta kleiner als 1,0 ist weniger risikoreich.

Ein Jahr, nachdem Sharpe seine Dissertation über Portfolio-Theorie veröffentlicht hatte, führte er ein weitreichenderes Konzept ein, das er Capital Asset Pricing Model (CAPM) nannte. Es war eine direkte Erweiterung seines Ein-Faktoren-Modells zur Zusammenstellung effizienter Portfolios. Nach dem Capital Asset Pricing Model bergen Aktien zwei unterschiedliche Risiken. Das eine Risiko ist, dass eine Aktie überhaupt an der Börse gehandelt wird; dies nannte Sharpe Systemrisiko. Das Systemrisiko ist das Beta und kann nicht „hinwegdiversifiziert" werden. Das zweite Risiko nannte er unsystematisches Risiko; es richtet sich nach der wirtschaftlichen Position eines Unternehmens. Anders als das Systemrisiko kann unsystematisches Risiko hinwegdiversifiziert werden, indem man einem Portfolio einfach verschiedene Aktien einverleibt.

Peter Bernstein, der anerkannte Autor, Forscher und Gründungsredakteur von *The Journal of Portfolio Management*, verbrachte viel Zeit mit Sharpe und studierte dessen Arbeiten in aller Tiefe. Bernstein ist überzeugt, dass Sharpes Forschung zu einer unausweichlichen Schlussfolgerung führt: „Das effiziente Portfolio ist die Börse selbst. Kein anderes Portfolio mit gleichem Risiko kann höhere erwartete Gewinne bieten; kein anderes Portfolio mit gleich hohen erwarteten Gewinnen kann weniger risikoreich sein." Mit anderen Worten: Das Capital Asset Pricing Model besagt, dass der Markt genau auf Markowitzens effizienter Grenze liegt.

Innerhalb eines Jahrzehnts hatten zwei Wissenschaftler zwei wichtige Elemente dessen definiert, was man später die moderne Portfolio-Theorie nannte: Markowitz mit seiner Vorstellung, dass das Gleichgewicht zwischen Ertrag und Risiko auf Diversifikation beruht, und Sharpe mit seiner Definition von Risiko. Ein drittes Element – die Theorie des effizienten Marktes – kam von Eugene Fama, einem jungen Professor der Finanzwissenschaften an der University of Chicago.

DIE THEORIE DES EFFIZIENTEN MARKTES

Obwohl verschiedene andere hervorragende Forscher einschließlich des MIT-Ökonomen Paul Samuelson über effiziente Märkte geschrieben haben, wird Fama der größte Verdienst um die Entwicklung einer umfassenden Theorie über das Verhalten des Aktienmarktes zugeschrieben.

In den frühen 60er Jahren begann Fama, die Veränderungen bei Aktienkursen zu studieren. Als eifriger Leser verschlang er alles, was über das Verhalten des Aktienmarktes geschrieben worden und damals verfügbar war, doch es scheint, dass er insbesondere durch den französischen Mathematiker Benoit Mandelbrot beeinflusst wurde. Mandelbrot, der die fraktale Geometrie entwickelte, behauptete, dass Aktienkurse, weil sie so unregelmäßig fluktuierten, niemals von einer fundamentalen oder statistischen Forschung erfasst werden könnten; weiterhin würden die Muster der unverhofften Kursbewegungen sich intensivieren, und damit unerwartet große und heftige Veränderungen bewirken.

Famas Dissertation *The Behavior of Stock Prices* wurde 1963 in *The Journal of Business* veröffentlicht und später auszugsweise in *The Financial Analysts Journal* und *The Institutional Investor*. Fama, ein relativ junger Neuling, hatte die Aufmerksamkeit der Anleger erregt.

Seine Botschaft war sehr klar: Aktienkurse sind nicht vorhersehbar, weil der Markt zu effizient ist. In einem effizienten Markt werden viele kluge Leute (Fama nannte sie rationale Profitmaximierer) dann, wenn es neue Informationen gibt, diese Information aggressiv derart verwenden, dass sich die Kurse sofort anpassen – bevor irgend jemand profitieren kann. Vorhersagen für die Zukunft haben daher in einem effizienten Markt keinen Platz, weil die Aktienkurse sich zu schnell anpassen.

Fama gab zu, es sei unmöglich, die Idee eines effizienten Marktes empirisch zu überprüfen. Die Alternative, so stellte er sich vor, war es, Tradingsysteme oder Trader zu identifizieren, die eine bessere Performance erzielten als der Aktienmarkt. Wenn eine solche Gruppe existierte, dann sei der Markt offensichtlich nicht effizient. Wenn jedoch niemand die Fähigkeit habe, besser zu sein als der Markt, dann könnte man annehmen, dass die Kurse alle verfügbaren Informationen reflektierten und der Markt somit effizient sei.

Die verwickelten Fäden der modernen Portfolio-Theorie waren für die Theoretiker und Forscher, die sie entwickelt hatten, von größtem Interesse, doch während der 50er und 60er Jahre schenkte die Wall Street all dem nur wenig Aufmerksamkeit. Peter Bernstein hat eine Vermutung geäußert: Während dieser Zeit war das Portfolio-Management noch ein weißer Fleck auf der Landkarte der Finanzprofis. 1974 jedoch änderte sich das.

Fraglos zwang der Bärenmarkt von 1973/74 die Investmentprofis, die wissenschaftlichen Schriften ernst zu nehmen, die neue Methoden der Risikokontrolle befürworteten. Die selbst zugefügten finanziellen Wunden, durch Jahrzehnte sorgloser Spekulation geschlagen, waren einfach zu tief, um ignoriert werden zu können. „Das Börsendesaster von 1974 überzeugte mich, dass es einen besseren Weg geben müsse, Investment-Portfolios zu managen", sagte Bernstein. „Selbst wenn ich mich dazu hätte bringen können, dem Theoriegebäude den Rücken zu kehren, das die Akademiker errichteten – es kam einfach zu viel davon von den großen Universitäten, als dass ich die Ansicht meiner Kollegen hätte teilen können, das sei bloß eine Riesenmenge Geschwafel."

Und so ruhte zum ersten Mal in der Geschichte unser finanzielles Schicksal nicht auf der Wall Street oder in Washington und noch nicht einmal in den Händen der Unternehmenseigner. Mehr und mehr wurde die finanzielle Landschaft von einer Gruppe Universitätsprofessoren definiert, an deren Türen die Finanzprofis letztendlich klopften. Aus ihren Elfenbeintürmen heraus wurden sie nun zu den neuen Hohepriestern der modernen Finanzwelt.

BUFFETT UND DIE MODERNE PORTFOLIO-THEORIE

Auch wenn er seine Energien während dieser Zeit auf Berkshire Hathaway konzentrierte, behielt Warren Buffett den Markt im Auge. Während die meisten Investmentprofis 1973/74 als eine Periode erniedrigender Verluste ansahen, sah Buffett, der Schüler von Ben Graham, nur Chancen. Und er wusste, wann er handeln musste.

Buffett beschrieb die Gründe dafür, dass er in die *Washington Post* investiert hatte, in einer Vorlesung an der Stanford Law School. *Outstanding Investor Digest* zitierte folgendermaßen: „Wir kauften ‚The Washington Post Company' 1974 zu einem Wert von 80 Mio. $", erinnerte sich Buffett später. „Hätten Sie einen von hundert Analysten gefragt, wieviel das Unternehmen wert sei, als wir es kauften, dann hätte niemand bezweifelt, dass es 400 Mio. $ wert sei. Nach der heutigen

Theorie des Beta und der modernen Portfolio-Theorie wäre es riskanter gewesen, die Aktien für 40 Mio. $ zu kaufen und nicht, wie wir es taten, für 80 Mio. $, auch wenn das Unternehmen 400 Mio. $ wert war – denn dann hätte es eine höhere Volatilität gehabt. Damit haben sie mich verloren."

Der Kauf der *Post* war ein deutliches Signal, dass Buffett einen Kurs einschlug, der ihn in Gegensatz zu den meisten anderen Investmentprofis brachte. Er machte auch deutlich, was Buffett über die drei Hauptzutaten der modernen Portfolio-Theorie dachte: Risiko, Diversifikation und den effizienten Markt.

BUFFETT ÜBER RISIKO

Wir erinnern uns, dass das Risiko in der modernen Portfolio-Theorie durch die Volatilität des Aktienkurses definiert wird. Doch während seiner Karriere sah Buffett ein Absinken der Aktienkurse immer als Chance, zusätzliches Geld zu verdienen. Wenn überhaupt, dann verringert ein Kursrückgang das Risiko, das Buffett eingeht. Er betont: „Für die Inhaber eines Unternehmens – und so sehen wir Aktionäre – ist die wissenschaftliche Definition von Risiko weit von der Wahrheit entfernt, so weit, dass sie Absurditäten produziert."

Buffett hat eine andere Definition für Risiko: die Möglichkeit, geschädigt oder verletzt zu werden. Und das ist abhängig vom „Risiko des intrinsischen Werts" von Unternehmen, nicht vom Kursverhalten der Aktie. „Das wirkliche Risiko," sagt Buffett, „hängt davon ab, ob die Gewinne aus einem Investment nach Steuern ihm (dem Investor) mindestens soviel Kaufkraft lassen, wie er zu Beginn des Investments hatte, und zusätzlich einen kleinen Gewinn auf den ursprünglichen Einsatz." Nach Buffetts Ansicht resultieren Verletzungen und Schäden aus dem Fehlurteil über die vier Primärfaktoren, die die zukünftigen Gewinne eines Investments bestimmen (siehe Kasten), sowie dem unkontrollierbaren und unvorhersehbaren Effekt von Steuern und Inflation.

Für Buffett ist Risiko untrennbar mit dem Zeithorizont eines Investors verbunden. Wenn man heute eine Aktie kauft, so erklärt er, und die Absicht hat, sie morgen wieder zu verkaufen, dann hat man sich in eine riskante Transaktion begeben. Die Chance, vorhersagen zu können, ob die Aktienkurse nach oben oder nach unten gehen, ist in einer solch kurzen Zeit nicht größer als die Chance, vorhersagen zu können, ob eine Münze auf Kopf oder Zahl landen wird. Man wird in 50 % aller Fälle verlieren. Wenn man jedoch den Zeithorizont auf mehrere Jahre erweitert, sagt Buffett, wird die Wahrscheinlichkeit einer riskanten Transaktion deutlich gesenkt, vorausgesetzt natürlich, dass man einen vernünftigen Kauf getätigt hat. „Wenn sie mich bäten, das Risiko einzuschätzen, Coca-Cola heute Morgen zu kaufen und morgen wieder zu verkaufen", sagt Buffett, „dann würde ich sagen, das ist eine sehr riskante Angelegenheit." Coca-Cola jedoch heute Morgen zu kaufen und die Aktie zehn Jahre lang zu halten, ist nach Buffetts Denkweise mit null Risiko verbunden.

Ist es ein gutes Investment?

Um die Wahrscheinlichkeit einzuschätzen, einen Gewinn auf einen Einsatz zu erzielen, empfiehlt Buffett, vier Primärfaktoren im Gedächtnis zu behalten:
1. die Sicherheit, mit der die langfristigen ökonomischen Charakteristika des Unternehmens eingeschätzt werden können
2. die Sicherheit, mit der das Management bewertet werden kann hinsichtlich seiner Fähigkeit, sowohl das volle Potential eines Unternehmens zu realisieren als auch den Cash-flow weise zu verwenden
3. die Sicherheit, mit der man darauf setzen kann, dass das Management die Gewinne aus dem Unternehmen auch an die Aktionäre weitergibt und nicht für sich behält
4. den Kaufpreis des Unternehmens

BUFFETT ÜBER DIVERSIFIKATION

Buffetts Ansichten über das Risiko sind der Motor seiner Diversifikationsstrategie. Auch hier sind seine Gedanken genau das Gegenteil der modernen Portfolio-Theorie. Nach dieser Theorie ist es der größte Vorteil eines breit diversifizierten Portfolios, die Kursvolatilität einzelner Aktien zu mindern. Wenn Sie sich jedoch wie Buffett nicht um die Kursvolatilität kümmern, dann werden Sie auch die Diversifikation eines Portfolios in einem anderen Licht sehen.

„Unsere Strategie schließt aus, dass wir Standard-Diversifikationsdogmen folgen", sagt Buffett. „Viele Gelehrte würden deshalb sagen, diese Strategie müsse riskanter sein als die eines konventionellen Investors. Wir glauben, dass eine Politik der Portfolio-Konzentration sehr wohl Risiko mindern kann, wenn sie − wie sie sollte − sowohl die Intensität erhöht, mit der ein Investor über ein Unternehmen nachdenkt, als auch den Level des Wohlgefühls, das bezüglich dessen ökonomischer Charakteristika empfinden muss, bevor er Papiere dieses Unternehmens kauft." Das heißt: Wenn Sie sich bewusst auf nur wenige ausgewählte Unternehmen konzentrieren, dann können Sie diese genauer studieren und ihren intrinsischen Wert besser verstehen. Je mehr Sie über ein Unternehmen wissen, desto weniger Risiko gehen Sie ein.

„Diversifikation ist ein Schutz gegen Unwissenheit", erklärt Buffett. „Wenn man sichergehen wollte, dass einem im Vergleich zum Gesamtmarkt nichts Schlimmes passiert, dann müsste man alles besitzen. Daran ist nichts falsch. Das ist ein vollkommen richtiger und vernünftiger Weg für jemanden, der nicht weiß, wie man Unternehmen analysiert." In vielerlei Hinsicht schützt die moderne Portfolio-Theorie Investoren mit nur begrenztem Wissen und Verständnis, wie man ein Unternehmen zu bewerten hat. Doch dieser Schutz hat seinen Preis. Buffett meint dazu: „Sie (die moderne Portfolio-Theorie) sagt Ihnen, wie man durchschnittlich abschneidet. Ich glaube, so ziemlich jeder Fünftklässler weiß, wie man einen Durchschnittlich berechnet."

BUFFETT ÜBER DIE THEORIE DES EFFIZIENTEN MARKTES

Wenn die Theorie des effizienten Marktes richtig ist, dann gibt es keine außer einer zufälligen Möglichkeit, dass irgend jemand oder eine Gruppe den Markt outperformen könnte. Und es gibt ganz sicher keine Möglichkeit, dass ein und dieselbe Person oder Gruppe dies ständig erreichen könnte. Doch Buffetts Performance der letzten 25 Jahre ist auf den ersten Blick ein Beweis dafür, dass das möglich ist, insbesondere wenn zusätzlich die Fälle von mehreren anderen hellen Köpfen betrachtet werden, die ebenfalls besser waren als der Markt, indem sie Buffetts Vorbild folgten. Was sagt das nun über die Theorie des effizienten Marktes?

„Die Befürworter dieser Theorie schienen sich nie für Gegenbeweise zu interessieren", beobachtete Buffett. „Offensichtlich ist die Abneigung, Behauptungen zu widerrufen und damit das Priesteramt zu demystifizieren, nicht auf Theologen begrenzt."

Die Gründe, warum die Theorie des effizienten Marktes nicht zu verteidigen ist, lassen sich einfach zusammenfassen:

1. Investoren sind nicht immer rational. Folgt man der Theorie des effizienten Marktes, dann setzen Investoren, indem sie alle verfügbaren Informationen nutzen, an der Börse rationale Kurse. Allerdings haben ausführliche Forschungen in der Verhaltenspsychologie ergeben, dass Investoren keine rationalen Erwartungen besitzen.
2. Investoren verarbeiten Informationen nicht korrekt. Sie verlassen sich ständig auf intellektuelle Abkürzungen, um die Aktienkurse festzulegen, statt sich der Fundamentalanalyse zuzuwenden, die den intrinsischen Wert eines Unternehmens aufdecken würde.
3. Die Maßstäbe, mit denen Performance gemessen wird, betonen die kurzfristige Performance, was es nahezu unmöglich macht, den Markt langfristig zu schlagen.

Buffetts Problem mit der Theorie des effizienten Marktes beruht auf einem zentralen Punkt: Sie belohnt keinen Investor, der alle verfügbaren Informationen analysiert und damit einen Konkurrenzvorteil erzielt. „Weil man richtigerweise beobachtete, dass der Markt sehr oft effizient war, ging man dazu über, fälschlicherweise daraus zu schließen, dass er immer effizient sei. Der Unterschied zwischen diesen beiden Annahmen ist wie Tag und Nacht."

Dennoch wird die Theorie des effizienten Marktes immer noch an den Wirtschaftsfakultäten gelehrt, eine Tatsache, die Warren Buffett unendliche Genugtuung bereitet. „Natürlich ist der Bärendienst, der Studenten und gutgläubigen Investmentprofis erwiesen wird, die diese Theorie geschluckt haben, für uns ein außerordentlicher Vorteil und auch für die anderen Anhänger von Graham", bemerkte Buffett ironisch. „In jedem Wettbewerb – finanziell, mental oder körperlich – ist es von enormen Vorteil, Gegner zu haben, denen man beigebracht hat, jeder Versuch sei sinnlos. Von diesem egoistischen Standpunkt aus sollten wir wahrscheinlich Lehrstühle stiften, um sicherzugehen, dass die Theorie des effizienten Marktes weiterhin gelehrt wird."

Trotz der modernen Theorien aber gibt es eine Investment-Strategie, die den Markt outperformen kann. Sie führt uns zu einer gänzlich neuen Theorie des Portfolio-Managements.

EINE NEUE PORTFOLIO-THEORIE ENTSTEHT

Investoren stehen heute an einem intellektuellen Scheideweg. Zur Linken liegt der Weg der modernen Portfolio-Theorie. Sie geht davon aus, dass Investoren rational sind, der Markt effizient ist, das Risiko durch die Kursvolatilität definiert ist, und die einzige Möglichkeit, Risiken zu reduzieren, darin besteht, breit zu diversifizieren. Zur Rechten liegt die Fokus-Portfolio-Theorie. Sie ist deutlich anders und beruht auf den folgenden, sehr unterschiedlichen Überzeugungen:

- Investoren sind nicht immer rational; sie leiden zeitweise unter Angst und Gier.
- Der Markt ist nicht immer effizient. Deshalb erhalten Investoren, die bereit sind, sich zu bemühen und zu lernen, Möglichkeiten, besser zu sein als der Markt.

- Risiko beruht nicht auf Kursen; Risiko beruht auf ökonomischen Werten.
- Das optimale Portfolio ist ein Fokus-Portfolio, das große Einsätze auf Ereignisse mit hoher Eintrittswahrscheinlichkeit setzt statt ausgewogener Einsätze auf eine Mischung verschiedener Wahrscheinlichkeiten.

Bevor man die Strategie des Fokus-Portfolios, die von Buffett gelehrt wird, erfolgreich anwenden kann, muss man sich die moderne Portfolio-Theorie aus dem Kopf schlagen. Normalerweise wäre es sehr leicht, ein Modell zurückzuweisen, das weitgehend als ineffizient betrachtet wird; immerhin kann man nicht stolz darauf sein, wenn man nur Durchschnitt ist. Doch die moderne Portfolio-Theorie hat eine lange Geschichte und eine tiefe Kultur entwickelt. Sie ist voller eleganter Formeln und Nobelpreisträger. Wir dürfen nicht erwarten, dass die Verteidiger der modernen Portfolio-Theorie leicht umzustimmen sind. Wenn sie einlenken, ist sowohl ihr intellektuelles als auch ihr finanzielles Kapital bedroht.

Glücklicherweise müssen wir die Aufgabe, die moderne Portfolio-Theorie zu demontieren, nicht übernehmen. Das werden Ereignisse mit sich bringen. Wenn wir Buffetts Rat folgen, wird unser Erfolg dieses weniger als effektive Modell kippen. Obwohl die moderne Portfolio-Theorie unter ihren Anhängern manches intellektuelle Schwergewicht hat, sollte man nicht die Tatsache aus den Augen verlieren, dass auch auf der Seite des Fokus-Investing einige der größten Investoren der Geschichte stehen: John Maynard Keynes, Phil Fisher, Charlie Munger, Lou Simpson, Bill Ruane und Warren Buffett.

Wenn Sie jemals vom Theaterdonner moderner Portfolio-Theoretiker aus dem Gleichgewicht gebracht werden, dann sollten Sie dem Rat vertrauen, den Ben Graham seinen Studenten gab: „Wenn die Masse nicht mit Ihnen übereinstimmt, dann haben Sie weder Recht noch Unrecht. Sie haben dann Recht, wenn Ihre Daten stimmen und Ihre Überlegungen."

Kapitel 3
Die Superinvestoren von Buffettville

Die Kapitalanlage ist kein Spiel, bei dem jemand mit einem IQ von 160 jemanden mit einem IQ von 130 schlägt.

— Warren Buffett

Etwa Mitte der goldenen 20er ging der junge Benjamin Graham, der bereits angefangen hat, an der Wall Street seine Spuren zu hinterlassen, zur Columbia University, seiner Alma Mater, und bot an, in einem Abendkurs Aktienanalyse zu lehren. Er hatte darüber nachgedacht, ein Buch zu diesem Thema zu verfassen, und war der Meinung, dass ein solcher Kurs ihm dabei helfen würde, seine Gedanken zu ordnen. Columbia akzeptierte seinen Vorschlag und setzte diesen Kurs im Herbst 1927 ins Vorlesungsverzeichnis.

Niemand war über das Echo darauf erstaunter als Graham selbst. Es kamen so viele Leute, dass die Universität Aufsichtspersonen an die Tür stellen musste, um sicher zu gehen, dass diejenigen, die sich als erste angemeldet hatten, auch ihre Plätze erhielten. Unter ihnen war David L. Dodd, ein junger Assistenzprofessor der Columbia School of Business. Im zweiten Jahr war die Nachfrage sogar noch größer. Viele Teilnehmer wollten an diesem Kurs teilnehmen in der Hoffnung, neue Aktientipps zu erhalten.

Das folgende Jahr war 1929. Während der Wintermonate hatte Graham alle Hände voll zu tun, mit den Auswirkungen des Crash fertig zu werden – sowohl für sich selbst und auch für seine Kunden. Und so verzögerte sich die Arbeit an seinem Buch. Er hatte seinen früheren Studenten David Dodd gebeten, ihm beim Schreiben zu helfen. Doch selbst unter diesen Bedingungen erschien das bahnbrechende Buch mit dem harmlosen Titel *Security Analysis* erst 1934 – auf dem Höhepunkt der großen Depression. Graham sagte später, diese Verzögerung sei vom Schicksal bestimmt gewesen, weil sie ihm ermöglicht habe, „auf Kosten von so viel Leiden erworbene Weisheit" einzubringen.

Security Analysis wird allgemein als Klassiker angesehen und wird heute, nach 65 Jahren immer noch gedruckt. Es ist unmöglich, den Einfluß dieses Buchs auf die moderne Welt der Kapitalanlage zu überschätzen oder den enormen Beitrag, den Ben Graham für diesen Berufsstand leistete.

50 Jahre nach der Erstauflage veranstaltete die Columbia Business School ein Seminar zum Geburtstag dieses überaus bedeutenden Textes, der von zwei Mitgliedern seiner erlauchten Fakultät verfasst wurde. Warren Buffett, einer der brühmten Absolventen der Columbia und der bekannteste moderne Verfechter von Grahams Value-Ansatz, war eingeladen, um zu der Versammlung zu sprechen.

Die meisten von denen, die an diesem Tag im Jahr 1984 im Publikum versammelt waren – Universitätsprofessoren, Forscher und andere Wissenschaftler sowie viele Investmentprofis –, blieben fest bei der modernen Portfolio-Theorie und der Gültigkeit des effizienten Marktes. Buffett war entschieden anderer Meinung, wie wir wissen. In seiner Rede, die er „Die Superinvestoren von Graham- und Doddville" betitelte, erzählte Buffett ein paar Geschichten, machte einige flaue Witze und zerschlug ruhig, aber bestimmt das Fundament, auf dem die Theorie des effizienten Marktes beruhte. Ein klassischer Warren Buffett-Auftritt.

Er begann, indem er die zentrale These der modernen Portfolio-Theorie wiederholte: Die Börse ist effizient, alle Aktien sind richtig bewertet und deshalb hat jeder, der Jahr für Jahr besser als der Markt ist, lediglich Glück. Vielleicht ja, sagte er, aber er kenne Leute, die das geschafft hätten, und ihr Erfolg könne nicht lediglich als simpler Zufall hinweggeredet werden.

Um aber der Auffassung, es könne sich nur um Glück handeln, faires Gehör zu geben, bat er das Publikum, sich vorzustellen, es gäbe einen landesweiten Wettbewerb im Münzwurf, bei dem 225 Mio. Amerikaner je 1 $ auf ihre Vermutung setzen könnten: Nach jedem Münzwurf schieden die Verlierer aus; die Gewinner behielten den gesamten Einsatz und gingen dann zur nächsten Runde über. Nach zehn Runden, erklärte Buffett, blieben nur noch 220.000 Gewinner übrig, die, inzwischen 1.024 $ pro Kopf gewonnen hätten. Nach weiteren zehn Münzwürfen blieben nur noch 215 Gewinner übrig, und jeder davon hätte 1 Mio. $.

Buffett weiter: Würden die Professoren der Wirtschaftsfakultäten diesen landesweiten Wettbewerb analysieren, würden sie darauf hinweisen, dass die Münzwerfer keine besondere Geschicklichkeit benötigt hätten. Dieses Ereignis könnte leicht genauso wiederholt werden, so würden sie protestieren, wenn man 225 Mio. Orang-Utans den Münzwurf ausführen ließe.

Langsam entwickelte Buffett seinen Fall und gab zu, es gebe die statistische Möglichkeit, dass die Orang-Utans per Zufall die gleichen Ergebnisse erzielen könnten. Doch man stelle sich die Lage vor, fragte er die Zuhörer, dass 40 dieser 215 Gewinner-Tiere aus demselben Zoo kämen. Würden wir dann nicht vom Zoowärter wissen wollen, wie er seine Millionärs-Orang-Utans füttert?

Buffett sagte danach, immer dann, wenn sich eine hohe Konzentration von irgend etwas in einem speziellen Bereich ereigne, könne an diesem Ort etwas Ungewöhnliches passieren, und das müßte untersucht werden. Und was wäre – jetzt kommt der Clou –, wenn die Mitglieder dieser einzigartigen Gruppe nicht danach definiert würden, wo sie leben, sondern von wem sie gelernt haben?

Und so kommen wir zu dem, was Buffett das „intellektuelle Dorf" Graham- und Doddville nannte. Alle Beispiele, die er an diesem Tag präsentierte, konzentrierten sich auf einzelne Anleger, denen es gelungen war, den Markt über längere Zeit hinweg ständig zu schlagen – nicht aus Glück, sondern weil sie allen Prinzipien gefolgt waren, die sie aus der gleichen Quelle gelernt hatten: Benjamin Graham.

Alle diese Investoren gingen unterschiedlich vor, erklärte Buffett, jedoch seien alle dadurch verbunden, dass sie einen Weg gingen, auf dem sie einen Vorteil zogen aus den Diskrepanzen zwischen den Marktpreisen und dem intrinsischen Wert von Unternehmen. „Es ist überflüssig zu erwähnen, dass unsere Graham- und Dodd-Investoren kein Beta diskutieren, auch nicht das Capital Asset Pricing Modell oder Kovarianzen von Gewinnen", sagte Buffett. „Das interessiert sie überhaupt nicht. Tatsächlich hätten die meisten große Schwierigkeiten, diese Begriffe zu definieren."

In einen Artikel, der auf dieser Ansprache von 1984 basierte, fügte Buffett Tabellen ein, die die eindrucksvollen Ergebnisse der Bewohner von Graham- und Doddville aufführten. 15 Jahre später dachte ich, es sei vielleicht interessant, einen Blick auf die aktualisierten Daten einiger Leute zu werfen, die den von Graham definierten Ansatz befolgen und auch Buffetts Glauben an den Wert eines konzentrierten Portfolios mit einer geringeren Anzahl Aktien teilen. Ich nenne sie die Superinvestoren von Buffettville: Charlie Munger, Bill Ruane, Lou Simpson und natürlich Buffett selbst. Aus den Aufzeichnungen über ihre Performance können wir viel lernen. Doch bevor wir diese Untersuchung angehen, lassen Sie uns mit dem ersten Fokus-Investor anfangen.

JOHN MAYNARD KEYNES

Die meisten Leute kennen John Maynard Keynes durch seine Beiträge zur Wirtschaftstheorie. Außer dass Keynes ein großer makroökonomischer Denker war, war er auch ein legendärer Investor. Den Beweis seiner klugen Investments finden Sie im King's College in Cambridge in den Dokumenten über die Performance des Chest Fund.

Vor 1920 waren Investments des Kings College lediglich auf festverzinsliche Papiere begrenzt. Als Keynes jedoch Ende 1919 zum stellvertretenden Schatzmeister ernannt wurde, überredete er die Treuhänder, einen neuen Fonds aufzulegen, in dem ausschließlich Aktien, Währungen und Waren-Futures enthalten sein sollten. Dieses separate Konto wurde der Chest Fund. Von 1927 an, als er zum Schatzmeister ernannt wurde, bis zu seinem Tod im Jahr 1945 hatte Keynes die alleinige Verantwortung für dieses Konto.

1934, im gleichen Jahr, in dem *Security Analysis* erschien, schrieb Keynes den Brief an einen Kollegen (siehe Kapitel 1), in dem er erklärte, weshalb er seine Investments auf nur einige wenige Unternehmen beschränkt. Vier Jahre später verfasste er ein Strategiepapier für den Chest Fund, in dem er seine Kapitalanlage-Prinzipien darlegte:

1. sorgfältige Auswahl einiger weniger Papiere, bei denen man besonders auf den Preis in Relation zu ihrem möglichen gegenwärtigen und potentiellen intrinsischen Wert achtet, und das über einen Zeitraum von Jahren im Voraus und in Relation zu alternativen aktuellen Investments;
2. beständiges Halten dieser relativ großen Einheiten durch dick und dünn, vielleicht über mehrere Jahre, bis sie entweder ihre Ertragsversprechungen erfüllt haben oder es offensichtlich wird, dass ihr Kauf ein Fehler war;
3. eine *ausgewogene* Investment-Position, das heißt, verschiedene Risiken, obwohl die einzelnen Beteiligungen sehr groß sind, und wenn möglich gegensätzliche Risiken."

Wenn ich Keynes` Investmentpolitik betrachte, dann meine ich, er war ein Fokus-Investor. Absichtlich begrenzte er seine Aktien auf einige wenige auserlesene und verließ sich auf die Fundamentalanalyse, um den Wert seiner Aktien in Relation zu ihren Kursen einzuschätzen. Er liebte es, die Umgruppierung seines Portfolios sehr gering zu halten. Er erkannte die Bedeutung der Risiko-Diversifizierung. Ich glaube, dass er, um dem Risiko gegenzusteuern, sich auf qualitativ hochwertige und kalkulierbare Unternehmen mit einer Vielfalt von wirtschaftlichen Positionen konzentrierte.

Wie war die Performance von Keynes? Ein kurzer Blick auf Tabelle 3.1. zeigt, dass seine Aktienauswahl und sein Geschick beim Portfolio-Management außergewöhnlich waren. Während der 18 Jahre erreichte der Chest Fund eine durchschnittliche Jahresrendite von 13,2 % im Vergleich zum Jahresgewinn des britischen Marktes, der in der Regel ziemlich flach blieb. Wenn man in Betracht zieht, dass in diese Zeit sowohl die große Depression als auch der Zweite Weltkrieg fielen, müssen wir anerkennen, dass Keynes' Performance hervorragend war.

Tabelle 3.1   John Maynard Keynes

	Jährliche prozentuale Veränderung	
Jahr	Chest Fund (%)	UK–Markt (%)
1928	0,0	0,1
1929	0,8	6,6
1930	–32,4	–20,3
1931	–24,6	–25,0
1932	44,8	–5,8
1933	35,1	21,5
1934	33,1	–0,7
1935	44,3	5,3
1936	56,0	10,2
1937	8,5	–0,5
1938	–40,1	–16,1
1939	12,9	–7,2
1940	–15,6	–12,9
1941	33,5	12,5
1942	–0,9	0,8
1943	53,9	15,6
1944	14,5	5,4
1945	14,6	0,8
Durchschnittlicher Ertrag	13,2	–0,5
Standardabweichung	29,2	12,4
Minimum	–40,1	–25,0
Maximum	56,0	21,5

Auch der Chest Fund musste allerdings harte Zeiten durchstehen. In drei verschiedenen Jahren (1930, 1938 und 1940) fiel sein Wert deutlich tiefer als der des britischen Gesamtmarktes. „Aus den großen Auf- und Abschwüngen in den Geschicken des Fonds ergibt sich klar, dass der Fonds wesentlich volatiler gewesen sein muss als der Markt." Und tatsächlich: Wenn wir die Standardabweichung des Chest Fund betrachten, dann stellen wir fest, dass diese fast zweieinhalb Mal so volatil war wie der allgemeine Markt. Zweifelsfrei mussten die Investoren des Fonds eine sehr holprige Fahrt mitmachen, doch am Ende wurde der Gesamtmarkt um eine deutliche Marge übertroffen.

Falls Sie glauben, dass Keynes mit seinem makroökonomischen Hintergrund über das Talent des Market-Timing verfügte, dann sollten Sie sich seine Investmentpolitik weiter genau ansehen.

„Insgesamt gesehen, waren wir nicht in der Lage, in verschiedenen Phasen des Trading-Zyklus aus systemweiten Käufen und Verkäufen von Aktien große Vorteile zu ziehen. Nach diesen Erfahrungen wurde klar, dass pauschale Umschichtungen aus verschiedenen Gründen nicht durchführbar und auch nicht wünschenswert sind. Viele, die das versuchen, verkaufen zu spät und kaufen zu spät, und beides tun sie viel zu oft, verursachen damit hohen Aufwand und entwickeln eine unruhige und spekulative Geisteshaltung, die, wenn sie auf viele Menschen übergreift, außerdem den schwerwiegenden Nachteil hat, dass die Bandbreite der Schwankungen deutlich vergrößert wird."

DIE BUFFETT PARTNERSHIP, LTD.

Als Warren Buffett 1956, nachdem Ben Graham seine Kapitalanlagegesellschaft aufgelöst hatte, nach Omaha zurückkehrte, gründete er die Investment-Partnership, die wir schon in Kapitel 2 kennengelernt haben. Bei der Gründung hatte die Partnership eine Kapitalausstattung von 105.100 $ – 105.000 $ von sieben Kommanditisten und 100 $ von Buffett. Er setzte sich ein ehrgeiziges Ziel: Er wollte in jedem Jahr den Dow Jones Industrial Average um zehn Punkte schlagen. Das erreichte er und noch viel mehr. In den 13 Jahren, in denen die Partnership bestand, lag sein durchschnittlicher Jahresgewinn um 22 Prozentpunkte höher als der Dow Jones. In dieser ganzen Zeit hatte er kein einziges Verlustjahr. 1965 war das Vermögen der Partnership bei 26 Mio. $ angekommen.

Die Buffett-Partnership operierte zwischen 1957 und 1969, und ihre Gewinne (siehe Tabelle 3.2.) waren sowohl bemerkenswert als auch ein wenig abnorm. Bemerkenswert war, dass Buffett den Durchschnittsgewinn des Dow Jones über diesen Zeitraum hinweg um 22 Prozentpunkte schlug, und abnorm, dass er diesen Gewinn mit weniger Volatilität erzielte. Achten Sie in Tabelle 3.2. darauf, dass seine Standardabweichung (eine andere Möglichkeit, Volatilität auszudrücken) geringer ist als die des Dow. In seiner typischen bescheidenen Art bemerkte Buffett ruhig: „Ich glaube, gleich wie Sie es drehen und wenden, es war zufriedenstellend."

Tabelle 3.2   Buffett Partnership, Ltd.

Jahr	Jährliche prozentuale Veränderung	
	Partnership (%)	Dow Jones Industrial Average (%)
1957	10,4	-8,4
1958	40,9	38,5
1959	25,9	20,0
1960	22,8	-6,2
1961	45,9	22,4
1962	13,9	-7,6
1963	38,7	20,6
1964	27,8	18,7
1965	47,2	14,2
1966	20,4	-15,6
1967	35,9	19,0
1968	58,8	7,7
1969	6,8	-11,6
Durchschnittlicher Ertrag	30,4	8,6
Standardabweichung	15,7	16,7
Minimum	6,8	-15,6
Maximum	58,8	38,5

Wie schaffte er das? Wie gelang es ihm, die Volatilität zu vermeiden, die normalerweise zu fokussierten Portfolios gehört? Hier sind zwei Erklärungen möglich. Die erste: Er hätte Aktien haben können, deren Kurse sich in unterschiedlicher Weise bewegten. Obwohl ich sicher bin, dass er nicht absichtlich ein Portfolio mit geringer Kovarianz aufbaute, hätte ein Portfolio, das sorgfältig darauf ausgerichtet war, in sich ökonomisch unterschiedlich zu sein, wahrscheinlich die Schlaglöcher auf der Straße ausgeglichen. Eine weitere mögliche Erklärung ist aus meiner Sicht weitaus wahrscheinlicher: Buffetts sorgfältige und disziplinierte Strategie, nur solche Aktien zu kaufen, die einen deutlichen Abschlag auf ihren intrinsischen Wert aufwiesen, limitierte das Kursrisiko nach unten, während alle Kursanstiege der Partnership zugute kamen.

DIE CHARLES MUNGER PARTNERSHIP

Warren Buffett wird oft der Welt größter Investor genannt, und diesen Titel hat er reichlich verdient. Doch die hervorragenden Ergebnisse, die Berkshire Hathaway über die Jahre hinweg erzielt hat, kommen nicht allein von Buffett, sondern auch durch den weisen Rat von Vizepräsident Charles Munger. Obwohl Berkshires Investment-Performance seinem Präsidenten zugeschrieben wird, sollten wir nie vergessen, dass Charlie selbst ein hervorragender Investor ist. Aktionäre, die einmal an Berkshires Jahreshauptversammlung teilgenommen haben oder Charlies Gedanken im *Outstanding Investor Digest* nachlesen, wissen, welch scharfen Intellekt er besitzt.

„Ich traf ihn etwa 1960", sagte Buffett, „und ich sagte ihm, Jura sei als Hobby ganz in Ordnung, er aber könne Besseres leisten." Charlie hatte in Harvard Jura studiert und besaß zu dieser Zeit eine gutgehende Kanzlei in Los Angeles. Buffett überzeugte Charlie jedoch, in die Kapitalanlage einzusteigen. Die Ergebnisse von dessen Talenten finden sie in Tabelle 3.3. „Sein Portfolio-Konzept konzentrierte sich auf sehr wenige Papiere, und deshalb waren seine Ergebnisse wesentlich volatiler", erklärte Buffett. „Es basierte jedoch auf der gleichen Strategie, Aktien mit einem Abschlag von ihrem Wert zu kaufen." Auch Charlie folgte der Methode Grahams und hielt nur nach Unternehmen Ausschau, die unterhalb ihres intrinsischen Werts gehandelt wurden. „Er war bereit, größere Hochs und Tiefs in seiner Performance zu akzeptieren, und ist

Tabelle 3.3 Charles Munger Partnership

Jahr	Jährliche prozentuale Veränderung	
	Partnership (%)	Dow Jones Industrial Average (%)
1962	30,1	-7,6
1963	71,7	20,6
1964	49,7	18,7
1965	8,4	14,2
1966	12,4	-15,8
1967	56,2	19,0
1968	40,4	7,7
1969	28,3	-11,6
1970	-0,1	8,7
1971	25,4	9,8
1972	8,3	18,2
1973	-31,9	-13,1
1974	-31,5	-23,1
1975	73,2	44,4
Durchschnittlicher Ertrag	24,3	6,4
Standardabweichung	33,0	18,5
Minimum	-31,9	-23,1
Maximum	73,2	44,4

zufällig jemand, dessen Psyche ohnehin stark auf Konzentration ausgerichtet ist."

Beachten Sie, dass Buffett das Wort Risiko nicht gebraucht, wenn er Charlies Performance beschreibt. Wenn wir die konventionelle Definition von Risiko (Kursvolatilität) verwenden, würden wir es so ausdrücken, dass Charlies Partnership extrem riskant war, und das mit einer Standardabweichung, die fast doppelt so hoch war wie die des Gesamtmarktes. Aber den jährlichen Gewinndurchschnitt des Marktes um 18 Punkte zu schlagen, war keine Handlung eines risikofreudigen Menschen, sondern vielmehr die eines scharfsinnigen

Investors, der in der Lage war, sich auf wenige hervorragende Aktien zu konzentrieren, die weit unter ihrem kalkulierten Wert verkauft wurden.

DER SEQUOIA FUND

Buffett traf Bill Ruane zum ersten Mal im Jahr 1951, als sie beide Ben Grahams Aktienanalyse-Vorlesung an der Columbia University belegt hatten. Die zwei Studienkollegen blieben in Kontakt, und Buffett beobachtete Ruanes Investmentperformance jahrelang mit großer Bewunderung. Als Buffett seine Investment-Partnership 1969 aufgab, traf er sich mit Ruane. „Ich bat Bill, einen Fonds einzurichten, um alle unsere Partner zu betreuen, und so gründete er den Sequoia Fund."

Die beiden Männer wussten, es war eine schwierige Zeit, um einen Investment-Fonds zu starten, doch Ruane fing einfach an. Der Aktienmarkt zerfiel in zwei Bereiche. Das meiste heiße Geld ging in die Nifty Fifty (die „flotten Fünfzig", die Unternehmen mit den ganz großen Namen wie IBM und Xerox) und ließ die Value-Aktien weit hinter sich. Obwohl, wie Buffett betonte, eine vergleichbare Performance für Value-Investoren am Anfang sehr schwierig war, „bin ich sehr glücklich darüber, dass meine Partner in einem erstaunlichen Maß nicht nur bei ihm (Ruane) blieben, sondern auch weiteres Geld nachschossen – mit sehr guten Ergebnissen".

Der Sequoia Fund war ein echter Pionier, der erste Investment-Fonds nach den Prinzipien des Fokus-Investing. Wir haben die veröffentlichten Ergebnisse der Sequoia-Beteiligungen, und sie zeigen deutlich, dass Bill Ruane und sein Partner Rick Cuniff ein eng fokussiertes Portfolio mit geringem Umschlag managten. Im Durchschnitt hatte Sequoia zwischen sechs und zehn Unternehmen im Portfolio, die zusammen über 90 % des Portfolios ausmachten. Aber auch die ökonomische Vielfalt des Portfolios war sehr breit und ist es bis heute. Ruane hat oft betont, dass Sequoia, auch wenn es ein fokussiertes Portfolio ist, stets verschiedene Branchen besessen hat, darunter Geschäfrsbanken, Pharmazieunternehmen, Automobilhersteller und Versicherungen.

Bill Ruanes Standpunkt ist in vielerlei Hinsicht einzigartig unter allen Fondsmanagern. Ganz allgemein beginnen die meisten Investment-Managements mit irgendeiner festen Vorstellung über das Portfolio-Management und füllen das Portfolio dann mit verschiedenen Aktien. Bei Ruane, Cuniff & Company fängt es mit dem Plan an, die bestmöglichen Aktien auszuwählen und um diese Auswahl herum dann das Portfolio zu bilden.

Die bestmöglichen Aktien auszuwählen verlangt natürlich ein hohes Maß an Research. Und auch hier unterscheidet sich Ruane, Cuniff & Company vom Rest der Branche. Die Firma hat sich den Ruf erworben, eine der besten im Geldmanagement zu sein. Ruane hält sich von den Berichten der Wall-Street-Broker und -Analysten fern und verlässt sich statt dessen auf eigenes intensives Research. „Wir geben in unserer Firma nicht viel auf Titel", sagte Ruane einmal. „Wenn wir es jedoch täten, dann stünde auf meiner Visitenkarte ‚Bill Ruane, Research-Analyst'."

Solches Denken ist an der Wall Street unüblich, erklärt er. „Typischerweise beginnen die meisten Leute ihre Karriere als Analysten, doch geben sie sich alle Mühe, den prestigeträchtigen Titel eines Portfolio-Managers zu erlangen, was als herausgehobene Funktion betrachtet wird. Im Gegensatz dazu haben wir immer daran geglaubt, dass für einen Langfrist-Investoren die Funktion des Analysten überragende Bedeutung hat und das Portfoliomanagement ihr natürlich folgt."

Hat diese einzigartige Strategie den Aktionären der Firma genutzt? Tabelle 3.4. zeigt die Investment-Performance des Sequoia Fund von 1971 bis 1997. In dieser Zeit erzielte der Fonds eine durchschnittliche Jahresrendite von 19,6 % im Vergleich zu 14,5 % des S&P 500. Wie auch andere Fokus-Portfolios erreichte Sequoia seinen überdurchschnittlichen Ertrag mit einem etwas holprigeren Ritt. Während dieser Zeit lag die Standardabweichung des Marktes (was, wie Sie sich erinnern, eine Möglichkeit ist, die Volatilität auszudrücken) bei 16,4 % verglichen mit 20,6 % bei Sequoia. Man kann das vielleicht als höheres Risiko betrachten, aber bei der Sorgfalt und Ausdauer von Ruane, Cuniff & Company bei der Aktienauswahl passt die konventionelle Definition von Risiko hier nicht.

Tabelle 3.4 Sequoia Fund, Inc.

	Jährliche prozentuale Veränderung	
Jahr	Sequoia Fund (%)	S&P 500 (%)
1971	13,5	14,3
1972	3,7	18,9
1973	–24,0	–14,8
1974	–15,7	–26,4
1975	60,5	37,2
1976	72,3	23,6
1977	19,9	–7,4
1978	23,9	6,4
1979	12,1	18,2
1980	12,6	32,3
1981	21,5	–5,0
1982	31,2	21,4
1983	27,3	22,4
1984	18,5	6,1
1985	28,0	31,6
1986	13,3	18,6
1987	7,4	5,2
1988	11,1	16,5
1989	27,9	31,6
1990	–3,8	–3,1
1991	40,0	30,3
1992	9,4	7,6
1993	10,8	10,0
1994	3,3	1,4
1995	41,4	37,5
1996	21,7	22,9
1997	42,3	33,4
Durchschnittlicher Ertrag	19,6	14,5
Standardabweichung	20,6	16,4
Minimum	–24,0	–26,4
Maximum	72,3	37,5

LOU SIMPSON

Anfang 1996 vollendete Berkshire Hathaway den Kauf von GEICO, Inc. – zu dieser Zeit der siebtgrößte Automobilversicherer der Vereinigten Staaten. Es war der Höhepunkt einer langen und profitablen Beziehung.

Für alle, die Buffett über die Jahre hinweg beobachtet haben, ist GEICO ein vertrauter Name. Das Unternehmen hat bei Berkshire Hathaway einen Ehrenplatz. Buffett wurde mit GEICO 1951 durch seinen Lehrer Ben Graham bekannt gemacht, der damals einer der Direktoren des Versicherungsunternehmens war. In echter Buffett-Manier reiste Warren an einem kalten Samstagmorgen im Januar ins Hauptquartier von GEICO, um mehr über die Firma zu erfahren. Lorimer Davidson, der damalige Assistent des Vorsitzenden, der später Vorstandsvorsitzender wurde, informierte Buffett im Schnelldurchgang über GEICOs Wettbewerbsvorteile.

Als er nach Omaha zurückkehrte, um in der Brokerfirma seines Vaters zu arbeiten, konzentrierte Buffett seine Bemühungen darauf, GEICO-Anteile für seine Kunden zu kaufen. In der Zeitschrift *The Commercial and Financial Chronicle* schrieb er sogar einen Untersuchungsbericht über GEICO mit dem Titel „The Security I Like Best«. Zum Jahresende 1951 hatte der junge Buffett 65 % seines Vermögens – 10.000 $ – bei GEICO investiert.

Anfang der 70er Jahre geriet GEICO in Schwierigkeiten. Seit Jahren zu niedrige Prämien bei den Versicherungspolicen hatten Verluste produziert, die das Unternehmen an den Rand des Konkurses brachten. Buffett jedoch, der seine eigenen Grundsätze anwandte, blieb unbeirrt. Er vertraute darauf, dass er ein solides Unternehmen vor sich hatte, das kurzfristige Schwierigkeiten durchmachen musste. Das machte den Aktienkurs zu einem Schnäppchen, und Buffett begann, Aktien zu kaufen. Bis 1980 hatte er über Berkshire Hathaway für 45,7 Mio. $ 33 % von GEICO angesammelt.

Etwa zur gleichen Zeit tätigte Buffett eine weitere Akquisition, die sich unmittelbar positiv auf die finanzielle Gesundheit von GEICO auswirkten sollte. Der Name: Lou Simpson.

Simpson, der seinen Master in Wirtschaftswissenschaften an der Princeton University gemacht hatte, hatte für Stein Roe & Farnham und Western Asset Management gearbeitet, bevor Buffett ihn 1979 zu GEICO lockte. Wenn sich Buffett an das Einstellungsgespräch mit Simpson erinnert, dann spricht er davon, dass Lou das ideale Temperament für die Kapitalanlage hatte. Buffett erinnert sich an Lou als unabhängigen Denker, der viel Vertrauen in sein eigenes Research hatte und „kein besonderes Vergnügen daran, mit oder gegen die Masse zu operieren".

Lou ist ein unersättlicher Leser, der Wall-Street-Research meidet und statt dessen selbst über Jahresberichten brütet. Seine Aktienauswahl gleicht der von Buffett. Er kauft nur rentable Unternehmen, die von einem fähigen Management geleitet werden und zu vernünftigen Kursen zu haben sind. Lou hat aber noch etwas anderes mit Buffett gemeinsam: Er konzentriert sein Portfolio auf nur einige wenige Aktien. GEICOs Milliarden-Dollar-Portfolio beinhaltet gewöhnlich weniger als zehn Aktien.

Zwischen 1980 und 1996 brachten die Erträge von GEICOs Portfolio eine durchschnittliche Jahresrendite von 24,7 % im Vergleich zu 17,8 % des Gesamtmarktes (siehe Tabelle 3.5.). „Dies sind nicht nur hervorragende Zahlen", sagt Buffett. „Ebenso wichtig ist, dass sie auf die richtige Art und Weise erzielt wurden. Lou hat ständig in unterbewertete Aktien investiert, die jede für sich kaum dazu führten würden, ihm dauernde Verluste zu bringen, und zusammengenommen nahezu risikofrei waren." Wieder einmal sehen wir, dass in Buffetts Verständnis die Einschätzung des Risikos nichts mit Volatilität zu tun hat. Risiko basiert auf der Sicherheit, dass die einzelnen Aktien langfristig Gewinn bringen werden.

Simpsons Performance und sein Investmentstil passen genau zu Buffetts Denkweise. „Lou geht den gleichen konservativen und konzentrierten Weg bei der Kapitalanlage, den wir auch bei Berkshire einschlagen, und es ist für uns ein enormes Plus, ihn an Bord zu haben", sagt Buffett. Buffetts Bewunderung für Simpson ist sehr groß: „Es gibt sehr wenige Menschen, denen ich erlaube, über Geld und in den Firmen zu entscheiden, die wir kontrollieren, doch im Fall von Lou sind wir darüber hocherfreut. Dass er bei uns ist, gibt uns die Sicherheit, dass Berkshire sofort

Tabelle 3.5   Lou Simpson

	Jährliche prozentuale Veränderung	
Jahr	**GEICO Equities (%)**	**S&P 500 (%)**
1980	23,7	32,3
1981	5,4	-5,0
1982	45,8	21,4
1983	36,0	22,4
1984	21,8	6,1
1985	45,8	31,6
1986	38,7	18,6
1987	-10,0	5,1
1988	30,0	16,6
1989	36,1	31,7
1990	-9,1	-3,1
1991	57,1	30,5
1992	10,7	7,6
1993	5,1	10,1
1994	13,3	1,3
1995	39,7	37,6
1996	29,2	37,6
Durchschnittlicher Ertrag	24,7	17,8
Standardabweichung	19,5	14,3
Minimum	-10,0	-5,0
Maximum	57,1	37,6

einen außergewöhnlichen Profi zur Verfügung hätte, der die Kapital-anlage übernehmen könnte, wenn Charlie und mir etwas zustieße."

Keynes, Buffett, Munger, Ruane, Simpson. Es wird deutlich, dass die Superinvestoren von Buffettville eine gemeinsame geistige Einstellung zur Kapitalanlage haben. Sie sind vereint in ihrer Überzeugung, dass es die richtige Art der Risikoreduzierung ist, Aktien nur dann zu kaufen, wenn die Sicherheitsmarge (eine günstige Diskrepanz zwischen dem intrinsischen Wert des Unternehmens und dem aktuellen Marktpreis) hoch ist. Sie glauben auch, dass die Konzentration ihres Portfolios auf eine begrenzte Zahl dieser Unternehmen, die mit hoher Wahrschein-lichkeit Erfolg versprechen, nicht nur das Risiko reduziert, sondern dazu beiträgt, verglichen mit dem Gesamtmarkt weit überdurchschnitt-liche Erträge zu erzielen.

Dennoch bleiben viele Leute skeptisch, wenn wir auf diese erfolg-reichen Fokus-Investoren verweisen; vielleicht beruht deren Erfolg ja auf ihrer engen professionellen Beziehung. Doch alle diese Stockpicker wählten unterschiedliche Aktien aus. Buffett hatte nicht, was Munger hatte, und Munger hatte nicht, was Ruane hatte. Ruane hatte nicht, was Simpson hatte, und niemand hatte, was Keynes hatte.

Nun, das mag zwar stimmen, sagen die Skeptiker, aber sie haben uns nur fünf Beispiele für Fokus-Investoren gegeben. Fünf Beobachtungen sind nicht ausreichend, um einen statistisch aussagefähigen Schluss zu ziehen. In einer Branche, in der es Tausende von Portfolio-Managern gibt, könnten fünf Erfolge lediglich Zufall sein.

Mag sein. Um jede Vorstellung auszuräumen, dass die fünf Super-investoren von Buffettville nichts weiter sind als eine statistische Ver-irrung, müssen wir ein weiteres Feld untersuchen. Leider gibt es nicht viele Fokus-Investoren, die wir studieren können – wie sollen wir also vorgehen? Wir gehen in ein statistisches Laboratorium und entwerfen ein Universum von 12.000 Portfolios.

3.000 FOKUS-INVESTOREN

Wir benutzten die Compustat-Datenbank der Aktiengewinne und iso-lierten 1.200 Unternehmen, die messbare Daten auswiesen, darunter Erlöse, Gewinne, Kapitalnettorendite, und das von 1979 bis 1986. Dann programmierten wir den Computer so, dass er aus diesen 1.200 Unter-nehmen zufällig 12.000 Portfolios verschiedener Größen zusammen-stellte:

1. 3.000 Portfolios mit 250 Aktien
2. 3.000 Portfolios mit 100 Aktien
3. 3.000 Portfolios mit 50 Aktien
4. 3.000 Portfolios mit 15 Aktien

Danach errechneten wir die durchschnittliche Jahresrendite jedes Portfolios in jeder Gruppe über zwei Zeiträume hinweg – zehn Jahre und 18 Jahre – und zeichneten die Verteilung dieser Gewinne so auf, wie Sie es in den Abbildungen 3.1. und 3.2. sehen. Dann verglichen wir die Renditen der vier Portfolio-Gruppen mit dem gesamten Aktienmarkt, gemessen am Preisindex S&P 500 für die gleichen Zeiträume.

Aus all dem kristallisierte sich ein Schlüsselergebnis heraus: In jedem Fall, wo wir die Zahl der Aktien in einem Portfolio reduzierten, erhöhten wir die Wahrscheinlichkeit, dass höhere Gewinne erzielt wurden als im Marktdurchschnitt.

Wir wollen das ein wenig genauer betrachten und beginnen mit dem Zeitrahmen von zehn Jahren (Abbildung 3.1.) Alle vier Portfolio-Gruppen hatten eine durchschnittliche Jahresrendite von etwa 13,8 %. Der S&P 500 lag im gleichen Zeitraum ein wenig höher: 15,2 %. Doch zwei wichtige Punkte sollten sie bedenken: Der S&P 500 ist ein gewichteter Index, der von den größten Unternehmen dominiert wird, und der betrachtete Zeitraum war einer, in dem Aktien mit hoher Marktkapitalisierung besonders gut abschnitten. In unserer Studie waren die Portfolios gleichmäßig gewichtet und enthielten nicht nur Aktien mit hoher Marktkapitalisierung, sondern auch solche von kleinen und mittleren Firmen. Und so können wir sagen, dass die vier Gruppen unserer „Labor-Portfolios" annähernd die gleiche Performance erbrachten wie der Gesamtmarkt.

Diese Übung wird interessanter, wenn wir die Minima und Maxima betrachten – die Portfolios mit der schlechtesten und der besten Performance in jeder Gruppe. Das stellen wir dabei fest:

1. Bei den Portfolios mit 250 Aktien lag der höchste Gewinn bei 16,0 und der niedrigste bei 11,4 %.
2. Bei den Portfolios mit 100 Aktien lag der höchste Gewinn bei 18,3 und der niedrigste bei 10,0 %.
3. Bei den Portfolios mit 50 Aktien lag der höchste Gewinn bei 19,1 und der niedrigste bei 8,6 %.
4. Bei den Portfolios mit 15 Aktien lag der höchste Gewinn bei 26,6 und der niedrigste bei 4,4 %. Dies waren die Fokus-Portfolios innerhalb der Studie, und nur in dieser Gruppe waren die höchsten Gewinne deutlich höher als der S&P 500.

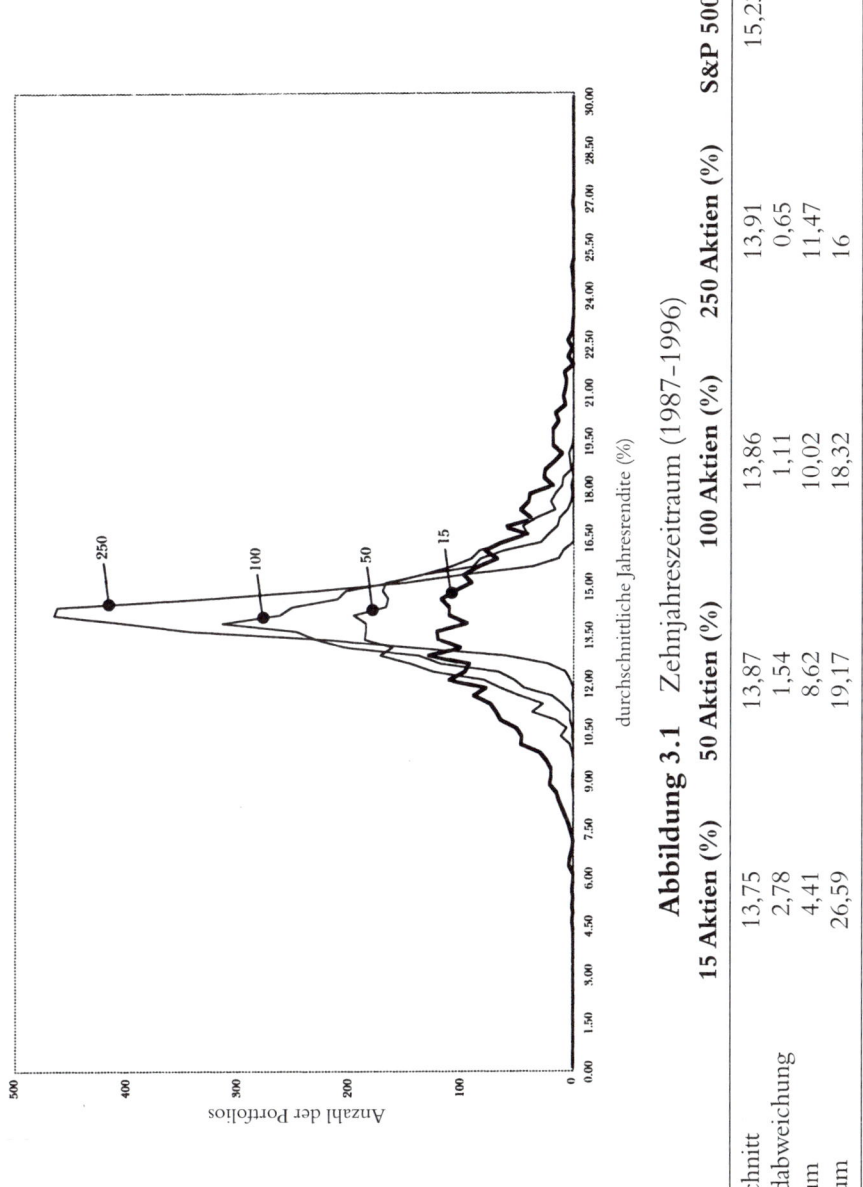

Abbildung 3.1 Zehnjahreszeitraum (1987–1996)

	15 Aktien (%)	50 Aktien (%)	100 Aktien (%)	250 Aktien (%)	S&P 500 (%)
Durchschnitt	13,75	13,87	13,86	13,91	15,23
Standardabweichung	2,78	1,54	1,11	0,65	
Minimum	4,41	8,62	10,02	11,47	
Maximum	26,59	19,17	18,32	16	

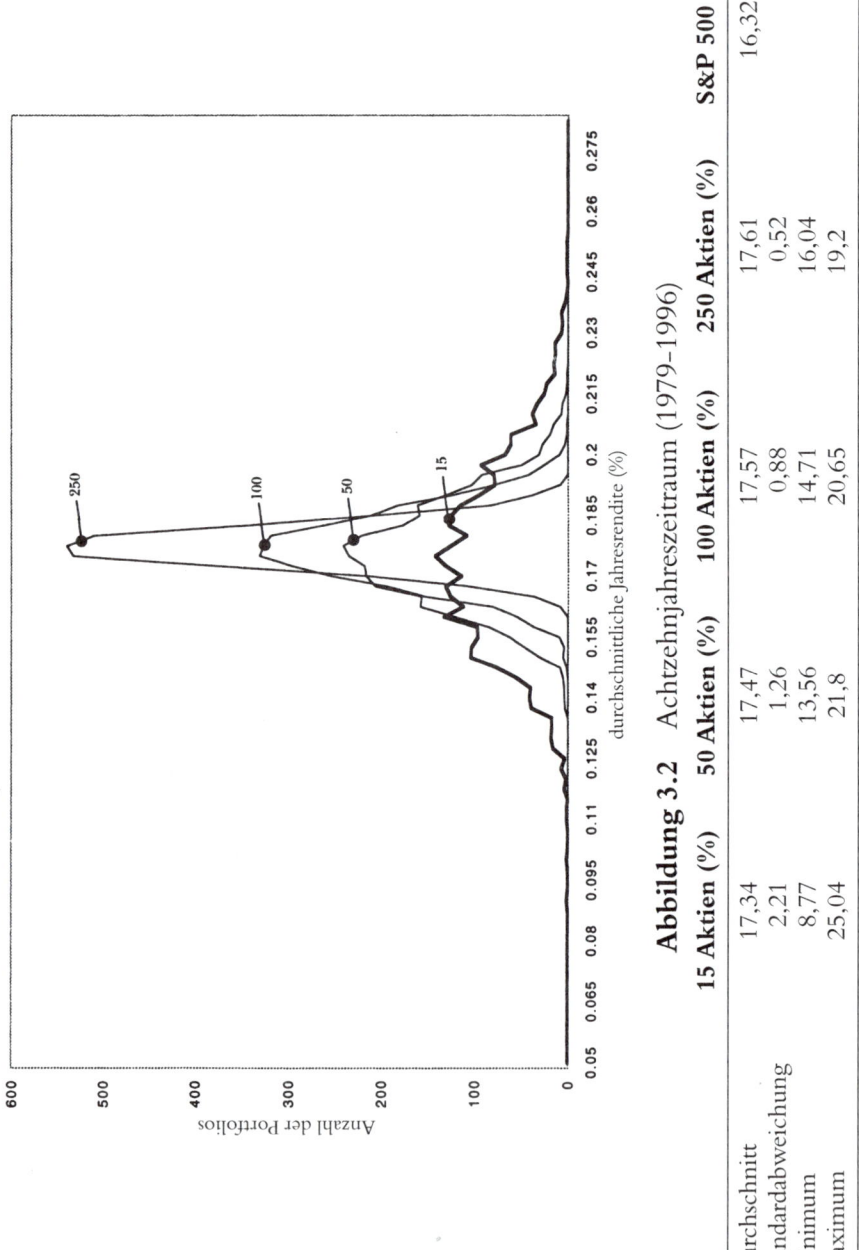

Abbildung 3.2 Achtzehnjahreszeitraum (1979–1996)

	15 Aktien (%)	50 Aktien (%)	100 Aktien (%)	250 Aktien (%)	S&P 500 (%)
Durchschnitt	17,34	17,47	17,57	17,61	16,32
Standardabweichung	2,21	1,26	0,88	0,52	
Minimum	8,77	13,56	14,71	16,04	
Maximum	25,04	21,8	20,65	19,2	

Die gleichen relativen Trends fanden wir auch bei dem längeren Zeitraum (18 Jahre, Abbildung 3.2.): Die kleinen Portfolios zeigten wesentlich höhere Hochs und niedrigere Tiefs als die großen Portfolios. Diese Ergebnisse führten uns zu zwei unausweichlichen Schlussfolgerungen:

1. Mit einem Fokus-Portfolio hat man eine viel höhere Chance, besser abzuschneiden als der Gesamtmarkt.
2. Man hat mit einem Fokus-Portfolio aber auch eine wesentlich höhere Chance, schlechter abzuschneiden als der Gesamtmarkt.

Um die erste Schlussfolgerung für die Skeptiker noch zu untermauern: Wir fanden einige bemerkenswerte statistische Besonderheiten, als wir die Zehnjahresdaten analysierten:

- Von den 3.000 Portfolios mit 15 Aktien waren 808 besser als der Markt.
- Von den 3.000 Portfolios mit 50 Aktien waren 549 besser als der Markt.
- Von den 3.000 Portfolios mit 100 Aktien waren 337 besser als der Markt.
- Von den 3.000 Portfolios mit 250 Aktien waren 63 besser als der Markt.

Ich erwähne dies als überzeugenden Beweis dafür, dass die Wahrscheinlichkeiten steigen, wenn die Größe des Portfolios abnimmt. Bei einem Portfolio mit 15 Aktien hat man eine Chance von 1 : 4, besser zu sein als der Markt. Bei einem Portfolio mit 250 Aktien liegt die Chancen bei 1 : 50.

Eine weitere wichtige Überlegung: In unsere Studie berücksichtigten wir den Faktor der Trading-Kosten nicht. Logischerweise sind die Kosten dann höher, wenn der Umschlag im Portfolio höher ist. Hätte man diese angefallenen Kosten in unseren Grafiken berücksichtigt, dann wären die Jahresrenditen nach links gerutscht, und es wäre schwieriger gewesen, besser zu sein als der Markt.

Die zweite Schlussfolgerung verstärkt ganz einfach die entscheidende Bedeutung einer intelligenten Aktienauswahl. Es ist kein Zufall, dass die Superinvestoren von Buffettville immer auch überlegene Stockpicker waren. Wenn man nicht die richtigen Unternehmen auswählt, dann wird die schlechte Performance besonders auffällig. Wir können jedoch durchaus sagen, dass die aussergewöhnlich hohen Gewinne, die die Superinvestoren einfuhren, erst durch ihre Bereitschaft möglich wurden, ihre Portfolios auf ihre besten Ideen zu konzentrieren – ein Punkt, der glasklar wird, wenn wir das Aktien-Portfolio von Berkshire Hathaway analysieren.

BERKSHIRE HATHAWAY

In den letzten 33 Jahren (1965-97) wuchs der Buchwert je Aktie von Berkshire Hathaway mit einer durchschnittlichen Jahresrate von 24,9 % – das ist fast das doppelte des S&P 500 (siehe Tabelle 3.6.). Bei dieser Wachstumsrate verdoppelte sich Berkshires Buchwert je Aktie alle 2,9 Jahre. Nun wissen Sie, weshalb es so viele Berkshire-Hathaway-Millionäre gibt. Sie haben überdurchschnittliche Gewinne kumuliert und das dreißig Jahre lang.

Der Buchwert ist ein gutes Maß, um die langfristigen Fortschritte des Unternehmens zu messen, doch er beeinträchtigt unsere Analyse des Portfolio-Managements. Berkshires Buchwert enthält nicht nur die Aktienbeteiligungen, sondern auch die festverzinslichen Kapitalanlagen und die quasi eigenen Unternehmen. Für die Buchwert-Performance von Berkshire zählen auch die Buchwerte von See's Candy Shops, Nebraska Furniture Mart, Buffalo News, Flight Safety und Scott Fetzer. Was fänden wir, wenn wir alle Investments herausrechneten, die nicht aus normalen Aktien bestehen, und allein Berkshires Aktien-Portfolio analysierten? Die Ergebnisse lassen einem die Augen übergehen.

Für diese Analyse isolierten wir Berkshires Aktien-Portfolio, wie es von 1988 bis 1997 in den Jahresberichten ausgewiesen wurde (siehe Tabelle 3.7). Wir begrenzten die Studie auf die wichtigsten aufgeführten Beteiligungen des Unternehmens und ignorierten diejenigen, die die Geschäftsberichte als „andere Aktienbeteiligungen" bezeichneten.

Tabelle 3.6 Berkshire Hathaway Inc.

Jahr	Jährliche prozentuale Veränderung	
	Buchwert je Berkshire-Aktie (%)	S&P 500 (%)
1965	23,8	10,0
1966	20,3	-11,7
1967	11,0	30,9
1968	19,0	11,0
1969	16,2	-8,4
1970	12,0	3,9
1971	16,4	14,6
1972	21,7	18,9
1973	4,7	-14,8
1974	5,5	-26,4
1975	21,9	37,2
1976	59,3	23,6
1977	31,9	-7,4
1978	24,0	6,4
1979	35,7	18,2
1980	19,3	32,3
1981	31,4	-5,0
1982	40,0	21,4
1983	32,3	22,4
1984	13,6	6,1
1985	48,2	31,6
1986	26,1	18,6
1987	19,5	5,1
1988	20,1	16,6
1989	44,4	31,7
1990	7,4	-3,1
1991	39,6	30,5
1992	20,3	7,6
1993	14,3	10,1
1994	13,9	1,3
1995	43,1	37,6
1996	31,8	23,0
1997	34,1	33,4
Durchschnittlicher Ertrag	24,9	12,9
Standardabweichung	13,0	16,4
Minimum	4,7	-26,4
Maximum	59,3	37,6

Weil wir diese Beteiligungen nicht spezifizieren können und weil sie einen so kleinen Anteil am Aktien-Portfolio ausmachen, kann die Herausnahme ihrer Gewinne aus der Studie keine bedeutsame Veränderung der Ergebnisse bewirken. Eine weitere kleine Einschränkung: Berkshire berichtet über seine Aktienbeteiligungen zum Jahresende. Für unsere Zwecke gingen wir davon aus, dass Berkshire diese Wertpapiere auch schon am 1. Januar des jeweiligen Jahres besaß. Weil Buffett während des ganzen Jahres Aktien kaufte, ist es nicht korrekt, jede Position mit dem vollen Jahresgewinn anzusetzen. Allerdings wurden viele Positionen während des ganzen jeweiligen Jahres gehalten, und weil wir einen Zehnjahreszeitraum betrachten, glaube ich, dass Diskrepanzen hier nicht signifikant sind.

Zuerst war ich daran interessiert, den Gewinn von Berkshires wichtigsten Aktien in den letzten zehn Jahren kennenzulernen. Die Tabelle 3.7 zeigt, dass der durchschnittliche Jahresgewinn dieser Gruppe bei 29,4 % lag, weit über dem S&P 500, der lediglich 18,9 % verdiente.

Tabelle 3.7   Berkshires Portfolio nach den Jahresberichten

Jahr	Portfolio-Gewinn (%)	Gleich-gewichteter Gewinn (%)	Mit 2 % gewichteter Gewinn (%)	Gewinn des S&P 500 (%)
1988	11,9	11,0	16,0	16,6
1989	53,1	38,3	32,3	31,7
1990	2,7	-9,8	-3,9	-3,1
1991	55,5	52,7	33,5	30,4
1992	24,2	31,1	11,4	7,6
1993	11,7	19,5	11,6	10,1
1994	15,3	8,0	2,6	1,3
1995	43,6	43,2	38,3	37,6
1996	37,5	29,6	24,0	23,0
1997	38,5	46,1	35,4	33,4
Durch-schnittlicher Jahresgewinn	29,4	27,0	20,1	18,9

Die meisten, die Warren Buffetts Karriere verfolgt haben, wissen, wie stark er bei Coca-Cola engagiert ist. Warren Buffetts große Einsätze bei Coca-Cola über viele Jahre hinweg zahlten sich sehr gut aus. 1988, als Buffett anfing, diese Aktie zu kaufen, machte Coca-Cola 20,7 % der Aktien in Berkshires Portfolio aus. Von 1991 bis 1997 variierte Coca-Colas Anteil im Bereich zwischen 34,2 und 43 % (siehe die Tabellen A.1. bis A.10. in Anhang A). Und wie gut war die Performance von Coca-Cola in den zehn Jahren von 1988 bis 1997? Fast doppelt so gut wie die des Gesamtmarktes: 34,7 % durchschnittliche Rendite verglichen mit 18,8 %. Für Buffett war es höchst profitabel, seine Positionen um das Zentrum Coca-Cola herum anzuordnen. Er wettete einen hohen Einsatz auf ein Ereignis mit hoher Eintrittswahrscheinlichkeit.

Was aber wäre geschehen, hätte Buffett seine Positionen nicht überladen, sondern bei seinen Aktien über jedes Jahres ganz einfach eine Gleichverteilung beibehalten? Um das zu erreichen, hätte er immer dann, wenn eine Position zu groß geworden wäre, einige Aktien verkaufen müssen, um sie wieder auf Gleichmaß mit den anderen zu bringen. Auf einer gleichmäßig gewichteten Basis hätte Berkshires Portfolio eine Rendite von 27 % im Jahr abgeworfen, knapp über 2,5 Prozentpunkte weniger als das konzentrierte Portfolio.

Um mit unserer Analyse noch einen Schritt weiter zu gehen, wollen wir annehmen, dass Buffett statt eines konzentrierten Portfolios ein breiter diversifiziertes mit 50 Titeln hielt. Lassen Sie uns weiterhin annehmen, dass jede der Primärbeteiligungen von Berkshire (wie in den Tabellen A.1. bis A.10. aufgeführt) eine Gewichtung von 2 % repräsentiert (wir unterstellen, dass das Portfolio mit 50 Aktien bestückt ist) und dass das ausgewogene Portfolio einen Gewinn wie der Gesamtmarkt erzielte. Obgleich die Ausgewogenheit dieses fiktiven Portfolios eine Gruppe von Aktien einschließen würde, die im Durchschnitt nicht besser sein konnten als der Gesamtmarkt, würden diese Aktien auch nicht schlechter sein. Dieses fiktive Portfolio, das aus den tatsächlichen Aktien Berkshires plus Aktien mit Marktdurchschnitt besteht, wobei alle jeweils 2 % des Portfolios ausmachen, hätte in diesem Zeitraum einen durchschnittlichen Jahresgewinn von 20,1 % erbracht – nur 1,2 Prozentpunkte mehr als der Gesamtmarkt.

Wenn wir diese Analyse rückblickend betrachten, können wir deutlich erkennen, dass das konzentrierte Fokus-Portfolio die besten Ergebnisse lieferte. Ein gleichmäßig gewichtetes Portfolio hätte den Markt immer noch geschlagen, hätte jedoch die Performance um 3 Prozentpunkte verschlechtert. Und schließlich hätte das fiktive Portfolio mit 50 Aktien, obwohl es im Durchschnitt ein wenig besser war als der Gesamtmarkt, die schwächsten Ergebnisse gebracht; es wäre um 9 Prozentpunkte gefallen.

Mit dieser Übung wollte ich wie mit unserer Studie über Portfolios mit 20, 50, 100 und 250 Aktien zeigen, dass Fokus-Portfolios, die sich auf Entwicklungen mit hoher Eintrittswahrscheinlichkeit konzentrieren, die optimalen Gewinne bringen. Umgekehrt werden Versuche, das Portfolio mit weiteren Titeln in gedankenlos gleich großen Positionen zu verwässern, die Gewinne näher an die Durchschnittsgewinne des Marktes heran treiben. Wenn wir die Gewinne durch den Abzug von Kommissionen und Ausgaben korrigieren, dann werden Sie einschätzen können, wie schwierig es ist, besser zu sein als der Markt, wenn man ständig Hunderte von Aktien kauft und verkauft.

DIE ERDE IST EINE SCHEIBE

In seiner Rede von 1984 an der Columbia stellte Warren Buffett eine listige Beobachtung an: Wenn jeder mit ihm übereinstimme und zum Fokus-Investing wechsle, würde er (Buffett) einige seiner Vorteile zerstören, weil dann der Unterschied zwischen Wert und Kurs geringer würde. Doch, so fügte er schnell hinzu, die Erfahrung habe gezeigt, dass dies wahrscheinlich nicht geschehen werde.

„Das Geheimnis wurde schon vor 50 Jahren gelüftet — seit Benjamin Graham und Dave Dodd *Security Analysis* schrieben —, und dennoch habe ich keinen Trend zum Value-Investing gesehen in den 35 Jahren, die ich es praktiziere", sagte Buffett. „Es scheint irgendwelche perversen menschlichen Charakterzüge zu geben, die einfache Dinge gern verkomplizieren."

Er könnte Recht haben. Auch 15 Jahre später hat es noch keinen

Run aufs Fokus-Investing gegeben. Sie werden sich erinnern, dass ich, um genügend Beobachtungen für die Aufstellung einer statistisch belegbaren These zu haben, Portfolios künstlich in einem Computerlabor erzeugen musste.

Vielleicht ist es richtig, wie Buffett sagt, dass wir sogar davon „Abstand genommen haben, das Value-Investing zu lehren … Wahrscheinlich wird es so bleiben. Schiffe werden den Globus umrunden, doch die Unbelehrbaren werden weiterhin glauben, dass die Erde eine Scheibe sei. Es wird am Markt weiterhin große Diskrepanzen zwischen Kurs und Wert geben, und alle, die ihren Graham und Dodd gelesen haben, werden weiterhin erfolgreich sein."

Kapitel 4

Eine bessere Möglichkeit, die Performance zu messen

Wenn der Kurs einer Aktie von einem „Rudel" an der Wall Street beeinflusst werden kann, wobei die extremsten von der emotionalsten Person oder der gierigsten Person oder der depressivsten Person gesetzt werden, dann kann man nur schwerlich argumentieren, dass der Markt die Kurse immer rational bilde. Tatsächlich sind Kurse sehr oft unsinnig.

— Warren Buffett

Wenn Buffett Recht hat – wenn die Kurse oft unsinnig sind –, dann wäre es dumm von uns, den Kurs als den einzigen Indikator für die Performance zu verwenden. Und doch tun wir es. Unsere gesamte Branche ist kurzsichtig auf den Kurs fixiert. Wenn der Kurs einer bestimmten Aktie steigt, nehmen wir an, dass positive Dinge geschehen. Wenn der Kurs anfängt zu fallen, nehmen wir an, dass etwas Negatives geschieht, und handeln entsprechend. Wenn aber Kurse nicht immer völlig rational sind – sind wir dann völlig rational, wenn wir unsere Handlungen mit ihren Aufwärts- und Abwärtsbewegungen begründen?

Diese Scherzfrage wird durch eine weitere dumme Gewohnheit verschärft: die Beurteilung der Kurs-Performance über sehr kurze Zeiträume hinweg. Buffett würde sagen, wir verließen uns nicht nur auf die falsche Sache (den Kurs), sondern betrachteten ihn zu oft und reagierten viel zu schnell, wenn uns das, was wir sehen, nicht gefällt.

Diese doppelte Dummheit – diese kurzfristige, auf den Kurs gerichtete Mentalität – ist eine falsche Denkweise und zeigt sich in unserem Metier auf jeder Ebene. Viele Leute kontrollieren täglich die Aktienkurse und rufen ihren Broker so oft an, dass sie dessen Telefonnummer als Kuzwahl gespeichert haben. Deshalb sind institutionelle Anleger mit Verantwortung für Milliarden von Dollar bereit, schon auf ein Fingerschnippen hin zu kaufen oder zu verkaufen. Es ist auch der Grund, weshalb die Manager von Fonds die Aktien in ihre Portfolios mit einer wahnsinnigen Geschwindigkeit austauschen – sie glauben, es sei ihre Aufgabe, genau das zu tun.

Erstaunlicherweise sind dies die gleichen Geldmanager, die ihre Kunden stets als Erste beschwören, ruhig zu bleiben, wenn die Dinge anfangen, wacklig auszusehen. Sie verschicken beruhigende Briefe, in denen sie die Tugend preisen, den eingeschlagenen Kurs beizubehalten. Weshalb aber tun sie nicht, was sie predigen?

Diesen Widerspruch kann man bei Aktien-Fonds besonders leicht beobachten, weil die Aktionen der Fondsmanager von der Finanzpresse sorgfältig dokumentiert und analysiert werden. Weil so viele Informationen verfügbar sind und weil Aktien-Fonds so vertraut sind und gut verstanden werden, glaube ich, dass wir sehr viel über die Dummheit eines kursbasierten Maßstabs lernen können, wenn man beobachtet, wie er bei Aktien-Fonds funktioniert.

DAS ZWEIFACHE MAß BEI INVESTMENT-FONDS

In einem Beitrag für das Magazin *Fortune* wies Joseph Nocera Ende 1997 auf die offensichtlichen Diskrepanzen hin zwischen dem, was Manager von Aktien-Fonds ihren Aktionären empfehlen – „Kaufen und halten" –, und dem, was die gleichen Manager mit ihren eigenen Portfolios tun – kaufen und verkaufen, kaufen und verkaufen, kaufen und verkaufen. Nocera untermauerte seine persönlichen

Beobachtungen dieser Doppelmoral, indem er Don Phillips von Morningstar zitierte: „Es gibt eine riesige Diskrepanz zwischen dem, was die Fonds-Branche tut, und dem, was sie ihren Anlegern empfiehlt."

Die logische Frage ist: Wenn man den Investoren rät, Aktien zu kaufen und zu halten, weshalb kaufen und verkaufen die Manager dann jedes Jahr wie verrückt? Die Antwort lautet nach Nocera, dass „die interne Dynamik der Fonds-Branche es den Fondsmanagern fast unmöglich macht, länger als kurzfristig zu denken". Weshalb? Weil das Geschäft mit Aktien-Fonds in ein sinnloses kurzfristiges Spiel ausgeartet ist, bei dem nur anhand des Kurses gemessen wird, wer die beste Performance erzielt.

Heute lastet beträchtlicher Druck auf den Portfolio-Managern, auffällige kurzfristige Erfolgszahlen zu generieren. Diese Zahlen ziehen viel Aufmerksamkeit auf sich. Alle drei Monate veröffentlichen führende Publikationen wie das *Wall Street Journal* und *Barron's* Performance-Rankings von Aktien-Fonds.

Die Fonds, die in den letzten drei Monaten am besten abschnitten, kommen an die Spitze der Hitliste, sie werden von Finanzkommentatoren im Fernsehen und in den Zeitungen gelobt, man gratuliert sich selbst in Anzeigen und Promotion und zieht damit eine Flut von neuen Einlagen an. Investoren, die darauf warteten, welcher Fondsmanager das „heiße Händchen" hat, verlassen sich auf diese Rankings. Und tatsächlich werden die vierteljährlichen Performance-Hitlisten immer mehr dazu genutzt, die begabten Manager von den mittelmäßigen zu unterscheiden.

Diese Fixierung auf die kurzfristige Kursperformance, bei Aktien-Fonds so offensichtlich, ist aber nicht auf diese begrenzt. Dieses Denken beherrscht unsere ganze Branche. In unserer Welt wird ein Manager nicht mehr über längere Zeiträume hinweg beurteilt. Selbst Menschen, die als ihre eigenen Geldmanager fungieren, wie es bei vielen Lesern dieses Buchs der Fall sein mag, wurden von den ungesunden Begleiterscheinungen dieses Umfelds infiziert. In vielerlei Hinsicht sind wir Sklaven einer Marketingmaschine geworden, die lediglich eine schwache Performance garantiert. In einem Teufelskreis gefangen, scheint es, als gebe es keinen Ausweg.

Doch wir wissen, dass es eine Möglichkeit gibt, die Performance bei der Kapitalanlage zu verbessern. Es ist eine grausame Ironie, dass die Strategie, die am ehesten überdurchschnittliche Gewinne über längere Zeit hinweg einbringt, scheinbar unvereinbar damit ist, wie wir Performance beurteilen – die Performance eines Fondsmanagers oder unsere eigene.

HASE UND IGEL

1986 schrieb V. Eugene Shahan, Absolvent der Columbia University Business School und Portfolio-Manager bei U. S. Trust, eine Antwort auf Buffetts Artikel „The Superinvestors of Graham-and-Doddsville". In diesem Artikel mit der Überschrift „Are Short-Term Performance and Value Investing Mutually Exclusive?" ging Shahan auf die gleiche Frage ein, die wir uns hier stellen: Ist es richtig, das Geschick eines Geldmanagers auf der Basis kurzfristiger Erfolge zu messen?

Er merkte an, dass außer Buffett selbst viele derer, die er als Superinvestoren bezeichnete – zweifelsfrei mit großem Geschick, zweifelsfrei erfolgreich –, Perioden schwacher Performance hinnehmen mussten. In einer Version der Geschichte vom Hasen und dem Igel, die auf das Geldmanagement bezogen ist, kommentierte Shahan: „Es ist vielleicht eine weitere Ironie des Lebens, dass Investoren, die sich auf kurzfristige Performance konzentrieren, diese auch erzielen können, jedoch auf Kosten langfristiger Gewinne. Die außerordentlich guten Ergebnisse der Superinvestoren von Graham- und Doddville wurden erzielt, ohne dass man auf kurzfristige Performance achtete." Im heutigen Rennen der Aktien-Fonds um eine kurzfristige Performance, so betonte er, seien viele der Superinvestoren von Graham- und Doddville übersehen worden.

Das gleiche gilt für die Superinvestoren von Buffettville, die fünf Fokus-Investoren, die wir aus Kapitel 3 kennen. Tabelle 4.1. zeigt, dass auch sie mehrere schwierige Perioden durchmachen mussten. Lediglich Buffett überstand das Performance-Rennen unbeschädigt.

Tabelle 4.1 Die Superinvestoren von Buffettville

	Zahl der Jahre mit Performance über dem Markt	Zahl der Jahre mit Performance unter dem Markt	Jahre mit Performance unter dem Markt in % der Gesamtjahre
Keynes	18	6	33
Buffett	13	0	0
Munger	14	5	36
Ruane	27	10	37
Simpson	17	4	24

John Maynard Keynes, der 18 Jahre lang den Chest-Fonds managte, war ein Drittel dieser Zeit schlechter als der Gesamtmarkt. In den ersten drei Jahren, in denen er den Fonds managte, blieb er sogar um 18 Prozentpunkte hinter dem Markt zurück (siehe Tabelle 4.3).

Beim Sequoia Fund ist es eine ähnliche Geschichte. Im Beobachtungszeitraum blieb Sequoia 37 % der gesamten Zeit hinter dem Markt zurück (siehe Tabelle 4.1). Wie Keynes hatte auch Ruane Schwierigkeiten, erwachsen zu werden. „Im Verlauf der Jahre haben wir uns immer wieder als die Könige der Under-Performance qualifiziert. Wir waren so dumm, den Sequoia Fund Mitte der 70er Jahre aufzulegen, und erlitten die chinesische Wasserfolter, vier Jahre hintereinander hin-

Tabelle 4.2 Die Superinvestoren von Buffettville

	Zahl der aufeinanderfolgenden Jahre mit Performance unter dem S&P 500
Keynes	3
Buffett	0
Munger	3
Ruane	4
Simpson	1

Tabelle 4.3   Die Superinvestoren von Buffettville

	Schlechteste relative Performance in der Zeit der Unterperformance (%)
Keynes	-18
Buffett	k. A.
Munger	-37
Ruane	-36
Simpson	-15

ter dem S&P zurückzubleiben." Ende 1974 lag Sequoia um volle 36 % hinter dem Markt zurück. „Wir versteckten uns unter dem Schreibtisch, wir gingen nicht ans Telefon und wollten nur noch wissen, wann dieser Sturm endlich aufhören würde." Der Sturm hörte auf. Ende 1976 war der Sequoia Fund dem Markt seit fünfeinhalb Jahren um 50 % voraus; 1978 hatte Sequoia gegenüber dem S&P 500, der 60 % gewonnen hatte, um 220 % zugelegt.

Sogar Charlie Munger gelang es nicht, den Schlaglöchern des Fokus-Investing zu entkommen. Über 14 Jahre war Charlie 36 % der Zeit schlechter als der Gesamtmarkt. Wie andere Fokus-Investoren auch hatte er eine Pechsträhne. Von 1972 bis 1974 fiel Munger um 37 Prozentpunkte hinter den Markt zurück. Lou Simpson lag in 17 Jahren vier Jahre lang hinter dem Markt zurück oder umgerechnet 24 % der Zeit. Seine schlechteste relative Performance erlebte er in einem Jahr, als er um 15 Prozentpunkte hinter dem Markt zurückblieb.

Übrigens: Die gleichen Trends sehen wir, wenn wir das Verhalten unserer Labor-Fokus-Portfolios beobachten (siehe Tabelle 4.4). Von den 3.000 Portfolios mit 15 Aktien waren 808 im Zehnjahreszeitraum (1987-1996) besser als der Markt. Und dennoch mussten 97 % dieser 808 Gewinner in diesem Zeitraum vier, fünf, sechs oder sogar sieben Jahre hinnehmen, in denen sie schlechter waren als der Markt.

Was glauben Sie geschähe, wenn Keynes, Munger, Simpson und Ruane heute als Anfänger ihre Karrieren starten würden, in einem Umfeld, in dem immer nur die Performance eines Jahres betrachtet wird? Wahrscheinlich würden sie achtkantig rausgeschmissen werden –

Tabelle 4.4 Focus-Portfolios mit 15 Aktien – Zehnjahreswerte

Zahl der Jahre über/unter dem S&P 500	Zahl der Portfolios	Prozentsatz gesamt
10-0	0	0,00
9-1	1	0,12
8-2	20	2,48
7-3	128	15,84
6-4	272	33,66
5-5	261	32,30
4-6	105	13,00
3-7	21	2,60
2-8	0	0,00
1-9	0	0,00
0-10	0	0,00

zum schmerzlichen Verlust für ihre Kunden. Und dennoch, wenn wir dem Argument folgen, dass die Fokus-Strategie manchmal bedeutet, mehrere schwache Jahre durchstehen zu müssen, bekommen wir ein sehr reales Problem. Wenn wir die Kurs-Performance als einzigen Maßstab anwenden – wie können wir erkennen, ob ein sehr kluger Manager nur ein schlechtes Jahr hat (oder sogar drei), langfristig jedoch Erfolg haben wird, oder ob wir einen Geldmanager sehen, der eine lange Reihe von schlechten Jahren lostritt? Wir können es nicht. Nicht, dass wir es nicht versucht hätten.

Wissenschaftler und Forscher haben beträchtliche Energie und Zeit aufgewandt, um festzustellen, welche Geldmanager, welche Strategien, die besten Chancen haben, langfristig besser zu sein als der Markt. In den vergangenen Jahren veröffentlichte das angesehene *Journal of Finance* mehrere Artikel, die auf Studien prominenter Universitätsprofessoren zurückgingen und alle die gleiche Grundfrage stellten: Gibt es ein Grundmuster für die Performance von Aktien-Fonds? Zusammengenommen brachten diese Professoren beträchtliches intellektuelles Gewicht auf die Waage und analysierten viele Daten zu diesem Problem, aber ihre Ergebnisse konnten keine perfekte Antwort geben.

Vier dieser Studien befassten sich mit dem, was Wissenschaftler „Persistence" oder Beharrlichkeit nennen – der Tendenz von Investoren, solche Fonds zu wählen, die in der jüngsten Zeit die besten Ergebnisse erzielten, weil sie glauben, dass die Leistung eines Fondsmanagers ein Hinweis auf die künftige Performance ist. Dies schafft eine Art von selbsterfüllendem Momentum, weil das Geld dieses Jahres in den Spitzen-Fonds der letzten Jahre fließt. Wenn man dieses Momentum in Jahreseinheiten misst (den Gewinner des nächsten Jahres auswählen, indem man den Gewinner des vergangenen Jahres kauft), bezeichnen wir dies als das Phänomen des „heißen Händchens". Es geht eigentlich um den Versuch der Vorhersage, welche Fonds in der nahen Zukunft gut abschneiden werden, indem man beobachtet, was sie in der jüngsten Vergangenheit gebracht haben. Ist das machbar? Genau das wollten die Studien herausfinden.

In zwei voneinander unabhängigen Studien gelang es Mark Carhart von der University of Southern California School of Business Administration und Burton Malkiel von der Princeton University nicht, irgendwelche bedeutungsvollen Korrelationen zwischen Beharrlichkeit und künftiger Performance festzustellen. In einer dritten Studie betrachteten drei Professoren von der John F. Kennedy School of Governement in Harvard (Darryll Hendricks, Jayendu Patel und Richard Zeckhauser) Daten aus 15 Jahren und schlossen daraus: Es scheint keine Garantie zu geben, dass man mit dem Kauf des diesjährigen Managers mit dem „heißen Händchen" auch den „Heißes Händchen"-Fonds des nächsten Jahres kaufen wird. Stephen Brown von der Leonard Stern School of Business an der New York University und William Goetzmann von Yales School of Management ermittelten, dass Beharrlichkeit weitgehend eine Sache der Gemeinsamkeiten von Strategien ist. Mit anderen Worten: In jeder Gruppe von „heißen Händchen" würden wir wahrscheinlich mehrere Manager finden, die alle der gleichen Strategie folgen.

Diese Wissenschaftler kamen unabhängig voneinander zu den gleichen Schlüssen. Es scheint keine signifikanten Hinweise zu geben, die Investoren helfen könnten, den Top-Performer des nächsten Jahres herauszufinden. Von einem „heißen Händchen" zum nächsten zu springen hilft Investoren nicht dabei, ihr Vermögen zu mehren. Nicht, wenn „heiß" als Performance des Kurses definiert wird.

Wir können uns gut vorstellen, was Warren Buffett über diese wissenschaftlichen Studien denken würde. Für ihn ist die Moral der Geschichte ganz klar: Wir müssen davon abgehen, den Schwerpunkt auf den Kurs als einzigen Maßstab zu legen, und wir müssen uns von der kontraproduktiven Gewohnheit trennen, Urteile kurzfristig zu fällen.

Wenn aber der Kurs nicht der beste Maßstab ist, was sollen wir statt dessen verwenden? „Nichts" ist keine gute Antwort. Sogar die Strategen des Kaufens und Haltens empfehlen nicht, dass man die Augen einfach verschließen soll. Wir müssen einen anderen Maßstab finden, um die Performance zu messen. Glücklicherweise gibt es einen – und er ist der Grundstein dafür, wie Buffett seine Performance und die Performance seiner operativen Einheiten bei Berkshire Hathaway beurteilt.

ALTERNATIVE MASSTÄBE DER PERFORMANCE

Warren Buffett sagte einmal, es würde ihm „überhaupt nichts ausmachen, wenn die Börse für ein oder zwei Jahre schließen würde. Immerhin schließt sie jeden Samstag und Sonntag, und das hat mich bisher auch nicht gestört." Es stimmt zwar, dass ein aktiver Tradingmarkt sehr nützlich ist, da er uns regelmäßig mit Gelegenheiten konfrontiert, die uns das Wasser im Munde zusammenlaufen lassen, sagt Buffett. Aber unbedingt erforderlich ist das auch nicht.

Um dieses Statement wirklich würdigen zu können, muss man sorgfältig durchdenken, was Buffett danach sagte: „Ein längeres Aussetzen des Trading von Aktien, die wir halten, würden uns nicht wesentlich mehr stören, als das Fehlen der täglichen Kursnotierungen für World Book oder Fechheimer (zwei Berkshire-Hathaway-Töchter). Schließlich wird unser wirtschaftliches Schicksal vom wirtschaftlichen Schicksal des Unternehmens bestimmt, das uns gehört, egal ob in Form einer teilweisen Beteiligung (Aktienanteile) oder ob es ganz in unserem Eigentum ist."

Besäßen Sie ein Unternehmen und gäbe es keine täglichen Kursnotizen, um seine Performance zu messen, wie würden Sie vorgehen, wenn Sie den Fortschritt bestimmen wollten? Höchstwahrscheinlich würden Sie das Gewinnwachstum beobachten oder vielleicht die Verbesserungen bei den Margen im operativen Bereich oder die Senkung der Kosten. Sie würden ganz einfach die wirtschaftlichen Daten des Unternehmens bestimmen lassen, ob der Wert ihres Unternehmens steigt oder fällt. Nach Buffetts Meinung ist die Nagelprobe für die Performance eines Privatunternehmens keine andere, als wenn man die Performance einer öffentlich gehandelten Gesellschaft misst.

„Charlie und ich lassen uns von unseren handelbaren Wertpapieren sagen, ob unsere Investments erfolgreich sind – und zwar durch deren operative Ergebnisse und nicht durch ihre täglichen oder sogar jährlichen Kursnotierungen", erklärt Buffett. „Der Markt mag geschäftlichen Erfolg eine Zeitlang ignorieren, aber letztlich wird er ihn doch bestätigen."

Aber können wir darauf zählen, dass der Markt uns für die Auswahl der richtigen Unternehmen belohnt? Können wir zwischen den operativen Gewinnen eines Unternehmens und seinen künftigen Aktienkursen über verschiedene Zeiträume eine signifikant starke Korrelation erzielen? Die Antwort scheint ja zu sein, wenn wir einen geeigneten Zeithorizont haben.

Wenn wir unsere 1.200 Laborunternehmen betrachten, dann können wir leicht die Beziehung zwischen den Gewinnen und den Aktienkursen über verschiedene Zeiträume erkennen (die genauen Details dieser Korrelation finden Sie in den Tabellen B.1. bis B.5. in Anhang B). Zusammengefasst: Wenn wir bestimmen wollen, wie eng Kurse und Gewinne miteinander in Verbindung stehen, dann erkennen wir, dass die Korrelation um so stärker ist, je länger der betrachtete Zeitraum ist.

- Bei Aktien, die über drei Jahre hinweg gehalten wurden, reichte der Grad der Korrelation von 0,131 bis 0,360. (Eine Korrelation von 0,360 bedeutet, dass 36 % der Kursvarianz durch die Varianz bei den Gewinnen erklärt werden konnten.)
- Bei Aktien, die über fünf Jahre hinweg gehalten wurden, reichte die Korrelation von 0,374 bis 0,599.
- Bei einem Zeitraum von zehn Jahren, in denen die Aktien gehalten wurden, erhöhte sich die Korrelation auf einen Bereich von 0,593 bis 0,695.

- Für den gesamten Zeitraum von 18 Jahren lag die Korrelation zwischen den Gewinnen und dem Aktienkurs bei 0,688 – eine recht bedeutsame Beziehung.

Dies bestätigt Buffetts These, dass ein starkes Unternehmen mit genügend Zeit letztlich einen starken Kurs bewirken kann. Er warnt aber auch davor, dass die Übersetzung der Gewinne in die Aktienkurse sowohl „unregelmäßig" als auch „unvorhersehbar" sei. Auch wenn sich die Beziehung zwischen den Gewinnen und Kursen mit der Zeit verstärkt, ist sie nicht immer erkennbar. „Zwar folgt der Marktwert dem Unternehmenswert über längere Zeiträume hinweg sehr wohl", merkt Buffett an, „doch kann die Beziehung jederzeit schwanken." Vor 65 Jahren erteilte uns Ben Graham die gleiche Lektion: „Kurzfristig gesehen ist der Markt wie eine Abstimmungsmaschine, langfristig gesehen jedoch ist er eher eine Waage."

Es ist klar, dass Buffett keine Eile hat, den Markt das bestätigen zu lassen, von dem er ohnehin annimmt, dass es stimmt. „Die Schnelligkeit, mit der der Erfolg eines Unternehmens erkannt wird, ist im Übrigen nicht so wichtig, solange der intrinsische Wert des Unternehmens mit einer zufriedenstellenden Rate wächst", sagt er. „Tatsächlich, kann spätes Erkennen ein Vorteil sein: Es gibt uns die Möglichkeit mehr von einer guten Sache zu einem Schnäppchen-Preis zu kaufen."

OFFENSICHTLICHE GEWINNE

Um den Aktionären zu helfen, den Wert von Berkshire Hathaways großen Aktien-Investments einzuschätzen, prägte Buffett den Begriff „offensichtliche" Gewinne (look-through earnings). Berkshires offensichtliche Gewinne bestehen aus den operativen Gewinnen seiner Tochterunternehmen, den einbehaltenen Gewinnen seiner großen Aktieninvestments und dem Betrag, den Berkshire ans Finanzamt hätte abführen müssen, wären die einbehaltenen Gewinne tatsächlich ausgezahlt worden.

Die einbehaltenen Gewinne sind der Teil vom Jahresgewinn eines

Unternehmens, der nicht in Form von Dividenden an die Aktionäre ausgeschüttet wird, sondern in die Aktiengesellschaft reinvestiert wird. Im Lauf der Zeit waren die einbehaltenen Gewinne aus den großen Beteiligungen an Coca-Cola, Federal Home Loan Mortgage, Gillette, The Washington Post Company und anderen sehr ansehnlich. 1997 belief sich diese Summe auf 743 Mio. $. Nach den US-amerikanischen Grundsätzen der Rechnungslegung kann Berkshire seinen Anteil an einbehaltenen Gewinnen nicht in der Bilanz ausweisen, obwohl, wie Buffett betont, die einbehaltenen Gewinne natürlich einen Wert besitzen.

Der Begriff der offensichtlichen Gewinne war ursprünglich für die Aktionäre von Berkshire gedacht, doch stellt er auch eine wichtige Lehre für Fokus-Investoren dar, die einen Weg suchen, um den Wert ihres Portfolios zu verstehen, wenn sich, wie es von Zeit zu Zeit geschieht, die Aktienkurse von den zu Grunde liegenden wirtschaftlichen Daten loslösen. „Das Ziel eines jeden Investors", sagt Buffett, „sollte es sein, ein Portfolio zu schaffen (tatsächlich eine „Gesellschaft"), das ihm in einem Jahrzehnt die höchstmöglichen offensichtlichen Gewinne bringen wird."

Laut Buffett stiegen die offensichtlichen Gewinne von Berkshire Hathaway seit 1965 (dem Jahr, in dem Buffett die Kontrolle über das Unternehmen übernahm) fast mit der gleichen Rate wie der Marktwert der zu Grunde liegenden Aktien. Allerdings gingen die Gewinne und der Marktwert nicht immer im Gleichschritt. Es gab viele Gelegenheiten, wo die Gewinne sich stärker als die Kurse bewegten (als Ben Grahams berühmter Mr. Market sich in einer Depression befand). Zu anderen Zeiten bewegten sich die Kurse weit stärker als die Gewinne (wenn Mr. Market unkontrollierbar enthusiastisch war). Man muss unbedingt daran denken, dass die Beziehung immer über längere Zeit hinweg funktioniert. „Wenn man die Sache so sieht", rät Buffett, „wird dies den Investor zwingen, langfristig Geschäftsaussichten zu betrachten statt kurzfristig – eine Perspektive, die die Ergebnisse wahrscheinlich verbessern wird."

BUFFETTS MESSLATTE

Wenn Buffett erwägt, sich auf ein neues Investment einzulassen, betrachtet er zuerst einmal, was er schon besitzt, um zu sehen, ob etwas Neues die Situation überhaupt verbessern würde. Was Berkshire heute im Besitz hat, ist eine ökonomische Messlatte, um mögliche Akquisitionen zu vergleichen. „Was Buffett damit meint, kann für praktisch jeden Investor sehr nützlich sein", betont Charlie Munger. „Für jeden normalen Einzelanleger ist das Beste, was man bereits besitzt, ein guter Maßstab." Danach kommt etwas ganz Entscheidendes, das aber sehr oft übersehen wird, um den Wert eines Portfolios zu erhöhen. „Wenn das Neue (das man für einen Kauf in Betracht zieht) nicht besser ist als das, was man schon besitzt", sagt Charlie, „dann hat es die Hürde nicht geschafft. Damit fallen schon 99 % von allem aus, was man sich so überlegt."

Das, was Sie bereits besitzen, ist eine ökonomische Messlatte, heute auch gern Benchmark genannt. Sie können Ihren eigenen ökonomischen Maßstab auf verschiedene Art und Weise definieren: offensichtliche Gewinne, Buchgewinn oder beispielsweise Sicherheitsmarge. Wenn Sie ein Unternehmen für Ihr Portfolio verkaufen oder kaufen, dann haben Sie den ökonomischen Maßstab erhöht oder erniedrigt. Die Aufgabe eines Portfolio-Managers, der seine Aktien lange hält und daran glaubt, dass die künftigen Aktienkurse letztlich mit den zu Grunde liegenden wirtschaftlichen Gegebenheiten übereinstimmen werden (und dieser Manager könnte sehr gut Sie sein), besteht darin, eine Möglichkeit zu finden, diese Messlatte höher zu legen. „Dies ist eine enorme gedankliche Aufgabe", sagt Munger, „und wird nicht weit und breit an den Wirtschaftsuniversitäten gelehrt."

Wenn Sie einen Augenblick nachdenken, dann wird Ihnen deutlich, dass der S&P 500 ein Maßstab ist. Er besteht aus 500 Unternehmen, und jedes einzelne hat einen ganz spezifischen wirtschaftlichen Erfolg zu verzeichnen. Um langfristig besser zu sein als der S&P 500 – um also diese Messlatte höher zu legen –, müssen wir ein Portfolio zusammenstellen und managen, das aus Unternehmen besteht, deren ökonomische Daten den durchschnittlich gewichteten ökonomischen Daten der Unternehmen im Index überlegen ist. Und genau darum geht es in diesem Buch: um den Prozess, ein solches Portfolio zu managen.

Tom Murphy, der Capital Cities/ABC führte, bevor es mit der Walt Disney Company fusionierte, verstand ökonomische Benchmarks hervorragend. Cap Cities war eine Gruppe von Medien und Gesellschaften, die in einer gewichteten Kombination einen wirtschaftlichen Gewinn für die Aktionäre erzielten. Murphy wusste, dass er zur Steigerung des Werts von Cap Cities Unternehmen finden musste, die die bestehende wirtschaftliche Messlatte anhoben. „Die Aufgabe des Managers", sagte Murphy einmal, „ist es nicht, Möglichkeiten zu finden, um den Zug zu verlängern, sondern Möglichkeiten, dass er schneller fährt."

Lassen Sie sich nicht von dem Gedanken verführen, nur weil ein Fokus-Portfolio dem Aktienmarkt von Zeit zu Zeit auf der Kursbasis hinterher hinkt, seien Sie von der Mühe befreit, ständig die Performance zu überwachen. Auch wenn Sie ökonomische Messlatten benutzen, werden Sie trotz der Launen des Marktes immer noch Ihre ganz persönliche Aktienauswahl verteidigen müssen. Zugegeben, ein Fokus-Manager sollte kein Sklave der Aufgeregtheiten der Börse werden, jedoch sollten Sie sich ständig der ökonomischen Bewegungen der Unternehmen in Ihrem Portfolio bewusst sein.

Denn wenn ein Fokus-Manager die ökonomischen Basisdaten in seinem Portfolio nicht in Ordnung hat, dann ist es eher unwahrscheinlich, dass Mr. Market (den ich Ihnen in Kapitel 7 noch einmal vorstellen werde) jemals eine Gelegenheit erhält, Ihre Aktienauswahl zu belohnen.

ZWEI GUTE GRÜNDE, SICH WIE EIN FAULTIER ZU BEWEGEN

Das Fokus-Investing ist ein langfristiger Ansatz der Kapitalanlage. Wenn wir Buffett nach der idealen Zeitdauer fragten, über die man die Aktien im Portfolio behalten sollte, dann würde er antworten: „Ewig – solange das Unternehmen weiterhin überdurchschnittliche wirtschaftliche Ergebnisse produziert und das Management die Gewinne des Unternehmens rational einsetzt. Untätigkeit erscheint uns als intelligentes

Verhalten. Weder wir noch die meisten Manager würden im Traum daran denken, höchst profitable Unternehmenstöchter fieberhaft zu traden, weil eine kleine Bewegung beim Diskontsatz der Notenbank vorhergesagt wurde oder weil irgendein Wall-Street-Guru seine Ansichten über den Markt geändert hat. Weshalb also sollten wir uns anders verhalten, wenn es um unsere Minderheitsbeteiligungen an wunderbaren Unternehmen geht?"

Wenn Sie ein mieses Unternehmen in Ihrem Portfolio haben, dann müssen Sie es austauschen, denn wenn Sie das nicht tun, werden Sie lange durch seine unterdurchschnittlichen wirtschaftlichen Gegebenheiten belastet werde. Wenn Sie jedoch an einem hervorragenden Unternehmen beteiligt sind, dann ist das letzte, was Sie tun sollten, Ihre Anteile daran zu verkaufen. „Richtig ausgeführt kann eine Investmentstrategie (bei der nur wenige Papiere ausgetauscht werden) dazu führen, dass der Anleger nur sehr wenige Aktien in seinem Portfolio hat, die allerdings einen sehr großen Anteil seines Portfolios ausmachen", erklärt Buffett. „Dieser Investor würde ein ähnliches Ergebnis erzielen, wenn er einen Anteil von 20 % an den künftigen Gewinnen einer Anzahl von hervorragenden College-Basketballern kaufte. Eine Handvoll von diesen würde zu NBA-Stars werden, und der Gewinn des Investors aus diesen Stars würde bald den Strom seiner Einnahmen dominieren. Vorzuschlagen, dass dieser Investor Teile seiner erfolgreichsten Investments verkaufen sollte, ganz einfach weil sie sein Portfolio dominieren, ist so, als wenn die Chicago Bulls Michael Jordan verkaufen würden, weil er für das Team so wichtig geworden ist."

Dieser „Faultier-Ansatz" beim Portfolio-Management mag denen sonderbar erscheinen, die daran gewöhnt sind, regelmäßig aktiv zu kaufen und zu verkaufen. Allerdings hat er zwei wichtige ökonomische Vorteile neben der Tatsache, dass er Kapital mit einer überdurchschnittlichen Rate wachsen lässt:

1. Er vermindert die Transaktionskosten.
2. Er erhöht die Gewinne nach Steuern.

Jeder dieser Vorteile ist schon allein äußerst wertvoll; ihr kombinierter Nutzen ist enorm.

Verminderte Transaktionskosten

Durchschnittlich verändern Aktien-Fonds ihr Portfolio jedes Jahr zu etwa 100 bis 200 %. Der Grad der Umschichtung beschreibt das Ausmaß der Aktivität in einem Portfolio. Wenn beispielsweise ein Portfolio-Manager alle Aktien in seinem Portfolio einmal im Jahr verkauft und wieder kauft oder die Hälfte des Portfolios zwei Mal, dann liegt der Grad der Umschichtung bei 100 %. Wenn Sie zweimal pro Jahr alle Papiere verkaufen und dafür wieder neue kaufen, dann bedeutet dies eine jährliche Umschichtung von 200 %. Wenn ein Manager jedoch nur 10 % seines Portfolios umschichtet (das besagt auch, dass er seine Aktien durchschnittlich zehn Jahre hält), dann liegt der so genannte Umschichtungsgrad eben bei recht geringen 10 %.

In einem Überblick über 3.560 amerikanische Aktien-Fonds entdeckte Morningstar, eine Gesellschaft für Fonds-Analyse aus Chicago, dass Fonds mit niedrigen Umschichtungsgraden im Vergleich zu Fonds mit höheren Umschichtungsgraden höhere Gewinne produzierten. Die Morningstar-Studie ermittelte fest, dass Fonds mit Umschichtungsgraden von weniger als 20 % innerhalb von zehn Jahren um 14 % höhere Ergebnisse erzielten als Fonds mit Umschichtungsgraden von mehr als 100 %.

Dies ist eine so allgemein verständliche Dynamik, dass sie wegen ihrer Offensichtlichkeit leicht übersehen werden kann. Das Problem bei hoher Umschichtung ist, dass das Trading von Aktien Brokerkosten verursacht, die dem Fonds belastet werden und damit den Nettogewinn mindern.

Gewinne nach Steuern

Fonds mit einer geringen Umschichtung haben noch einen wichtigen ökonomischen Vorteil: den positiven Effekt, die Kapitalertragsteuer in die Zukunft hinein zu verlagern. Ironischerweise erhöht eine Umschichtung, die eigentlich die Gewinne eines Fonds erhöhen soll, auch die Steuerlast. Wenn ein Manager eine Aktie verkauft und durch eine andere ersetzt, dann glaubt man allgemein, dass dies den Gewinn des

Fonds erhöhe. Aber der Verkauf einer Aktie bedeutet auch, dass Kapitalertrag realisiert wird, und deshalb muss jede neue Aktie mehr Gewinn einbringen als die Kapitalertragsteuer auf die Aktie, die dafür verkauft wurde.

Bei den in den USA üblichen IRAs (Individual Retirement Account, individuelle Pensionspläne)) bezahlt man keine Steuern auf die Gewinne, doch wenn die IRAs Anteile eines Aktien-Fonds in ihrem Portfolio haben, dann werden alle realisierten Kapitalerträge des Fonds an die Anteilseigner weitergegeben und verursachen bei diesen dann Kapitalertragsteuer. Je mehr Aktien ein Fonds kauft und verkauft, um so höher wird die Steuerlast sein.

Auch wenn die Performance eines Aktien-Fonds am Jahresende einen ansprechenden Ertrag ausweist, könnten die Steuern, sobald sie abgeführt wurden, den Gesamtgewinn sehr wohl unter den Durchschnitt drücken. Kluge Aktionäre fragen heute, ob der Ertrag ihrer aktiv gemanagten Fonds hoch genug ist, um davon die Steuern zu bezahlen und immer noch einen Gewinn zu erzielen, der höher ist als ein Index-Fonds, der seiner Natur nach sehr steuereffizient ist.

Außer im Fall von Konten, die nicht der Steuer unterliegen, sind Steuern die höchsten Ausgaben, denen sich Anleger gegenüber sehen. Sie sind höher als die Provisionen für Broker und oftmals auch höher als die Ausgaben für das Management eines Fonds. Tatsächlich sind Steuern einer der Hauptgründe, weshalb Aktien-Fonds so geringe Gewinne erwirtschaften. „Das ist die schlechte Nachricht", meinen die Geldmanager Robert Jeffrey und Robert Arnott. Sie sind Autoren des Artikels „Is Your Alpha Big Enough to Cover Its Taxes?", der im angesehenen *Journal of Portfolio Management* erschien und in der Welt der Kapitalanlage zu breiten Diskussionen führte. „Die gute Nachricht", schreiben sie, „ist, dass es Trading-Strategien gibt, die diese oft übersehenen steuerlichen Konsequenzen minimieren können."

Kurz gesagt beinhaltet die Schlüsselstrategie eine weitere dieser allgemein verständlichen Grundideen, die oft unterschätzt werden: den enormen Wert der noch nicht realisierten Gewinne. Wenn eine Aktie in ihrem Kurs höher bewertet, aber noch nicht verkauft wird, dann stellt der Wertzuwachs einen noch nicht realisierten Gewinn dar. Es wird keine Kapitalertragsteuer fällig, bis die Aktie verkauft wird. Wenn Sie den Gewinn stehen lassen, wird sich Ihr Geld wesentlich stärker verzinsen.

Insgesamt haben Investoren den enormen Wert dieser unrealisierten Gewinne zu häufig unterschätzt – das, was Buffett ein „zinsloses Darlehen des Finanzamts" nennt. Um dies zu verdeutlichen, erklärt Buffett, was geschieht, wenn man mit 1 $ eine Kapitalanlage kauft, deren Wert sich jährlich verdoppelt. Wenn man das Investment am Ende des ersten Jahres verkauft, dann hätte man einen Nettogewinn von 0,66 $ (ausgehend davon, dass man 34 % Steuern zu zahlen hat). Im zweiten Jahr investiert man 1,66 $ und diese verdoppeln sich bis zum Jahresende. Wenn dieses Investment seinen Wert weiterhin jährlich verdoppelt und man weiterhin verkauft, Steuern bezahlt und das, was übrig bleibt reinvestiert, dann hätte man nach 20 Jahren einen Nettogewinn von 25.200 $, nachdem man insgesamt 13.000 $ Steuern bezahlt hat. Wenn man andererseits ein Investment von 1 $ tätigt, das sich ebenfalls jährlich verdoppelt, aber erst am Ende des 20. Jahres versteuert wird, dann hätte man 692.000 $ Gewinn, nachdem man etwa 356.000 $ Steuern bezahlt hat.

Ein nüchterner Blick auf die Zahlen bestätigt: Man hat am Ende wesentlich mehr Profit, wenn man den Gewinn nicht jedes Jahr mitnimmt, sondern sich das Geld mit Zinseszins vermehren läßt. Allerdings

---

Der erstaunliche Effekt des Zinseszins

Beginnen Sie mit einer Anlage von 1 $, das sich jedes Jahr im Wert verdoppelt.
1. Verkaufen Sie das Investment am Jahresende, zahlen Sie die Steuern, und reinvestieren Sie den restlichen Gewinn. Tun Sie das gleiche 20 Jahre lang. Am Ende haben Sie einen Reingewinn von 25.200 $.

Oder:
2. Verkaufen Sie nichts. Am Ende der 20 Jahre bleiben Ihnen 692.000 $ nach Steuern.

wird der Steuerbescheid am Ende der 20 Jahre Ihnen den Atem ver-
schlagen. Das mag ein Grund dafür sein, dass manche Menschen instinktiv glauben, es sei besser, den Gewinn jährlich zu realisieren und
somit die Steuern unter Kontrolle zu haben. Was sie allerdings nicht
erkennen: Ihnen entgeht ein wahrhaft gewaltiger Unterschied beim
Gewinn.

In ihrem Artikel kalkulierten Jeffrey und Arnott den Punkt, ab dem
eine zu starke Umschichtung negativen Einfluss auf das Portfolio hat.
Die Antwort lautet überraschenderweise nicht so, wie die meisten annehmen. Der größte Schaden durch Steuern entsteht für das Portfolio
zu Beginn der Umschichtung und wird geringer, je mehr umgeschichtet wird. Jeffrey und Arnott schreiben: „Das normale Denken geht davon aus, dass jede Umschichtung zwischen 1 und 25 % recht niedrig sei
und kaum Konsequenzen habe; alles, was über 50 % liegt, wird als hoch
und mit beträchtlichen Konsequenzen verbunden empfunden. Die
Realität ist genau das Gegenteil."

Die Jeffrey-Arnott-Studie zeigt, dass das Portfolio bei einer Umschichtung von 25 % unter 80 % der Steuern zu leiden hat, die fällig
würden, wenn es zu 100 % umgeschichtet würde. Daraus ziehen sie
den Schluss, dass es wichtiger sei, die Umschichtungen geringeren
Maßstabs im Blick zu behalten als diejenigen, die umfangreicher sind.
Um hohe Gewinne nach Steuern zu erzielen, sollten Investoren ihre
durchschnittliche jährliche Portfolio-Umschichtung irgendwo zwischen 0 und 20 % halten.

Welche Strategien aber führen zu geringfügigen Umschichtungen
im Portfolio? Eine Möglichkeit ist ein passiver Index-Fonds, der nur
wenige Umschichtungen vornimmt. Die zweite Möglichkeit ist ein
Fokus-Portfolio. „Es klingt wie gut gemeinte Ratschläge vor einer
Heirat", sagen Jeffrey und Arnott. „Man soll ein Portfolio aufbauen, mit
dem man lange, lange Zeit leben kann."

„In der Kapitalanlage heute", erklärt Charlie Munger, „möchte nicht
nur jeder gewinnen, sondern einen Jahresgewinn erzielen, der nie weit
vom Standardpfad abweicht, außer vielleicht nach oben hin. Und aus
der Sicht eines rationalen Verbrauchers ist das ganze System verrückt
und zieht eine ganze Menge talentierte Menschen in gesellschaftlich

nutzlose Aktivitäten." Portfolio-Manager entgegnen: „Wir müssen uns so verhalten. So werden wir gemessen."

Heute werden Portfolio-Manager durch die relative Performance eingeengt. „Im Spiel mit der relativen Performance", erklärt der Wirtschaftsjournalist Peter Bernstein, „liegt das Risiko eines Portfolios nicht mehr in den Wertpapieren, die man besitzt. Das höhere Risiko liegt in der weit größeren Zahl von Aktien, die man nicht besitzt. Gegenüber diesen liegt man immer zurück." Portfolio-Manager gehen das Risiko ein, einen Kunden zu verlieren und Berater zu verärgern, wenn ihre Performance zu weit vom Gewinn des Gesamtmarktes abweicht. Die Angst vor dem Irrtum, die falschen Aktien ausgewählt zu haben – eine Performance zu erzielen, die zu weit von den Gewinnen des Gesamtmarktes entfernt ist – hat laut Munger die gesamte Branche geknebelt.

In diesem Kapitel haben wir sehr viel über die Höhen und Tiefen von Aktien-Fonds gesprochen. Das taten wir, werden Sie sich erinnern, weil Aktien-Fonds bekannt sind und deshalb ein einfaches Beispiel darstellen. Doch glauben Sie keinen Augenblick, dass das falsche Denken lediglich auf die Manager von Aktien-Fonds begrenzt ist. Wir zitieren sie hier nur, um die breiten Trends zu verdeutlichen, die sich durch die gesamte Welt der Kapitalanlage ziehen. Wenn wir beobachten, was die Manager der Aktien-Fonds tun und wie sie denken, können Sie sehr viel darüber lernen, was Sie tun und wie Sie denken sollten.

Wir haben gesehen, dass eine starke kurzfristige Performance ebenso wenig einen besonders guten Portfolio-Manager kennzeichnet wie eine schwache kurzfristige Performance einen schlechten Portfolio-Manager. Unser Zeithorizont, die Fähigkeit eines Portfolio-Managers zu messen, ist einfach zu kurz, um sinnvolle Schlüsse zu ziehen. Allerdings ist die alternative Anwendung ökonomischer Benchmarks wie beispielsweise der offensichtlichen Gewinne eine Möglichkeit, den Prozess des Portfolio-Managements nachzuregulieren, wenn der Kurs von den erwarteten Gewinnen abweicht. Wir stellten auch fest, dass eine geringe Umschichtung des Portfolios aus zwei einfachen, einsichtigen Gründen zu höheren Gewinnen führt. Weniger Transaktionen bedeuten geringere Trading-Kosten. Schließich darf man den Wert unrealisierter Kapitalgewinne nicht übersehen. Mit Ausnahme der passiven Index-Fonds erhalten Sie beim Fokus-Investing die besten Möglichkeiten, diese unrealisierten Gewinne zu hohen Profiten zu kumulieren.

„Das Berkshire-System ist nicht verrückt", schließt Munger. „Ich würde sagen, dass Berkshire Hathaway sich der Natur des Kapitalanlageproblems anpasst, wie sie wirklich ist."

Kapitel 5
Der Werkzeugkasten des Warren Buffett

Der Anleger von heute profitiert nicht vom Wachstum von gestern.
— Warren Buffett

Mit meinem Buch *The Warren Buffet Way* hoffte ich, Warren Buffetts Stil der Kapitalanlage zu beschreiben und fest zu schreiben, so dass andere davon profitieren könnten, wie er vorgeht. Ich beschrieb die grundsätzlichen Werkzeuge der Kapitalanlage oder die Grundsätze, nach denen Buffett mögliche Akquisitionen bewertet. Diese Grundsätze werden hier in Kapitel 1 zusammengefasst.

Seit *The Warren Buffett Way* 1994 veröffentlicht wurde, haben sich diese Grundprinzipien nicht wesentlich verändert („Deshalb nennt man sie Prinzipien", sagte Buffett einmal), aber viele Leser haben darum gebeten, noch einmal klarzustellen, wie diese Grundsätze auf den heutigen Markt anzuwenden sind. Auch die anhaltende Debatte über Wachstum oder Wert verdient unsere Aufmerksamkeit, und es gab inzwischen auch einige neuere Theorien: den Ansatz des erhöhten ökonomischen Werts (economic value added , EVA) und die Rolle der Technologie. Können wir den „Warren Buffett Way" anwenden, um Technologieunternehmen auszuwählen?

BÖRSENGRUNDSATZ:
WIE MAN EIN UNTERNEHMEN BEWERTET

Den intrinsischen Wert eines Unternehmens zu bestimmen – der erste und entscheidende Schritt in Buffetts Entscheidungsprozess –, ist sowohl eine Kunst als auch eine Wissenschaft. Der wissenschaftliche Teil verlangt ein wenig Mathematik.

Um den gegenwärtigen Wert eines Unternehmens zu berechnen, beginnt man mit der Bestimmung des Cash-flows, den man über die Lebensdauer des Unternehmens hinweg erwartet und dann zum heutigen Tag zurückrechnet (diskontiert), indem man einen angemessenen Diskontzinssatz ansetzt. „Wenn wir bei jedem Unternehmen den künftigen Cash-flow – den Abfluss und Zufluss von Geld zwischen dem Unternehmen und seinem Besitzer – über die nächsten 100 Jahre hinweg sehen könnten oder bis das Unternehmen aufhört zu bestehen, dann könnten wir diesen Betrag mit einem passenden Zinssatz zurückrechnen und das lieferte uns eine Zahl für den intrinsischen Wert", sagt Buffett. Dieses Konzept, von John Williams in seinem Buch *The Theory of Investment Value* postuliert, gilt heute genauso wie vor 60 Jahren, als dieses Buch geschrieben wurde.

Manche Anleger finden es einfacher, diesen Prozess so zu betrachten, als ob sie eine Anleihe bewerteten. Die mathematischen Operationen sind die gleichen. Anstatt des Cash-flows haben Anleihen Coupons. Anstatt einer unbestimmten Zeitdauer haben Anleihen ein endliches Leben und einen bestimmten Zeitpunkt, an dem sie das Kapital an die Besitzer zurückgeben. „Es ist etwa so, als ob man eine Anleihe mit einer ganzen Menge von Coupons und mit einer Laufzeit von 100 Jahren betrachtet," erklärt Buffett. „Nun, Unternehmen haben auch Coupons, die sich in die Zukunft hinein entwickeln. Das einzige Problem ist, dass sie nicht auf der Aktie aufgedruckt sind. Deshalb liegt es am Anleger, einzuschätzen, was diese Coupons wert sind."

Die Zahl der Coupons einzuschätzen, ist dann eine Angelegenheit von zwei Zahlen: den voraussichtlichen künftigen Gewinnen und dem Diskontinssatz, der angewendet wird, um die künftigen Gewinne in heutigen Dollar auszudrücken. Bei der zweiten Zahl, dem Diskontzinssatz, benutzt Buffett im Allgemeinen den aktuellen Zinssatz, der für langfristige Staatsanleihen gilt. Aufgrund der Sicherheit, dass die amerikanische Regierung die Coupons in den nächsten 30 Jahren wirklich zu 100 % honorieren wird, kann man davon ausgehen, dass dies eine absolut risikofreie Größe ist. Buffett erklärt: „Wir benutzen diesen risikofreien Zinssatz nur deshalb, damit wir ein Papier mit einem anderen vergleichen können." Buffett meint, dies sei ganz einfach der geeignetste Maßstab, mit dem man die verschiedensten Kapitalanlagemöglichkeiten miteinander vergleichen könne: Staatsanleihen, Industrieanleihen, Aktien, Mietshäuser, Ölquellen und landwirtschaftliche Unternehmen.

Buffett bezieht die Unsicherheit nicht in den Diskontzinssatz ein. Wenn eine Kapitalanlage riskanter erscheint als eine andere, dann hält er den Diskontzinssatz konstant und korrigiert statt dessen den Kaufkurs. Er würde, mit anderen Worten, die Sicherheitsmarge nicht dadurch erhalten, dass er einen Aufschlag auf das Risiko des Wertpapiers ansetzt (wie es das Capital Asset Pricing-Modell (CAPM) erfordert), sondern indem er die Papiere ganz einfach zu einem niedrigeren Kurs kaufte. „Wenn man ein Unternehmen versteht und seine Zukunft deutlich sieht, dann braucht man offensichtlich wenig Sicherheitsmarge", sagt Buffett. „Allerdings benötigt man dann eine größere Sicherheitsmarge, wenn ein Unternehmen sehr verletzbar ist."

In *The Warren Buffett Way* verbanden wir die Grundsätze Buffetts mit einigen der größten Beteiligungen von Berkshire Hathaway, um Fallstudien zu schaffen, aus denen wir lernen konnten. Unter diesen Fallstudien waren einige Unternehmen, bei deren „Coupons" man einigermaßen sicher sein konnte, dass sie ständig wachsen würden und dass ihr Wachstum den risikofreien Zinssatz von Staatsanleihen überflügeln würde. Bei diesen Unternehmen war es erforderlich, ein zweistufiges Dividenden-Diskont-Modell anzuwenden: eine Wachstumsrate für einen anfänglichen Zeitraum, dann eine niedrige Rate für eine zweite längere Periode.

Buffetts Kauf von Coca-Cola im Jahr 1988 ist ein gutes Beispiel. Zu dieser Zeit lag die Verzinsung der langfristigen Staatspapiere bei 9 % und Coca-Colas Wachstumsrate bei 15 %. Subtrahierten wir 15 % von 9 %, dann erhielten wir eine negative Zahl und diese Rechnung würde sinnlos. Um diese Einschränkung zu überwinden, benutzte ich das zweistufige Diskont-Modell. Zuerst begann ich mit der Annahme, dass Coca-Cola bei den Gewinnen für die Eigentümer (Nettoertrag plus Amortisation minus Kapitalausgaben) für mindestens zehn Jahre mit überdurchschnittlicher Rate wachsen würde, um dann auf durchschnittliche 5 % Wachstum zurückzufallen. Im elften Jahr würde ich dann die 5 % Gewinnwachstum von 9 % risikofreien Zinsen der Staatsanleihen subtrahieren und einen Diskont von 4 % erhalten, mit dem die künftigen Gewinne des Unternehmens abgezinst werden könnten.

Viele der Fragen, die mir gestellt wurden, seit *The Warren Buffett Way* veröffentlicht wurde, bezogen sich auf das Dividenden-Diskont-Modell und ganz besonders auf meine Annahmen. Manche Leser behaupteten, Coca-Cola könne seine Gewinne sicherlich länger als zehn Jahre um jeweils 15 % steigern und deshalb sei ich bei meinen Vorhersagen zu konservativ. Andere bestanden darauf, dass ich die 15 % Wachstumsrate nur für fünf Jahre annehmen solle, weil es zu schwierig sei, zehn Jahre vorauszusehen.

Beide Ansichten sind gültig. Daher ist keine der beiden Antworten perfekt. Doch erinnern wir uns, was Buffett sagt: „Es ist besser, ungefähr richtig zu liegen als genau falsch." Es geht nicht so sehr darum, ob Coca-Cola seine Erlöse fünf, sieben oder zehn Jahre lang um jeweils 15 % steigern kann. In Wahrheit geht es darum, dass man sich die Zeit nehmen sollte, alles genau zu untersuchen, den intrinsischen Wert zu errechnen und sich dabei nicht auf „Schnellschuss-Methoden" zu verlassen (beispielsweise auf das Kurs-Gewinn-Verhältnis, das Verhältnis des Kurses zum Buchwert oder auf Verhältniszahlen zum Markt als Ganzem). Obgleich diese Zahlen bis auf die Stellen hinter dem Komma genau sind, sagen diese Methoden nichts über den Wert einer Kapitalanlage aus.

Die andere Frage, die ich zum Dividenden-Diskont-Modell sehr oft gefragt werde, lautet: Das war alles schön und gut, als die risikofreie Verzinsung bei 9 % lag, aber heute liegt sie eher bei 5 oder 6 %. Was nun? Wenn der Zinssatz bei 6 % liegt und wir die Gewinne der Eigentümer mit einer fünfprozentigen Wachstumsrate diskontieren, dann bleiben nur noch armselige 1 %. Was würde Buffett tun?

Buffett sagt uns, dass er in einem Umfeld mit niedrigen Zinsen den Diskontzinssatz nach oben korrigiert. Als die Anleihenerträge unter 7 % fielen, erhöhte Buffett seinen Diskontzinssatz bis auf 10 %. Wenn die Zinssätze mit der Zeit steigen, hat er seinen Diskontzinssatz erfolgreich dem langfristigen Zinssatz angepasst. Wenn sie das nicht tun, hat er seine Sicherheitsmarge um drei zusätzliche Prozentpunkte erhöht.

FINANZGRUNDSATZ: EVA ODER NICHT EVA? DAS IST DIE FRAGE

Über die finanziellen Grundsätze, die ich in *The Warren Buffett Way* darstellte, hat es wenig Diskussionen gegeben. Niemand leugnet, dass ein attraktives Unternehmen hohe Gewinnspannen und attraktive Barerlöse für seine Besitzer erzielt. Die Attraktivität steigt, wenn die Nettoprofite des Unternehmens einen hohen Gewinn im Verhältnis zum Buchwert abwerfen. Dennoch gab es beträchtliche Debatten um den erhöhten ökonomischen Wert (EVA), und ob dieser Ansatz bei Buffett Berücksichtigung findet.

EVA, von der New Yorker Beratungsfirma Stern Stewart als Markenzeichen eingetragen, ist ein Messsystem, das feststellt, ob die Gewinne auf den Kapitaleinsatz die Kapitalkosten übersteigen. In den letzten Jahren haben viele Unternehmen, darunter auch Coca-Cola, Eli Lilly und AT&T den EVA-Ansatz übernommen.

Bei der Berechnung beginnt man mit der Bestimmung der Kapitalkosten des Unternehmens. Davon subtrahiert man die Nettoerlöse des Unternehmens. Die Kapitalkosten sind die Kosten für Darlehen plus die Kosten der Wertpapiere. Die Darlehenskosten sind ganz einfach der Zinssatz, den das Unternehmen für geliehenes Geld bezahlt, korrigiert um die abzugsfähigen Kreditkosten. Die Kosten der Wertpapiere werden durch das Risiko beestimmt, so wie es mit dem Capital Asset Pricing-Modell (CAPM) gemessen wird.

Die gewichteten durchschnittlichen Kapitalkosten sind demnach:

Anteil der Wertpapiere in % der gesamten Kapitalstruktur x seine Kosten + Zinssatz der Kredite x seine Kosten

Wenn beispielsweise die Kapitalstruktur eines Unternehmens zu 60 % aus Wertpapieren und zu 40 % aus Schulden besteht sowie die Kosten der Wertpapiere bei 15 und der Schuldzinssatz 9 % betragen, dann liegen die gewichteten durchschnittlichen Kapitalkosten bei 60 % x 15 % + 40 % x 9 % = 12,6 %.

Wenn das Unternehmen 15 % Gewinn aus dem Kapitaleinsatz verdient, der Kosten von 12,6 % verursacht, dann kann man sagen, es hat an ökonomischem Wert gewonnen. Wenn es ständig den höheren Prozentsatz ständig verdient, dann steigt der Kurs der Aktie normalerweise. Wenn andererseits das Unternehmen mehrere Jahre lang nur 10 % Gewinn auf sein Kapital erzielt, würde der Aktienkurs typischerweise fallen.

EVA ist eine Art von Maßstab, eine spezielle Messlatte. Buffett hat eine andere. Er mißt die Gewinnschwelle eines Unternehmens an dessen Fähigkeit, seinen Marktwert mindestens um dem Prozentsatz der nicht ausgeschütteten Gewinne zu erhöhen. Für jeden Dollar, den ein Unternehmen einbehält, so argumentiert Buffett, sollte es mindestens einen Dollar an Marktwert gewinnen.

Es mag aussehen, als ob Buffetts Maß und Stern Stewarts EVA den gleichen Gedankengang verfolgen. Doch Buffett hat Schwierigkeiten, die Feinheiten von EVA zu erfassen:

1. Die EVA-Formel beruht auf dem Capital Asset Pricing-Modell (CAPM), das auf die Kursvolatilität zurückgreift, um das Risiko zu messen. Wir kennen bereits Buffetts Ansicht über die Vorstellung, dass eine volatilere Aktie riskanter ist.

2. Weil die Kosten der Wertpapiere immer höher sind als die Kosten des Fremdkapitals, nehmen beim EVA-Modell die Kapitalkosten tatsächlich ab, wenn der relative Verschuldungsgrad steigt. Die EVA-Befürworter würden sich schwer tun, Buffett, der eine Vorliebe für Unternehmen hat, die schuldenfrei sind oder dem sehr nahe kommen, zu überzeugen, dass Fremdkapital etwas Gutes ist, weil es geringere Kapitalkosten bedeutet.

Die Kapitalkosten sind im Geschäftsleben eines der größten Rätsel. EVA ist nur ein Ansatz, der versucht, diese Kosten zu bestimmen. Buffett benutzt wahrscheinlich nicht EVA, um die Kapitalkosten zu berechnen; das bedeutet aber keineswegs, dass er dieser Frage keine Beachtung schenkt. Alle Tochterunternehmen von Berkshire Hathaway müssen für das Kapital bezahlen, das sie von Buffett anfordern. Er gibt zu, dass er keine komplexen Formeln verwendet. Vielmehr sagt er: „Wir halten es für einfacher, den Leuten für geliehenes Geld einen fairen Preis zu machen. Sie sollen dann selbst herausfinden, ob sie wirklich eine neue Maschine oder irgend etwas anderes kaufen wollen. Es variiert zwar ein wenig – abhängig von der Sachlage, als wir einstiegen, und wie hoch der Zinssatz war, als wir kauften –, aber im Allgemeinen berechnen wir etwa 15 %. Wir glauben, dass 15 % sie aufmerken lassen, aber diese Kreditzinsen sollen keine so hohe Hürde sein, dass Dinge nicht getan werden, die wir angepackt haben wollen."

Es ist wichtig, daran zu denken, was Buffetts interne Messlatte für Berkshire Hathaway ist: ein Unternehmenswachstum von jährlich insgesamt mindestens 15 %. Deshalb sind die 15 % auch die Benchmark für Fremdkapital. Er verlangt, dass die Investition letztlich einen Gewinn in mindestens dieser Höhe abwerfen muss – gleich aus welchem Grund er einer seiner Tochtergesellschaften Geld zur Verfügung stellt, gleich wofür es verwendet wird – entweder für ein neues Labor, neue Ausrüstung, eine Anzeigenkampagne.

Berkshire Hathaway und EVA setzen beide Kapitalkosten an. Zugegeben, sie gehen das Problem auf unterschiedliche Art und Weise an, doch beide suchen das gleiche Endergebnis – die Unternehmen zu belohnen, die höhere Gewinne als Kapitalkosten verzeichnen, und die Unternehmen zu bestrafen, die weniger als die Kapitalkosten verdienen. Buffett bemerkte bei Berkshires Jahreshauptversammlung 1995: „Ich glaube nicht, dass die Sache sehr kompliziert ist. Ich bräuchte EVA nicht zu kennen, um zu wissen, dass Coca-Cola viel an Wert zugelegt hat."

MANAGEMENTGRUNDSATZ:
KANN MAN MANAGER BEWERTEN?

Das höchste Kompliment, das Warren Buffett einem Manager machen kann, ist zu sagen, der Manager fehlerfrei handle und denke wie der Eihentümer des Unternehmens. Manager, die sich wie Inhaber verhalten, neigen nicht dazu, das primäre Ziel des Unternehmens aus dem Auge zu verlieren – den Shareholder Value zu erhöhen – , sondern vielmehr dazu, rationale Entscheidungen zu treffen, die dieses Ziel fördern. Wie aber können wir Manager, die aktiv daran arbeiten, den Shareholder Value zu erhöhen, von ihren Gegenspielern unterscheiden, deren Engagement für diese Idee lediglich ein Lippenbekenntnis ist? Mit anderen Worten: Wie kann man ein Management bewerten?

Warren Buffett wendet hier drei Grundsätze an:

1. Rationalität
2. Aufrichtigkeit
3. dem institutionellen Imperativ widerstehen

Weil diese Prinzipien in *The Warren Buffett Way* schon beschrieben wurden, fasse ich sie hier nur kurz zusammen.

Wie wir bereits wissen hat, ein Management die Aufgabe, wenn ein Unternehmen hohe Buchgewinne verzeichnet, diese Gewinne zum Nutzen der Aktionäre ins Unternehmen zu reinvestieren. Wenn die Gewinne nicht rentabel reinvestiert werden können, dann hat das Management drei Optionen:

1. das Problem ignorieren und zu ungünstigen Bedingungen reinvestieren
2. Wachstum kaufen
3. das Geld an die Aktionäre zurückzugeben, die dann vielleicht die Möglichkeit haben, es anderweitig zu höheren Gewinnspannen zu investieren

Nach Buffetts Meinung ist nur eine einzige Möglichkeit rational, und dies ist Option 3.

Wenn wir versuchen, den Wert eines Managements einzuschätzen, dann gibt uns die Entscheidung, die an diesem Punkt getroffen wird, einen guten Hinweis. Die Wahl, die das Management trifft, wird sich für die Aktionäre entweder als wertvoll oder als enttäuschend herausstellen – lange bevor die Ergebnisse in einem Jahresbericht zusammengefasst werden.

Rationalerweise sollten wir nach der Aufrichtigkeit des Managements fragen. Im Lauf der Zeit macht jedes Unternehmen Fehler – große Fehler wie auch solche, die weniger Konsequenzen nach sich ziehen. Zu viele Manager neigen dazu, Ergebnisse mit außerordentlich großem Optimismus zu präsentieren statt mit ehrlichen Erklärungen. Ein Manager, der mutig die Fehler des Unternehmens mit den Aktionären diskutiert, ist bewundernswert. Buffett ist der Überzeugung, dass ein Manager, der Fehler öffentlich eingestehen kann, eher dazu neigt, sie auch zu korrigieren.

Wenn die Allokation von Kapital so einfach und logisch ist, weshalb wird Kapital so schlecht eingesetzt? Wenn ein Management an Weisheit und Glaubwürdigkeit gewinnen will, indem es sich seinen Fehlern stellt, weshalb wird in den Jahresberichten nur der Erfolg hinaustrompetet?

Die Antwort, so hat Buffett gelernt, ist die unsichtbare Kraft, die man den institutionellen Imperativ nennt – die Tendenz, wie die Lemminge das Verhalten anderer Manager zu imitieren, ganz gleich wie dumm oder irrational es auch sein mag. Unabhängig zu denken und einen eigenen Weg einzuschlagen, der auf Rationalität und Logik beruht, ist wesentlich besser geeignet, die Gewinne des Unternehmens zu maximieren, als eine Strategie, die bestenfalls beschrieben werden kann als „Folgt dem Anführer".

Ein Management anhand dieser drei Dimensionen einzuschätzen, ist wesentlich schwieriger, als die finanzielle Performance zu messen; der einfache Grund dafür ist, dass menschliche Wesen wesentlich komplexer sind als Zahlen. Tatsächlich glauben viele Analysten, weil das Maß menschlicher Aktivität nur vage und ungenau zu bestimmen sei, könne man ein Management nicht glaubhaft einschätzen und deshalb sei diese Mühe vergebens. Ohne ein Dezimalkomma, so scheinen sie zu glauben, gibt es nichts zu messen.

Andere sind der Ansicht, dass der Wert eines Managements umfassend in der Performance-Statistik eines Unternehmens widergespiegelt wird – darunter Umsätze, Gewinnspannen und Buchgewinne; ein anderer Maßstab sei nicht erforderlich.

Beide Auffassungen haben etwas für sich, aber meiner Ansicht nach ist keine stark genug, um das oben Gesagte zu entkräften. Der Grund, dass man sich ausreichend Zeit nehmen sollte, ein Management zu bewerten, ist der, dass dies manchmal Frühwarnsignale für mögliche finanzielle Probleme liefern kann. Wenn man genau zuhört, was ein Management sagt, und beobachtet, was es tut, dann findet man Hinweise auf den Wert seiner Arbeit, und zwar lange bevor er im Geschäftsbericht oder den Kurstabellen der Tageszeitungen sichtbar wird. Um diese Hinweise zu finden, bedarf es einiger Sucharbeit, und sie könnten ausreichen, alle mit schwachem Herzen oder die Faulen zu entmutigen. Deren Entmutigung ist Ihr Gewinn.

Wenn einem der Gedanke, ein Management zu bewerten, noch ziemlich vage erscheint, bietet Buffett einige Tips an:

1. Arbeiten Sie die Jahresberichte vergangener Jahre durch, und achten Sie besonders darauf, was das Management über Strategien für die Zukunft sagte.
2. Vergleichen Sie diese Pläne mit den heutigen Ergebnissen: Wie weit wurden sie realisiert?
3. Vergleichen Sie die Strategien von vor ein paar Jahren mit den Strategien dieses Jahres: Wie hat sich das Denken verändert?
4. Vergleichen Sie die Jahresberichte des Unternehmens, an dem Sie interessiert sind, mit den Berichten ähnlicher Unternehmen in der gleichen Branche. Es ist nicht immer leicht, genaue Duplikate zu finden, aber auch der Vergleich der relativen Performance kann Einsichten bringen.

Ein Fokus-Investor ist ideal für die Aufgabe geeignet, ein Management einzuschätzen. Jemand, der nur wenige Unternehmen besitzt und vorhat, diese über mehrere Jahre zu halten, hat eine echte Chance, das

Management kennenzulernen. Studieren Sie die früheren Jahresberichte, und beginnen Sie, ein Gespür für die Geschichte des Managements zu entwickeln. Verfolgen Sie Ihr Unternehmen in der Presse, lesen Sie, was das Management sagt und was andere über das Management sagen. Wenn Sie feststellen, dass der Vorstandsvorsitzende in letzter Zeit eine Rede gehalten oder eine Präsentation veranstaltet hat, versuchen Sie, den Text bei der Presseabteilung zu bekommen, und lesen Sie ihn sorgfältig. Durchsuchen Sie die Homepage der Firma, um aktuellste Informationen zu erhalten. Fahren Sie Ihre Antennen aus, und zwar in jeder erdenklichen Art und Weise. Das Wichtigste dabei: Lassen Sie sich nicht davon abhalten, ein Management zu bewerten, weil das nicht einfach ist. Je weiter Sie Ihre Augen nach Hinweisen jeder Art offen halten, um so aufmerksamer werden Sie gewohnheitsmäßig, und um so einfacher wird die ganze Angelegenheit für Sie.

Denken Sie vor allem auch daran, weshalb Sie all das tun: Sie erhalten Informationen, die letztendlich die Aktienkurse beeinflussen werden – aber Sie haben sie schon vorher. Wenn der Markt, wie Buffett meint, sehr oft (allerdings nicht immer) effizient ist, dann ist die Bewertung des Managements ein analytisches Werkzeug, das Ihnen gegenüber dem Markt einen Vorteil verschaffen kann.

WACHSTUM ODER WERT? DIE DEBATTE HÄLT AN

Warren Buffetts Art und Weise der Aktienauswahl hat sich in den letzten 20 Jahren sehr wenig geändert. Er denkt über ein Unternehmen nach, überprüft das Management, die finanzielle Seite und den Angebotspreis – genau in dieser Reihenfolge. Es ist eine ganz einfache, geradlinige Angelegenheit. Doch bei all seiner Einfachheit ist Buffetts Weg der Kapitalanlage in ein ständiges intellektuelles Tauziehen verwickelt, das das Value-Investing vom Wachstums-Investing unterscheiden will.

Traditionell ist ein Value-Investor jemand, der nach Aktien sucht, die mit einem deutlichen Abschlag auf ihre zu Grunde liegenden Werte gehandelt werden – wie er sich in einem niedrigen Verhältnis des Kurses zum Buchwert ausdrückt, einem niedrigen Kurs-Gewinn-Verhältnis oder einem hohen Dividendenertrag. „Wachstumsinvestoren" versuchen, ihr Geld dadurch zu verdienen, dass sie sich an Unternehmen binden, deren Gewinne sehr schnell wachsen, und die dieses Gewinnwachstum wahrscheinlich fortsetzen können.

„Die meisten Analysten", sagt Buffett, „haben das Gefühl, sie müssten sich zwischen zwei Wegen entscheiden, von denen man glaubt, sie seien gegensätzlich: Wert und Wachstum. Tatsächlich sehen viele Investmentprofis eine Mischung dieser beiden Begriffe als eine Art intellektuellen Stilbruch an." Buffett, davon werden Sie nicht überrascht sein, hat eine andere Ansicht über Wert und Wachstum.

Bei verschiedenen Gelegenheiten erklärte Buffett, der Wert einer Aktie sei der Netto-Cash-flow des Investments, der im Leben des Investments erzielt wird, abgezinst (diskoniert) mit einem geeigneten Zinssatz. Wachstum, so betont er, ist einfach der Teil der Rechnung, der sich auf den Cash-flow bezieht. „Unserer Meinung nach", sagt Buffett, „sind diese beiden Denkansätze (Wert und Wachstum) eng miteinander verbunden."

Charlie Munger, der seine wenigen Worte immer sehr sorgfältig wählt, sagt: „Die ganze Vorstellung, die Beurteilung von Wertpapieren in Wert und Wachstum aufzuteilen, halte ich für völligen Unsinn. Das eignet sich ganz gut für gewisse Berater von Pensions-Fonds, um Provisionen einzustreichen, und als Möglichkeit für Berater, sich von anderen zu unterscheiden. Für mich aber ist jede intelligente Kapitalanlage Value-Investing."

Trotz Buffetts und Mungers Behauptung, es gebe keinen bedeutungsvollen Unterschied zwischen Wachstums- und Value-Investing, ist die Investment-Branche immer noch geradezu besessen davon, diese beiden Funktionen von einander zu trennen. Wenn man Warren Buffetts Weg folgt, dann wird man von Zeit zu Zeit mit der unausweichlichen Frage konfrontiert: Bin ich ein Wachstums- oder Value-Investor? Wenn man Charlie Mungers Standpunkt in Betracht zieht, ist es wahrscheinlich am besten, sich als Value-Investor zu bezeichnen. Allerdings sollte man nicht in die Falle tappen und Aktien nur deshalb kaufen, weil sie als typische Value-Aktien bezeichnet werden.

Einer, der erfolgreich zwischen Wachstum und Wert unterscheiden konnte, ist William H. Miller III.. Bills Leistungen sind zweifelsfrei sehr beeindruckend, aber wie er seine Gewinne aus der Kapitalanlage erzielte, ist für uns alle eine sehr wertvolle Lektion.

BILL MILLER UND DER LEGG MASON VALUE TRUST

1982 legte Legg Mason, eine Broker- und Geldmanagement-Firma in Baltimore, einen Aktien-Fonds auf – den Value Trust, der als Flaggschiff der Firma gilt. Von 1982 bis 1990 wurde der Value Trust von Ernie Kiehne mit gemanagt, dem früheren Research-Leiter bei Legg Mason, und einem sehr klugen, doch bisher unbeschriebenen Blatt, Bill Miller.

Bills Weg ins Geldmanagement war sehr außergewöhnlich. Während seine Konkurrenten Business Schools besuchten und dort die moderne Portfolio-Theorie studierten, studierte Bill Philosophie an der John Hopkins Graduate School. Während andere Geldmanager Markowitz, Sharpe und Fama, studierten, las Bill William James' Buch *Pragmatism* und John Deweys *Essays in Experimental Logic*. Nach einer kurzen Zeit als Leiter der Finanzabteilung in einem Unternehmen, was ihm zu verstehen half, wie Unternehmen arbeiten, landete Bill bei Legg Mason in der Research-Abteilung, wo er dann zusammen mit Ernie Kiehne den Value Trust managte.

Während der 80er Jahre wurde der Value Trust in zwei Richtungen gemanagt. Ernie verfolgte Ben Grahams Ansatz, Unternehmen zu kaufen, die zu geringen Kurs-Gewinn-Verhältnissen und mit Abschlägen auf den Buchwert gehandelt wurden. Bill nahm einen anderen Weg. „Mein Ansatz", so erklärte er, „ist eher der theoretische Weg, den Graham gelehrt und Warren Buffett verfeinert hat, nämlich dass der Wert einer jeglichen Kapitalanlage der gegenwärtige Wert der künftigen Geldströme ist. Der Trick dabei ist, diese zu bewerten und somit auch die Aktivposten rational zu bewerten und mit einem hohen Diskont zu kaufen."

Im Jahr 1990 übernahm Bill die alleinige Kontrolle über den Value Trust und managte den Fonds schwerpunktmäßig nach dieser Strategie. Was dann geschah, hat kein anderer Aktien-Fonds in den 90er Jahren wiederholen können. Acht Jahre nacheinander (1991 bis 1998) war der Value Trust ständig besser als der S&P 500. Ende 1998 brachte Bills herausragende Leistung ihm die angesehenste Ehrung der Branche ein: Er wurde von Morningstar zum Aktienfonds-Manager des Jahres gewählt.

„Bill nimmt große Positionen und plant langfristig", sagte Eric Savitz, der früher für *Barron's* schrieb. „Und langfristig kann man auch sehen, wie es funktionierte." Savitz, der Bills Erfolg beobachtete, als er für *Barron's* die Kolumne über Aktien-Fonds schrieb, erinnert sich an Bill als eine sehr bescheidene Persönlichkeit. „Von Eigenwerbung hielt er nichts. Es gab viele andere Geldmanager, die bei CNBC auftraten und dort drauflos plauderten, aber Bill ist keiner, der seinen eigenen Erfolg hinausposaunt. Allerdings machte er sich über seine Aktien mehr Gedanken als irgendein anderer, den ich kenne."

Heute managt Bill über 12 Mrd. $ an Vermögenswerten für Legg Mason, einschließlich der 9 Mrd. $ des Value Trust. Obwohl er nach strikter Definition kein Fokus-Investor ist, kommt er dem sehr nahe – im Value Trust hält er ständig lediglich 30 bis 40 Papiere, wobei er über die Hälfte des Werts in nur zehn Aktien hält. „Es gibt einige Parallelen zwischen Bill Miller und Warren Buffett", erklärt Amy Arnott, Redakteurin bei *Morningstar*. „Seine Strategie ist es, nur sehr wenig umzuschichten, und im Vergleich zu anderen Aktien-Fonds ist sein Portfolio äußerst konzentriert. Seine Methode der Unternehmensbewertung ähnelt der von Buffett, weil sie beide auf den frei verfügbaren Cashflow als Maß für den intrinsischen Wert sehen."

Auch wenn Bill ein Value-Manager ist, zeigt er sich nicht immer als solcher – nicht so, wie verschiedene Finanzpublikationen einen Value-Manager beschreiben. Wenn man an die traditionellen Maßstäbe für Wert denkt, einschließlich der Verhältnisse von Kurs zu Gewinnen und Kurs zu Buchwert, passt Bill nicht immer genau in dieses Bild. „Wir versuchen, die Unternehmen, die zu Recht billig sind, von denen zu unterscheiden, die dies nicht sind", erklärt er. „Es gibt eine ganze Reihe von Unternehmen, die sehr niedrig gehandelt werden und auch nicht attraktiv sind. Der Trick ist es, die zu erkennen, die attraktiv sind, und diejenigen, die es nicht sind."

Zusammen mit den langen Perioden, über die Bill seine Aktien hält, hat seine kluge Aktienauswahl sicherlich dazu beigetragen, dass Value

Trust als einer der besten Aktien-Fonds der 90er Jahre gilt, doch nicht ohne einen Preis dafür zu zahlen. Weil Value Trust eine Sammlung von Unternehmen hält, die eine Mischung zwischen Wachstums- und Value-Unternehmen darstellt, gelang es ihm nicht, der Kontroverse zu entgehen, ob er nun ein Value- oder Wachstums-Manager sei, wie durch Jim Cramers bissigen Bericht in *TheStreet.com.* deutlich wird.

Cramer, der streitbare und scharfsinnige Mitbegründer von *The-Street.com.*, schrieb einen vernichtenden Artikel mit dem Titel „Falsch! Enthüllungen aus dem Hintergrund: Investment-Fonds und Werteinschätzungen". Cramer griff offen einige Value-Fonds an, die auch Wachstumsaktien hielten. Cramer zitierte den Value-Index-Chart aus *Investor's Business Daily* und stellte fest, dass mehrere Value-Fonds in diesem Index auch große Positionen von Unternehmen wie Dell Computer, America Online, Microsoft und Lucent hielten. „Was für eine groteske Vorstellung von Value diese Aktien darstellen … Value … hört mir doch auf damit", schrieb Camer.

Cramer fuhr fort: „Ich möchte in diesem Zusammenhang nicht zu zynisch erscheinen, aber ich glaube, die Manager denken kein bisschen nach. Investment-Fonds haben wohl die größten Definitionsprobleme, die ich je in einer Branche vorfand. Ich glaube, es sollte hier eine Regel geben: Der Begriff Value sollte nicht auf Firmen angewandt werden, deren Aktien mit einem solch hohen KGV gehandelt werden. Value ist in dieser Welt lediglich eine Maskerade, eine bösartige Marketingtaktik geworden, die Leute anlockt, die sonst nicht daran dächten, solche Aktien besitzen zu wollen."

Bill Miller antwortete darauf mit einem Brief an *TheStreet.com.*, von dem ich glaube, dass er sehr beredt den Kern der Debatte Wachstum contra Wert darstellt. Seine Kommentare wurden leicht überarbeitet und werden hier mit seiner Erlaubnis wiedergegeben:

Der Legg Mason Value Trust, der Fonds, den ich betreue, könnte vielleicht der Schudige sein, den Sie in Ihrer Kolumne über Value und Wachstum meinten, da wir im IBD Value Index sind und Dell und AOL als unsere beiden größten Beteiligungen halten. (Lucent oder Microsoft haben wir nicht in unserem Portfolio.)

Natürlich bezichtigte uns niemand der Ketzerei, als wir 1996 Dell bei einem Kurs von 4 $ kauften und dann zum Sechsfachen mit einem Kapital-

gewinn von 40 % verkauften. Und als wir Ende 1996 AOL bei 15 $ kauften, glaubte man, wir seien verrückt, weil wir etwas kauften, das möglicherweise ent- weder vom Internet oder Microsoft oder seiner eigenen Unfähigkeit aus dem Markt geworfen werden könnte. (Beachten Sie, dass Bills Kauf von Dell um die nachfolgenden Aktiensplits korrigiert heute 2 $ je Aktie bedeutete und AOL heute bei 7,50 $ steht.)

Die Frage ist natürlich, wie man sie heute noch Value-Aktien nennen kann, da sie mit KGV und Kurs-Buchwert-Verhältnis in stratosphärische Höhen schweben?

Ein Teil der Antwort hat mit der allgemeinen Investmentstrategie zu tun. Wenn Geldmanager ihre Portfolios um mehr als 100 % pro Jahr umschichten, um aufgeregt hinter etwas her zu jagen, das vielleicht funktionieren könnte, dann ist unsere Umschichtung von 11 % eher abnorm. Wenn man gute Unter- nehmen zu günstigen Kursen findet, davon eine große Position übernimmt und jahrelang hält, dann ist das eine sehr vernünftige Art der Kapitalanlage.

In einem spekulativen Markt kommt langfristige Kapitalanlage nur sehr selten vor, aber genau das tun wir. Wir sehen keinen Grund, ein gutes Unter- nehmen zu verkaufen, nur weil der Aktienkurs stark angestiegen ist oder eine gewisse Zeit verstrichen ist.

Die bessere Antwort jedoch ist, dass Kurs und Wert zwei unterschiedliche und voneinander unabhängige Variablen sind. Wie Buffett betonte, gibt es keinen theoretischen Unterschied zwischen Wert und Wachstum. Der Wert eines jeden Investments ist der gegenwärtige Wert des künftigen Cash-flows der Firma.

Wert und Wachstum zertrennen die Welt nicht. Diese Begriffe werden hauptsächlich von Beratern benutzt, um die Welt der Geldmanager für ihre Kunden aufzuteilen. Sie stellen Charakteristika von Aktien dar, nicht von Un- ternehmen. Wie Charlie Munger einmal sagte: Diese Unterscheidung ist „Quatsch“.

Da der Markt seit Anfang 1982 91 % der überlebenden Geldmanager ge- schlagen hat, scheint er mir ziemlich effizient zu sein. Da ein Computer keine knappe Ressource ist und auch Datenbanken reichlich vorhanden sind, können Faktoren wie Kurs-Gewinn-Verhältnis, Kurs-Buchwert-Verhältnis, Kurs-Cash- flow-Verhältnis und ähnliche die Computer leicht bestimmen und überprüfen können, kaum zu robuster Performance führen.

Jede Kombination dieser Faktoren, die den Anschein erweckt eine über-

durchschnittliche Performance zu bringen, wird schnell verschwinden. Es gibt keinen algorhythmischen Weg, besser zu sein als der Markt.

Jedes Portfolio, das über irgendeinen Zeitraum hinweg besser ist als der Markt, ist deshalb besser, weil es Wertpapiere enthält, die in ihrem Kurs falsch eingeschätzt wurden. In so einem Fall irrte der Markt über die Zukunft dieser Wertpapiere. Wir suchen direkt nach Diskrepanzen bei den Kursen, indem wir vergleichen, was der Markt vom Wert eines Unternehmens hält und was wir von diesem Unternehmen glauben. Wir verwenden dabei eine Methode, die mehrere Faktoren einbezieht.

Diese Methode beginnt mit den Dingen, die aus der Bilanz stammen, und geht über die persönliche Marktwertanalyse, die Analyse des Übernahmewerts, den Liquidationswert bis hin zu einem Modell, das den diskontierten Cash-flow berücksichtigt.

Bewertung ist ein dynamischer und kein statischer Prozess. Als wir AOL zum ersten Mal bewerteten, wurde es zwischen 10 und 20 $ gehandelt. Wir waren der Auffassung, dass die Aktie etwa 30 $ wert sei. Inzwischen bewerten wir das Unternehmen mit einem Kurs von 110 bis 175 $, basierend auf einem konservativen abgezinsten Cash-flow. Wenn wir die langfristige wirtschaftliche Entwicklung richtig beurteilen, dann könnten die Zahlen auch viel höher aus-fallen.

Niemand beschwert sich darüber, dass wir eine Menge General Motors oder Chase in unserem Portfolio halten – gute, alte und leicht zu verstehende Werte – oder wenn wir ewige Versager wie Toys „R" Us oder Western Digital mitten in massiven Kursverlusten kaufen. Es sind die Dells und AOLs, gegen die man etwas hat.

Und was die Leute am meisten stört, ist, dass wir Dell nicht bei 8 $ verkauf-ten, wie es andere Value-Investoren taten, weil Computeraktien historisch ge-sehen mit einem KGV zwischen 6 und 12 gehandelt werden – danach konnte Dell, als es zu einem KGV von 12 gehandelt wurde, keine Value-Aktie mehr sein.

Wir freuen uns, wenn die Leute einfache und auf Bilanzzahlen basierende Maßstäbe verwenden, sie auf einer linearen Skala miteinander verbinden und be-nutzen, um ihre Kauf- und Verkaufsentscheidungen zu treffen. Das ist wesent-lich einfacher als die Arbeit, zu berechnen, was das Unternehmen wirklich wert ist, und ermöglicht uns, bessere Ergebnisse für unsere Kunden zu erzielen, indem wir eine gründlichere Analyse vornehmen.

Wir halten GM und AOL aus dem gleichen Grund im Portfolio: Der Markt irrt sich im Kurs, weil beide mit einem Abschlag auf den intrinsischen Wert der dahinter stehenden Unternehmen gehandelt werden.

Mit besten Grüßen

Bill Miller

Das ist eine klassische Argumentation. Ich glaube, Bills Brief wird von Investoren und Wissenschaftlern gleichermaßen studiert werden. Ganz sicher aber erregte er die Aufmerksamkeit von Jim Cramer. Und so reagierte Jim in *TheStreet com.*:

Lieber Bill,

wow, Sie haben mir die Augen geöffnet. Sie machen tatsächlich etwas völlig anderes. Die Anomalien massiver Kurszuwächse, großartige Aktienauswahl Ihrerseits und das Erfordernis, die Steuern niedrig zu halten, führen bei Ihnen alle zu etwas Besonderem. Ich möchte mich dafür entschuldigen, dass mein Artikel über Value Sie einbezogen hat. Es scheint, ich muss ein wenig tiefer schürfen, statt nur eine Liste mit Namen zu betrachten, um die große Frage nach dem Wert beantworten zu können. Sie haben hervorragende Arbeit geleistet, eine tolle Antwort gegeben und ich danke Ihnen, dass Sie die Zeit erübrigt haben, sie mit uns zu teilen. Ach ja, und herzlichen Glückwunsch, dass Sie Dell und AOL so früh erkannt haben.

Jim Cramer

1998 trat ich bei Legg Mason und Bill Miller ein, indem ich meinen Fokus Trust und dessen Teilhaber einbrachte. Die Presse nahm dies sofort zur Kenntnis und fragte, wie der Fokus Trust mit einer neuen Finanzgruppe zurechtkommen würde, die zu großen Teilen Technologieunternehmen besaß. „Bill Miller, der Welt anderer großer Investor, thront ganz oben in der Ruhmeshalle der größten Investoren aller Zeiten", schrieb Sandra Ward in *Barron's*. „Doch anders als Buffett ist Bill Miller ein großer Anhänger der Technologie. Und tatsächlich waren es Millers starke Engagements bei Technologieaktien, die seine Performance zusammen mit den schwergewichtigen Bankenbeteiligungen über die Benchmarks des Marktes hinaustrieben."

Was würde geschehen, fragen die Journalisten, wenn Warren Buffetts Strategie mit der von Bill Miller vermischt würde? Könnte man Warren Buffetts Ansatz benutzen, um Technologieunternehmen für den Fokus Trust auszuwählen?

WARREN BUFFETS STRATEGIE UND TECHNOLOGIEUNTERNEHMEN

Weil Berkshire Hathaway überhaupt keine Technologieaktien in seinem Portfolio hat, gingen viele Leute davon aus, dass Technologieunternehmen als Gruppe nicht mit ausreichender Zuverlässigkeit analysiert werden könnten, sonst hätte Buffett es schon getan.

Falsch.

Buffett gibt offen zu, dass er sich nicht kompetent genug fühlt, um Technologieunternehmen zu verstehen und zu bewerten. Bei der Jahreshauptversammlung von Berkshire Hathaway 1998 wurde er gefragt, ob er jemals daran dächte, irgendwann in der Zukunft auch in Technologie zu investieren. „Nun, die Antwort ist nein", antwortete er, und sie war wahrscheinlich ziemlich unglücklich.

„Ich war schon immer ein großer Bewunderer von Andy Grove und Bill Gates", fuhr Buffett fort, „und ich wünschte, ich hätte diese Bewunderung in die Tat umgesetzt, indem ich Geld investiert hätte. Wenn wir aber über Microsoft und Intel sprechen, dann weiß ich nicht, wie die Welt in zehn Jahren aussehen wird, und ich habe keine Lust, an einem Spiel teilzunehmen, bei dem der andere einen Vorteil hat. Ich könnte die ganze Zeit, die ich im nächsten Jahr zur Verfügung habe, über Technologie nachdenken und wäre unter den Klügsten im Land nicht einmal die Nummer 100 oder 1.000 oder 10.000, wenn es darum ginge, diese Firmen zu analysieren. Es gibt Menschen, die können Technologie analysieren, aber ich kann's nicht."

Diese Gedanken vertritt auch Charlie Munger: „Warum wir nicht an High-Tech-Unternehmen beteiligt sind, liegt daran, dass wir uns auf diesem Gebiet nicht auskennen. Der Vorteil von Unternehmen, die wenig mit Technologie zu tun haben, ist, dass wir sie einigermaßen gut verstehen. Den anderen Kram verstehen wir nicht und kümmern uns lieber um das, was wir verstehen. Weshalb sollten wir ein Spiel spielen auf einem Spielfeld, auf dem wir keinen Vorteil haben – möglicherweise sogar einen Nachteil –, statt auf einem Spielfeld, auf dem wir einen klaren Vorteil haben."

Spiele mit bloß durchschnittlichen Chancen können negative Auswirkungen auf das Nettovermögen haben. Sind Sie etwa bereit, die Ersparnisse Ihres ganzen Lebens auf einen Münzwurf zu setzen? „Jeder muss wissen, wo seine Talente liegen", rät Charlie, „und man muss seine Vorteile nutzen. Wenn man aber versucht, Erfolg bei einer Sache zu haben, die man nicht beherrscht, dann steht einem eine lausige Karriere bevor. Das kann ich fast garantieren."

Weil Buffett sich an Technologieunternehmen nicht beteiligt hat, blieben Value-Investoren fälschlicherweise lange Jahre von Technologieaktien abstinent. Fälschlicherweise glaubten sie, sie könnten diese neue Branche nicht analysieren, und finden sich heute weit hinter einer Gruppe talentierter Konkurrenten wieder.

„Die meisten Value-Investoren benutzen historische Bewertungen, um zu entscheiden, wann Aktien günstig oder teuer sind", erklärt Bill Miller. „Wenn Investoren allerdings ausschließlich historische Modelle verwenden, dann werden ihre Bewertungen kontextabhängig." Mit anderen Worten: Historische Bewertungsmodelle funktionieren so lange, wie die Zukunft der Vergangenheit sehr ähnlich ist. „Das Problem, dem sich die meisten Value-Investoren gegenübersehen, ist, dass die Zukunft sich in vielerlei Hinsicht deutlich von der Vergangenheit unterscheidet", sagt Miller. „Und sehr wichtig: Einer der großen Unterschiede ist die Rolle, die die Technologie heute in der Gesellschaft spielt. Tatsächlich glaube ich, dass sich die Technologie in vielen Fällen sehr wohl in der Art von Warren Buffett betrachten lässt", fährt Miller fort. „Und die ist eigentlich nur ein Werkzeugkasten zur Schärfung der analytischen Fähigkeiten, damit man aus allen potentiellen Investments diejenigen auswählen kann, die mit der höchsten Wahrscheinlichkeit über eine lange Zeit hinweg überdurchschnittliche Gewinne bringen werden."

So gesehen können wir erkennen, dass mehrere Technologieunternehmen die ökonomischen Charakteristika aufweisen, die Buffett am meisten schätzt: hohe Gewinnspannen, hohe Erträge auf das eingesetzte Kapital, die Fähigkeit zur Reinvestition der Gewinne in ein schnell wachsendes Unternehmen und ein Management, das im Interesse der Aktionäre handelt. Schwierig ist es allerdings, den künftigen Cash-flow des Unternehmens zu bestimmen, um ihn auf die Gegenwart zu diskontieren und damit ein Gefühl für den intrinsischen Wert zu erhalten.

„Das Problem, das die meisten beim Versuch haben, Technologieunternehmen zu bewerten, ist, dass das Bild der Zukunft so unsicher ist", erklärt Lisa Rapuano, Vizepräsidentin und Technologieanalystin beim Legg Mason Fund. „Man muss mehrere mögliche Szenarios bedenken und nicht nur eines. Das kann zu einer größeren Varianz bei der potenziellen Rendite eines langfristigen Investments führen. Wenn man sich allerdings wirklich in die Schlüsselaspekte eines Unternehmens hineinkniet, – die potenzielle Marktgröße, die theoretische Rentabilität, die Position im Wettbewerb –, dann kann man genau verstehen, was den Unterschied zwischen einem Szenario und einem anderen ausmacht, und das kann den Grad der Unsicherheit reduzieren. Wir nehmen immer noch Cash-flow-Bewertungen vor, allerdings verwenden wir mehrere Zielwerte statt nur einen."

Weiterhin sagt Lisa Rapuano: „Da Technologie eine echte Antriebskraft künftigen wirtschaftlichen Wachstums ist und viele Technologieunternehmen hervorragende Gewinne generieren, wenn sie gut arbeiten, finden wir, dass sich diese zusätzliche Analyse auszahlt. Sie kann zu Gewinnen führen, die weit über denen liegen, die wir anderswo vorfinden, sogar wenn wir die größere Unsicherheit berücksichtigen."

Wir wissen bereits, wie Warren Buffett das Thema Unsicherheit behandelt, wenn er ein Unternehmen bewertet. Er fordert eine größere Sicherheitsmarge. Das ist eine gute Strategie, das Risiko von Unternehmen einzudämmen, deren Zukunft unklar ist, beispielsweise Technologieunternehmen. Eine weitere gute Strategie ist es, den Kauf von unsicheren Papieren mit einem Portfolio voll stabiler und vorhersehbarer Unternehmen zu kombinieren.

Buffett sagte einmal, das nächste große Vermögen werde dadurch gemacht, dass man rechtzeitig erkennt, welches die neuen Geschäftsfelder sein werden. „Ich glaube, die Technologieunternehmen sind das moderne Äquivalent für Buffetts Faktor Geschäftsfelder," behauptet

Bill Miller. In Buffetts Welt der Konsumprodukte sind Markenbewusstsein, die Kraft, Preise festsetzen zu können, und eine gemeinsame Geisteshaltung alles Faktoren, die zu einem Geschäftsfeld gehören. Für die Welt der Technologie sind dies unter anderem die Faktoren Netzwerkeffekte, positive Feedbacks und zunehmende Gewinne.

„Ich glaube, viele Leute betrachten die Technologie nach einem Denkmodell, das fehlerhaft ist", fügt Miller hinzu. „Sie glauben, Technologie sei sehr schwierig zu verstehen, und deshalb versuchen sie es gar nicht erst. Sie haben ihre Entscheidung bereits im Voraus getroffen." Zugegeben, man muss etwas tun, um Technologie zu verstehen, aber ich möchte behaupten, dass es nicht allein die Domäne von Computerzauberern ist, in diesem Feld Kenntnisse zu erwerben.

Als wir anfingen, Buffetts Cash-flow-Modell für Geschäftsfelder zu studieren, mussten wir Abschied nehmen von Grahams niedrigem KGV und seinem Abschlag auf den Buchwert. Damals gab es eine neue Terminologie, neue Definitionen, eine neue Art der Bilanzenanalyse und die Notwendigkeit, das Dividenden-Diskont-Modell zu verstehen. Etwas über Technologie zu erlernen, erfordert etwa die gleiche gedankliche Beweglichkeit. Wir werden neue Wörter lernen müssen und neue ökonomische Modelle. Wir müssen Bilanzen etwas anders lesen. Aber letztendlich ist die intellektuelle Herausforderung nicht größer als das Umdenken, als wir analysierten, wie sich Buffett vom klassischen Value-Investing abwandte (das dadurch definiert wurde, dass man nur billige Wertpapiere kaufte) hin zu einer modernen Methode, Anteile an hervorragenden Unternehmen zu vernünftigen Kursen zu kaufen.

„Es ist wie bei allem Neuen", sagt Miller. „Man muss Zeit aufwenden, um es zu verstehen." Miller betont, was Buffett und Peter Lynch gesagt haben: Lernen sei lediglich eine Sache der Beobachtung, was um einen herum vorgehe. „Ja, die Leute kaufen immer noch Coke und Gillette-Rasierklingen und benutzen ihre American-Express-Kreditkarte" sagt Miller. „Aber sie benutzen auch America Online, Microsoft-Software und kaufen Dell-Computer – und das auf der ganzen Welt."

NOCH EINMAL *SECURITY ANALYSIS*

Einmal pro Woche drängen sich 50 Studierende der Wirtschaftswissenschaften der Columbia University Graduate School of Business in die Uris Hall, um eine dreistündige Vorlesung mit dem Titel „Security Analysis" zu hören – den gleichen Kurs, den Benjamin Graham vor 70 Jahren gab. Heute werden die Vorlesungen von Professor Michael Mauboussin gehalten. Wenn Mauboussin nicht lehrt, verbringt er seine Zeit bei Crédit Suisse First Boston und klärt seine Kollegen sowie die Kunden der Firma auf.

„Jedes Jahr, wenn ich zum ersten Mal vor den Studierenden stehe, bekomme ich einen Kloß im Hals", bekennt Mauboussin. „Ich habe das Gefühl einer enormen Demut, wenn ich versuche, die Tradition fortzusetzen, die von Benjamin Graham begründet wurde und Studenten wie Warren Buffett einschließt. Darin liegt eine gewaltige Verantwortung."

Mauboussins Vorlesungen umfassen drei breite Konzepte. „Erstens", sagt er, „betone ich den interdisziplinären Ansatz der Kapitalanlage. Ben Graham war ein sehr weltlicher Mensch, der in der Lage war, in seine Lehren die Gedanken vieler anderer Disziplinen einzuarbeiten. Wir versuchen, das Gleiche zu tun. Wir lesen nicht nur Bücher über Finanzen, sondern betrachten auch andere Modelle und Metaphern und überlegen, wie sie auf die Kapitalanlage angewandt werden könnten. Zweitens versuchen wir, die Rolle der Psychologie bei der Kapitalanlage zu verstehen. Ben Grahams Mr. Market ist ein berühmtes Konzept und auch heute noch gültig. Es ist wichtig zu verstehen, dass die Kapitalanlage eine soziale Aktivität ist und menschliche Psychologie in diesem Prozess eine wichtige Rolle spielt. Schließlich sprechen wir ausführlich über das Konzept der Sicherheitsmarge – nicht bloß, wie Ben Graham darüber dachte, sondern wie es mit Aussagen über Wahrscheinlichkeit belegt werden kann."

Wenn man über die letzten 70 Jahre zurückblickt, ist es erstaunlich, wie sich die Welt der Kapitalanlage verändert hat. Die grundlegenden Konzepte haben sich nicht verändert. Es ist immer noch entscheidend, finanziell gut ausgestattete Unternehmen zu kaufen, die von fähigen

Managern geführt werden und zu vernünftigen Kursen zu haben sind. Allerdings haben sich Volkswirtschaft und Geschäftswelt ganz unterschiedlich entwickelt, und das erforderte von Anlegern, ihre Denkmodelle weiterzuentwickeln, um mit der sich wandelnden Welt Schritt halten zu können.

Ich frage Professor Mauboussin, welchen Rat er jungen Menschen geben würde, die in die Welt der Kapitalanlage einsteigen wollten. „Zuerst würde ich ihnen sagen, dass sie unbedingt die ökonomischen Modelle verstehen müssten, und zwar nicht nur die Zahlen aus Bilanzen und den Geschäftsberichten, sondern auch wie die Unternehmen arbeiten und mit Wettbewerbern in Beziehung stehen. Zweitens müssten sie die Rolle und die Grenzen der Menschen im Kapitalanlageprozess verstehen, und drittens würde ich ihnen sagen, sie sollten hart arbeiten, aber nicht zu hart.

Hart arbeiten bedeutet, dass der Geist immer arbeitet und dass man soviel liest, wie man nur kann – nicht nur aus dem Finanzbereich, sondern auch aus anderen Gebieten –, um die Denkmodelle zu entwickeln und zu verfestigen, die erforderlich sind, um erfolgreich zu werden. Wenn ich sage, man solle nicht zu hart arbeiten, dann meine ich damit, dass es eine Tendenz gibt, Aktivität mit der Erledigung von Dingen gleichzusetzen, doch beim Geldmanagement läuft das nicht so. Sehr oft kommt es vor, dass die Menschen, die zwar weniger, doch größere Entscheidungen treffen, besser abschneiden als diejenigen, die sehr viele Entscheidungen treffen, nur um sehr viel zu tun."

Wenn Ben Graham heute noch lebte, würde er dem zustimmen, glaube ich. Er wäre sicherlich sehr zufrieden mit dem Vermächtnis von *Security Analysis*. In all den Jahren haben berühmte Professoren diese Vorlesung gehalten, und viele begabte Studierende haben deren Lehren auf die Welt, in der sie leben und arbeiten, erfolgreich angewendet.

Kapitel 6
Die Mathematik
der Kapitalanlage

Wir versuchen, so zu denken, wie Fermat und Pascal es täten, wenn sie nie von moderner Finanztheorie gehört hätten.

— Charlie Munger

Schon als Kind übten Zahlen auf Warren Buffett eine große Faszination aus. Wir wissen bereits, dass er schon in sehr jungen Jahren in Aktien investierte, aber nicht viele Menschen wissen, dass seine Beziehung zu Zahlen viel weiter und tiefer geht als nur zu Bilanzen und Geschäftsberichten. Wenn er nicht über die Börse nachdachte, dann löste der junge Buffett andere mathematische Rätsel. Einmal entschloss er sich zu berechnen, ob Komponisten von Kirchenliedern länger lebten als andere Menschen. Die Wahrscheinlichkeiten der Langlebigkeit, so lernte er dabei, sind nicht zu Gunsten der musikalisch Begabten.

Auch heute ist Buffett von Zahlen umgeben und nicht nur von den Zahlen der Börse. Berkshires Versicherungsgeschäfte, vielleicht die größte mathematische Herausforderung von allen, ist auch eine Lektion in Statistik und Wahrscheinlichkeiten. Wenn er nicht über das Versicherungsgeschäft oder die Börse nachdenkt, dann denkt Buffett oft über die Zahlen bei seiner Lieblingsbeschäftigung nach – Bridge. Seit seiner Studienzeit ist er ein passionierter Bridgespieler und verbringt jede Woche Stunden mit diesem Kartenspiel. Wenn er nicht persönlich spielen kann, dann geht er ins Internet und spielt mit anderen Bridge-fanatikern im ganzen Land.

Buffett sieht deutliche Parallelen zwischen dem Bridgespiel und der Kapitalanlage an der Börse. „Es ist ein Spiel der Millionen Möglichkeiten", erklärt er. „Es gibt sehr viele Dinge, aus denen man Schlüsse ziehen kann – aus den Karten, die schon gespielt sind, und aus denen, die noch nicht gespielt sind. Diese Schlüsse sagen einem etwas über Wahrscheinlichkeiten. Es ist wahrscheinlich die beste geistige Übung, die es überhaupt gibt. Alle zehn Minuten sieht man sich neuen Situationen ausgesetzt. Im Bridge muss man Gewinn- und Verlustverhältnisse gegeneinander abwägen", sagt Buffett. „Man rechnet die ganze Zeit."

Jeder, der einmal mit Buffett zu tun hatte, wird Ihnen sagen, dass dieser eine besondere Begabung für schnelle Rechnungen hat. Chris Stavrou, New Yorker Geldmanager und langjähriger Berkshire-Hathaway-Aktionär, erinnert sich an sein erstes Treffen mit Buffett:

Er fragte ihn, ob er jemals einen Taschenrechner benutzte. Buffett antwortete: „Ich habe noch nie einen besessen und wüsste vermutlich nicht, wie man ihn bedient."

„Aber wie erledigen sie kompliziertere Berechnungen?" fragte Stavrou nach. „Sind sie besonders begabt?"

„Nein, nein", sagte Buffett. „Ich habe lediglich lange Zeit mit Zahlen gearbeitet. Ich habe einen Sinn für Zahlen."

„Können sie mir dafür ein Beispiel geben? Beispielsweise: Wieviel ist 99 mal 99?"

Ohne Zögern antwortete Buffett: „9.801."

Stavrou fragte Buffett, wie er das wüsste. Der antwortete, er habe es in Feynmans Autobiographie gelesen.

Richard Feynman, ein Nobelpreisträger für Physik, war Mitglied des amerikanischen Teams, das am Atombombenprojekt arbeitete. In seiner Autobiographie *Surely You`re Joking, Mr. Feynman* beschreibt er seine Technik, schwierige mathematische Aufgaben im Kopf zu rechnen. Von Warren Buffett können wir also sagen, dass er sich entweder an alles erinnert, was er liest, oder dass er blitzschnell Kopf rechnen kann.

Stavrou wollte noch eine weitere Probe seines Könnens: „Wenn der Preis eines Gemäldes innerhalb von 100 Jahren von 250 $ auf 50 Mio. $ steigt, wie hoch ist dann die jährliche Zuwachsrate?" Und wieder kam

Buffetts Antwort wie aus der Pistole geschossen: „13,0 %.'' Der erstaunte Stavrou fragte: „Wie haben sie das gemacht?''

Buffett antwortete, jede Zinseszinstabelle liefere die Antwort. (Können wir daraus ableiten, er sei eine wandelnde Zinstabelle? Vielleicht.) Eine andere Möglichkeit, die Aufgabe anzugehen, sei es, sagte Buffett, die Zahl der Verdopplungen zu nehmen (250 $ verdoppeln sich etwa 17,6mal, bis sie 50 Mio. $ erreichen; sie verdoppeln sich also etwa alle 5,7 Jahre oder um 13 % jährlich). Das sei doch simpel, schien er sagen zu wollen.

Trotz Buffetts Bescheidenheit ist es ganz klar, dass er mathematisch begabt ist. Deshalb behaupteten viele Skeptiker, Buffetts Investmentansatz funktioniere nur wegen dieser seiner Begabung und schließe deshalb diejenigen aus, die nicht über diese Fähigkeit verfügen. Das stimmt nicht, sagen Buffett und Charlie Munger. Um Buffetts Investmentansatz zu übernehmen, benötigen die Investoren keine höhere Mathematik. In einer Vorlesung an der University of Southern California erklärte Munger: „Es ist ganz einfache Algebra. Es ist nicht schwierig zu erlernen. Schwierig ist es, diese einfache Algebra routinemäßig jeden Tag im Leben anzuwenden. Das System von Fermat und Pascal stimmt völlig damit überein, wie die Welt funktioniert. Und es ist fundamentale Wahrheit. Und deshalb müssen Sie ganz einfach nur diese Technik beherrschen.''

WAHRSCHEINLICHKEITSTHEORIE

Es ist eine sehr starke Vereinfachung, aber keine Übertreibung, wenn man behauptet, die Börse sei ein unsicheres Universum. In diesem Universum wirken hunderte, sogar tausende einzelner Kräfte, die zusammengenommen die Kurse bestimmen, die ständig in Bewegung sind; jede dieser Kräfte kann dramatische Auswirkungen haben, keine kann mit absoluter Sicherheit vorhergesagt werden. Die Aufgabe der Anleger ist es dann, das Feld einzuengen – das zu erkennen und zu entfernen, was am unbekanntesten ist, und sich auf das am wenigsten Unbekannte zu konzentrieren. Und dies ist eine Übung in Wahrscheinlichkeitstheorie.

Wenn wir bezüglich einer Situation unsicher sind und trotzdem unsere Meinung ausdrücken wollen, dann fangen unsere Aussagen meistens so an: „Es ist möglich", oder „Wahrscheinlich" oder „Es ist nicht sehr wahrscheinlich." Wenn wir einen Schritt weiter gehen und versuchen, diese allgemeinen Ausdrücke zu quantifizieren, dann bekommen wir es mit Wahrscheinlichkeiten zu tun. Wahrscheinlichkeiten sind die mathematische Sprache der Unsicherheit.

Wie hoch ist die Wahrscheinlichkeit, dass eine Katze Vögel zur Welt bringt? Null. Wie hoch ist die Wahrscheinlichkeit, dass die Sonne morgen wieder aufgehen wird? Wenn dieses Ereignis als sicher bezeichnet wird, erhält es die Wahrscheinlichkeit eins. Alle Ereignisse, die weder sicher noch unsicher sind, haben eine Wahrscheinlichkeit zwischen null und eins, ausgedrückt in einem Bruch oder einer Dezimalzahl. In der Wahrscheinlichkeitstheorie geht es darum, diesen Bruch zu bestimmen.

1654 tauschten Blaise Pascal und Pierre de Fermat eine Reihe von Briefen aus, die die Grundlage dessen formten, was heute die Wahrscheinlichkeitstheorie darstellt. Pascal, ein Wunderkind in Mathematik und Philosophie, wurde vom Chevalier de Méré, einem Philosophen und Spieler, herausgefordert, das Rätsel zu lösen, das so manchen Mathematiker in die Klemme gebracht hat. De Méré wollte wissen, wie zwei Kartenspieler die Spieleinsätze aufteilen sollten, wenn sie das Spiel vor seinem Ende verlassen müssten. Pascal wandte sich an Fermat, der selbst ein Mathematikgenie war, und legte ihm de Mérés Frage vor.

„Die Korrespondenz zwischen Pascal und Fermat aus dem Jahr 1654 über dieses Thema", sagt Peter Bernstein in seinem Buch *Against the Gods*, seinem wunderbar geschriebenen Essay über Risiko, „signalisierte ein epochales Ereignis in der Geschichte der Mathematik und der Theorie der Wahrscheinlichkeit." Obwohl sie die Aufgabe unterschiedlich angingen (Fermat benutzte Algebra, während Pascal sich der Geometrie zuwandte), gelang es ihnen, ein System zu konstruieren, um die Wahrscheinlichkeit mehrerer möglicher Ergebnisse zu bestimmen. Tatsächlich löst Pascals Zahlendreieck viele Probleme — einschließlich dessen der Wahrscheinlichkeit, dass ihr Lieblings-Baseballteam die World Series gewinnen kann, nachdem sie das erste Spiel verloren hat.

Die Arbeit von Pascal und Fermat kennzeichnet den Anfang der Entscheidungstheorie. Die Entscheidungstheorie ist der Prozess, zu entscheiden, was zu tun ist, wenn man sich über die zukünftige Entwicklung nicht sicher ist. „Diese Entscheidung zu treffen", schreibt Bernstein, „ist der wichtigste erste Schritt im Bestreben, das Risiko zu managen." Obwohl Pascal und Fermat gleichermaßen das Verdienst zugeschrieben wird, die Wahrscheinlichkeitstheorie entwickelt zu haben, schrieb ein weiterer Mathematiker, Thomas Bayes, das Werk, das die Grundlagen für die praktische Umsetzung der Wahrscheinlichkeitstheorie legte.

Bayes wurde 1701 in England geboren – genau 100 Jahre nach Fermat und 78 Jahre nach Pascal – und lebte ein recht unscheinbares Leben. Er war Mitglied der Royal Society, veröffentlichte aber während seines ganzen Lebens nichts über Mathematik. Doch nach seinem Tod erschien sein Papier mit dem Titel *Essays Towards Solving A Problem In The Doctrine Of Chances*. Zu dieser Zeit wurde es kaum beachtet. Allerdings war Bayes' Essay nach Peter Bernstein ein erstaunlich originelles Werk, das Bayes bei Statistikern, Ökonomen und anderen Sozialwissenschaftlern unsterblich machte. Es zeigt Investoren eine Möglichkeit auf, die mathematische Wahrscheinlichkeitstheorie zu nutzen.

Die Bayes'sche Analyse liefert uns eine logische Möglichkeit, verschiedene Ergebnisse zu betrachten, die alle möglich sind, von denen aber lediglich eines tatsächlich eintreten wird. Vom Konzept her ist das ein sehr einfacher Prozess. Wir beginnen damit, dass wir jedem möglichen Ergebnis eine (Eintritts-)Wahrscheinlichkeit zuweisen, und zwar auf Basis der gegenwärtig verfügbaren Informationen. Wenn neue Informationen verfügbar werden, wird die anfängliche Wahrscheinlichkeit überprüft, damit sie die neuen Informationen widerspiegelt.

Das Theorem von Bayes liefert uns somit einen mathematischen Prozess, um unsere ursprünglichen Annahmen (die aus dem resultierten, was er die vorherige Informationsverteilung nannte) zu aktualisieren und so eine zeitlich spätere (neuere) Informationsverteilung zu entwickeln. Mit anderen Worten: Frühere Wahrscheinlichkeiten, kombiniert mit neuen Informationen, erzeugen neue Wahrscheinlichkeiten und verändern somit die relevanten Risiken oder – andersherum gesehen – die Chancen.

Wie funktioniert das?

Stellen Sie sich vor, dass Sie und ein Freund den Nachmittag damit verbracht haben, Ihr Lieblings-Brettspiel zu spielen. Nun, gegen Ende des Spiels, plaudern Sie über dieses und jenes. Dann sagt Ihr Freund irgend etwas, dass Sie dazu bringt, eine kleine Wette einzugehen: dass Sie mit einem Wurf des Würfels aus dem Brettspiel eine Sechs würfeln werden. Die Chance steht eins zu sechs, somit besteht eine Wahrscheinlichkeit von 1/6 oder 16 %. Nehmen Sie dann aber an, Ihr Freund rollt den Würfel, bedeckt ihn schnell mit seiner Hand und schaut nach. „Ich kann dir verraten", sagt er, „es ist eine gerade Zahl." Mit dieser neuen Information verändern sich Ihre Chancen auf das Verhältnis eins zu drei, eine Wahrscheinlichkeit von 33 %. Während Sie noch überlegen, ob Sie bei Ihrer Wette bleiben sollen, fügt Ihr Freund schelmisch hinzu: „Und es ist keine Vier." Mit dieser zusätzlichen Information haben sich Ihre Chancen wiederum geändert, sie stehen nun eins zu zwei, was einer Wahrscheinlichkeit von 50 % entspricht.

Mit dieser ganz einfachen Abfolge hat man eine Bayes'sche Analyse durchgeführt. Jede neue Information beeinflusste die ursprüngliche Wahrscheinlichkeit. Die Bayes'sche Analyse ist ein Versuch, alle verfügbaren Informationen in einen Folgerungs- oder Entscheidungsprozess über den zu Grunde liegenden Stand der Dinge einzubeziehen. Colleges und Universitäten benutzen das Bayes'sche Theorem, um ihren Studenten beim Studium der Entscheidungstheorie zu helfen. In den Hörsälen wird der Anstz von Bayes gern Entscheidungsbaumtheorie genannt; dabei repräsentiert jeder Ast oder Zweig des Baums neue Informationen und verändert damit die Chancen und Risiken bei der Entscheidungsfindung. „An der Harvard Business School", erklärt Charlie Munger, „ist die Entscheidungsbaumtheorie die große quantitative Sache, die die Studienanfänger vereint. Sie nehmen die High-School-Algebra und wenden sie auf Probleme des realen Lebens an. Die Studenten mögen das. Sie sind erstaunt, wie Algebra im Leben funktioniert."

DIE SUBJEKTIVE INTERPRETATION VON WAHR-SCHEINLICHKEIT

Charlie betont, dass die Algebra äußerst wichtig ist, wenn man Wahrscheinlichkeiten berechnet. Um aber die Wahrscheinlichkeitstheorie bei der Kapitalanlage praktisch nutzen zu können, müssen wir ein wenig genauer hinsehen, wie die Zahlen berechnet werden. Insbesondere müssen wir dem Begriff der Häufigkeit oder Frequenz Aufmerksamkeit widmen.

Was bedeutet es, wenn man sagt, die Wahrscheinlichkeit, dass man bei einem Münzwurf Kopf wirft, liegt bei 0,5? Oder dass die Wahrscheinlichkeit, dass man bei einem Wurf mit einem Würfel eine ungerade Zahl wirft, bei 0,5 liegt? Oder dass, wenn in einer Schachtel 70 rote und 30 blaue Kugeln liegen, die Wahrscheinlichkeit, dass man eine blaue Kugel zieht, bei 0,3 liegt? In all diesen Beispielen bezieht man sich bei der Wahrscheinlichkeit, dass ein Ereignis eintritt, auf eine Interpretation der Häufigkeit, und diese beruht auf dem Gesetz der Durchschnitte.

Wenn ein unsicheres Ereignis endlos oft wiederholt wird, dann wird die Eintrittshäufigkeit des Ereignisses durch die Wahrscheinlichkeit dieses Ereignisses reflektiert. Wenn wir beispielsweise 100.000mal eine Münze werfen, dann ist die Zahl der erwarteten Würfe, bei denen die Münze Kopf zeigt, 50.000. Beachten Sie, dass ich nicht sagte, sie sei *tatsächlich gleich* 50.000. Das Gesetz der großen Zahl besagt, dass die relative Häufigkeit und die Wahrscheinlichkeit nur bei einer unendlichen Anzahl von Wiederholungen gleich sind. Rein theoretisch wissen wir, dass bei einem Münzwurf die Chance, Kopf zu treffen, bei 0,5 liegt, jedoch können wir nie sagen, dass die Chance, Zahl zu treffen, gleich groß ist, wenn wir nicht eine unendliche Zahl von Würfen tätigen.

Bei jedem Problem, das mit Unsicherheit zu tun hat, werden wir ganz offensichtlich niemals in der Lage sein, eine definitive Aussage zu machen. Wenn das Problem allerdings gut definiert ist, dann sollten wir in der Lage sein, alle möglichen Ergebnisse zu erfassen. Wenn ein unsicheres Ereignis oft genug wiederholt wird, dann sollte die Häufigkeit der Ergebnisse jeweils deren Wahrscheinlichkeit reflektieren. Schwierig wird es dann, wenn wir uns einem Ereignis gegenüber sehen, das nur einmal vorkommt.

Wie schätzen wir die Wahrscheinlichkeit ein, dass wir die Physik-Klausur morgen bestehen, oder die Wahrscheinlichkeit, dass die Green Bay Packers die Superbowl gewinnen? Das Problem, dem wir uns gegenüber sehen, ist, dass diese Ereignisse einmalig sind. Wir können alle Statistiken über die Spiele der Green Bay Packers durchsehen, aber wir haben nicht ausreichend genaue Vergleichsmöglichkeiten mit der gleichen Mannschaft, die unter identischen Umständen ständig zusammen spielte. Wir können uns aller vorhergehenden Klausuren erinnern, um zu ermessen, wie wir abschneiden werden, aber die Klausuren sind nicht identisch, und unser Wissen ist nicht konstant.

Ohne wiederholte Klausuren, die eine Häufigkeitsverteilung ergäben – wie können wir da Wahrscheinlichkeit berechnen? Wir können es nicht. Statt dessen müssen wir uns auf eine *subjektive* Interpretation der Wahrscheinlichkeiten verlassen. Das tun wir ständig. Wir könnten sagen, dass die Chancen, dass die Packers den großen Preis wieder gewinnen, bei zwei zu eins liegen oder dass die Wahrscheinlichkeit, dass wir die schwierige Klausur bestehen, bei eins zu zehn liegt. Dies sind Aussagen, die eine Wahrscheinlichkeit ausdrücken; Sie beschreiben unseren „Grad des Vertrauens" in dieses Ereignis. Wenn es nicht möglich ist, ausreichend viele Wiederholungen eines bestimmten Ereignisses zu haben, um eine auf Häufigkeit basierende Interpretation der Wahrscheinlichkeit zu erhalten, dann müssen wir uns auf unseren gesunden Menschenverstand verlassen.

Man kann sofort sehen, dass viele subjektive Interpretationen dieser beiden Ereignisse in die falsche Richtung führen würden. Bei der subjektiven Wahrscheinlichkeit liegt die Last bei Ihnen: Sie müssen Ihre Annahmen analysieren. Halten Sie ein, und durchdenken Sie Ihre Situation. Gehen Sie davon aus, dass eine Chance von eins zu zehn, die Klausur zu bestehen, gut ist, weil der Prüfungsstoff schwierig ist und Sie sich nicht ausreichend vorbereitet haben – oder aus falscher Bescheidenheit? Blendet Sie Ihre lebenslängliche Loyalität zu den Packers, und sehen Sie die überlegene Stärke der anderen Teams nicht?

Nach den Lehrbüchern über die Bayes'sche Analyse ist es durchaus akzeptabel, Ihre subjektive Wahrscheinlichkeit für ein bestimmtes

Ereignis einer Häufigkeitswahrscheinlichkeit gleichzusetzen, wenn Sie glauben, dass Ihre Annahmen vernünftig sind. Sie müssen unbedingt das Unvernünftige und Unlogische zugunsten des Vernünftigen heraussieben. Es ist hilfreich, wenn Sie an subjektive Wahrscheinlichkeiten nicht anders denken als an eine Erweiterung der Häufigkeitswahrscheinlichkeiten-Methode. Tatsächlich sind in vielen Fällen subjektive Wahrscheinlichkeiten nützlicher, weil dieser Weg es ermöglicht, operationale Fakten in Betracht zu ziehen, statt sich ausschließlich auf langfristige statistische Regelmäßigkeiten zu verlassen.

Ob sie es nun erkennen oder nicht – nahezu alle Entscheidungen, die Investoren treffen, sind eine Sache der Wahrscheinlichkeit. Um erfolgreich zu sein, ist es entscheidend, dass ihre Aussage über Wahrscheinlichkeit(en) die historischen Daten mit den neuesten verfügbaren Daten kombiniert. Das ist die Bayes'sche Analyse in Aktion.

WAHRSCHEINLICHKEITEN À LA BUFFETT

„Multiplizieren Sie die Verlustwahrscheinlichkeit mit der Höhe der möglichen Verluste, und subtrahieren Sie dies von der Gewinnwahrscheinlichkeit mal der Höhe der möglichen Gewinne. Das ist genau das, was wir zu tun versuchen", sagte Buffett. „Es ist nicht perfekt, aber darum geht's."

Ein nützliches Beispiel, um die Verbindung zwischen Kapitalanlage und Wahrscheinlichkeitstheorie zu verdeutlichen, ist die Praxis der Risikoarbitrage. Wie *Outstanding Investor Digest* berichtete, teilte Buffett seine Ansichten über Risikoarbitrage einer Gruppe von Studenten an der Stanford University mit. „Risikoarbitrage ist etwas, das ich nun schon 40 Jahre lang praktiziere", erklärte er. „Und mein Boss, Ben Graham, machte das schon 30 Jahre zuvor." Eine reine Arbitrage ist nichts weiter, als von der Diskrepanz der Kurse eines Wertpapiers in zwei verschiedenen Märkten zu profitieren. Beispielsweise werden Waren und Währungen in mehreren verschiedenen Märkten auf der ganzen Welt gehandelt und notiert. Wenn zwei verschiedene Märkte verschiedene Kurse für die gleiche Ware notieren, könnte man in einem Markt kaufen, im anderen Markt verkaufen und die Differenz in die Tasche stecken.

Risikoarbitrage – die Form, die heute häufiger praktiziert wird – dreht sich um angekündigte Unternehmensfusionen oder -übernahmen. (Manche Spekulanten praktizieren Risikoarbitrage auch bei noch nicht angekündigten Fusionen, aber das ist ein Gebiet, das Buffett meidet, und daher wollen wir dies auch tun.) „Mein Job ist es", sagt Buffett, „die Wahrscheinlichkeit der Ereignisse (angekündigte Fusionen), die vermutlich tatsächlich eintreten werden, sowie deren Gewinn-Verlust-Verhältnis einzuschätzen."

Stellen wir Buffetts nächsten Bemerkungen das folgende Szenario voran. Nehmen wir an, dass die Abbott Company den Handelstag bei 18 $ je Aktie begann. Dann, in der Mitte des Vormittags, wird bekanntgegeben, dass irgendwann in diesem Jahr, vielleicht in sechs Monaten, Abbott für 30 $ je Aktie an die Costello Company verkauft werden soll. Sofort steigt der Aktienkurs von Abbott auf 27 $; dort pendelt er sich ein und schwankt nur leicht auf und ab.

Buffett nimmt die angekündigte Fusion zur Kenntnis und muss eine Entscheidung treffen. Zunächst einmal versucht er, den Grad der Sicherheit zu definieren. Manche Unternehmenszusammenschlüsse kommen schließlich nicht zu Stande. Der Vorstand könnte sich unerwartet der Fusion verschließen, oder die Federal Trade Commission könnte dagegen Einspruch erheben. Niemand kann jemals mit Sicherheit sagen, ob ein Risikoarbitrage-Geschäft tatsächlich über den Tisch gehen wird, und das ist der Punkt, wo das Risiko ins Spiel kommt.

Buffetts Entscheidungsprozess ist eine Übung in subjektiver Wahrscheinlichkeit. Er erklärt: „Wenn ich annehme, dass eine 90-prozentige Chance besteht, dass etwas eintritt, und daraus drei Punkte nach oben resultieren könnten, und es andererseits eine Chance von 10 % gibt, dass das Ereignis nicht eintritt, sowie eine Chance, dass der Kurs um neun Punkte sinken wird – dann heißt das 0,90 $ Abzug von 2,70 $, wobei eine mathematische Erwartung von 1,80 $ übrig bleiben."

Als Nächstes, sagt Buffett, muss man die Zeitspanne einrechnen, um die es geht, und dann den Gewinn des Investments mit dem aus anderen möglichen Investments ins Verhältnis setzen. Wenn man einen Anteil von Abbott Company zu 27 $ kaufte, dann gäbe es nach Buffetts

Mathematik einen möglichen Gewinn von 6,6 % (1,80 $/27,00 $). Wenn man erwartet, dass der Deal in sechs Monaten durchgezogen sein wird, dann läge der Jahresgewinn dieses Investments bei 13,2 %. Nun würde Buffett den Gewinn aus dieser Risikoarbitrage mit anderen Gewinnen vergleichen, die für ihn möglich wären.

Die Risikoarbitrage beinhaltet auch ein Verlustpotenzial. „Wir sind durchaus bereit, bei einer bestimmten Transaktion auch Geld zu verlieren – die Arbitrage ist hierfür ein Beispiel –, aber wir sind nicht bereit, uns auf irgendeine Transaktion einzulassen, von der wir glauben, die Wahrscheinlichkeit einer Anzahl völlig unabhängiger Ereignisse ähnlicher Art trage eine Verlusterwartung in sich. Wir hoffen", gesteht Buffett, „dass wir nur in Transaktionen einsteigen, bei denen unsere Berechnungen dieser Wahrscheinlichkeiten auch Hand und Fuß haben."

Wir können ganz deutlich erkennen, dass Buffetts Schätzungen bei der Risikoarbitrage subjektive Wahrscheinlichkeiten darstellen. Es gibt bei der Risikoarbitrage keine Häufigkeitsverteilung. Jeder Deal ist anders. Jede Rahmenbedingung erfordert unterschiedliche Schätzungen. Trotzdem hat es Wert, die Risikoarbitrage mit rationalen mathematischen Berechnungen anzugehen.

Dieser Prozess ist bei einer Anlage in Aktien nicht anders. Um dies darzustellen, betrachten wir zwei klassische Käufe von Berkshire Hathaway, Wells Fargo und Coca-Cola.

KAPITALANLAGE IN WELLS FARGO UND COCA-COLA

Im Oktober 1990 kaufte Berkshire Hathaway fünf Millionen Aktien von Wells Fargo & Company. Man investierte 289 Mio. $ in dieses Unternehmen bei einem Durchschnittskurs von 57,88 $ je Aktie. Durch diesen Kauf wurde Berkshire der größte Aktionär der Bank und besaß 10 % der ausgegebenen Aktien.

Es war ein sehr umstrittener Deal. Früher im selben Jahr hatte der Kurs bei bis zu 86 $ gelegen und war dann deutlich zurückgefallen, als die Investoren in Scharen die kalifornischen Banken verließen. Zu dieser Zeit befand sich die Westküste in einer ernsthaften Rezession, und manche spekulierten, dass die Banken, die ihre Kreditportfolios mit Hypotheken und anderen Darlehen gefüllt hatten, in Schwierigkeiten seien. Wells Fargo, die von allen kalifornischen Banken die meisten Immobilienhypotheken an Unternehmen vergeben hatte, hielt man für besonders verwundbar.

Buffett war sich dieses Geredes durchaus bewusst, aber er gelangte bei Wells Fargo zu anderen Schlüssen. Wusste er etwas, das die anderen Investmentprofis nicht wussten? Eigentlich nicht. Er analysierte die Situation bloß völlig anders. Gehen wir den gedanklichen Prozess mit ihm noch einmal durch, denn er liefert uns ein deutliches Beispiel, wie Buffett Wahrscheinlichkeiten einsetzt.

Zunächst einmal verstand Buffett das Bankengeschäft sehr gut. Berkshire hatte zwischen 1969 und 1979 die Illinois National Bank und Trust Company besessen. Während dieser Zeit hatte Gene Abegg, der Vorsitzende der Illinois National, Buffett gelehrt, dass eine gut gemanagte Bank nicht nur ihre Gewinne vermehren sondern auch einen ordentlichen Gewinn auf den Buchwert machen konnte. Sehr wichtig: Buffett lernte auch, dass der langfristige Wert einer Bank durch die Aktionen ihres Managements bestimmt wird. Schlechte Manager steigern die Kosten, indem sie dumme Darlehen gewähren, gute Manager achten immer darauf, wie sie Kosten reduzieren können, und lassen sich nur sehr selten auf riskante Darlehen ein.

Carl Reichardt, zu der Zeit Vorsitzender von Wells Fargo, hatte die Bank seit 1983 geführt und das mit eindrucksvollen Ergebnissen. Unter seiner Führung lagen Gewinnwachstum und Gewinn auf den Buchwert über dem Durchschnitt, und die operativen Gewinne waren die höchsten im ganzen Land. Außerdem hatte Reichardt ein sehr stabiles Kreditportfolio aufgebaut.

„Der Besitz einer Bank ist bei weitem nicht frei von Risiken", sagte Buffett. Allerdings drehte sich seiner Meinung nach das Risiko des Besitzes von Wells Fargo um drei Möglichkeiten:

„Die Banken in Kalifornien sehen sich dem besonderen Risiko eines großen Erdbebens ausgesetzt, das Schuldner in den Ruin treiben könnte, die wiederum die Banken zerstören könnten, die ihnen Geld geliehen hatten.

Ein zweites Risiko ist systemimmanent – die Möglichkeit, dass die Geschäfte soweit zurückgehen oder eine Panik in Geldsachen ausbricht, die so schwer ist, dass sie jede hochverschuldete Einrichtung in Gefahr bringen könnte, ganz gleich wie klug sie geführt wird.

Die größte Angst des Marktes ist im Augenblick, dass die Immobilienwerte an der Westküste ins Trudeln geraten, weil zuviel gebaut wird, und dadurch enorme Verluste bei den Banken entstehen, die diese Expansion finanziert haben."

Buffett sagte, keines dieser Szenarios könne ausgeschlossen werden. Allerdings schloss er nach bestem Wissen, dass die Wahrscheinlichkeit eines Erdbebens oder einer ernsthaften Finanzpanik gering war. (Buffett nennt uns keine Zahlen, aber eine „geringe" Wahrscheinlichkeit könnte bei etwas weniger als 10 % liegen.)

Dann wandte er seine Aufmerksamkeit der Wahrscheinlichkeit des dritten Szenarios zu. Er überlegte, dass ein deutlicher Wertverlust bei Immobilien keine größeren Probleme für eine gut gemanagte Bank wie Wells Fargo darstellen sollte. „Rechnen wir doch mal", erklärt er. „Wells Fargo verdient im Augenblick weiter über 1 Mrd. $ jährlich vor Steuern, nachdem man mehr als 300 Mio. $ für faule Kredite abgeschrieben hat. Wenn 10 % aller Kredite der Bank – das sind 48 Mrd. $ und nicht nur die Kredite, die sich auf Immobilien beziehen – 1991 in Schwierigkeiten geraten und Verluste (einschließlich der entgangenen Zinsen) von 30 % des Stammkapitals verursachte, dann würde das Unternehmen immer noch ohne Verlust davonkommen." Nun sollte man überlegen, dass 10 % Verlust im Portfolio einer Bank ganz sicher ein gravierender Geschäftsrückgang von der Art wäre, der Buffett bereits zuvor eine „geringe" Wahrscheinlichkeit zugemessen hatte. Buffett weiter: „Ein Jahr wie dieses – dem wir nur eine sehr geringe Möglichkeit einräumen, keine Wahrscheinlichkeit – würde uns nicht in Bedrängnis bringen."

In den vielfachen Szenarios, die sich Buffett ausgedacht hatte, war die Wahrscheinlichkeit eines größeren langfristigeren Schadens für Wells Fargo bestenfalls gering. Dennoch strafte der Markt die Aktien von Wells Fargo mit einem Verlust von 50 % ab. Nach Buffetts Verständnis lagen die Chancen, durch den Kauf der Aktien von Wells Fargo Geld zu verdienen, in der Größenordnung von zwei zu eins – ohne entsprecheden Anstieg der Wahrscheinlichkeit, falsch zu liegen.

Obwohl Buffett seinen Aussagen über Wahrscheinlichkeit keine Zahlen zumisst, mindert dies den Wert seines Gedankengangs nicht. In Wahrscheinlichkeiten zu denken, subjektiv oder nicht, ermöglicht, dass man klar und vernünftig über einen Kauf nachdenkt. Die Art und Weise, wie Buffett über Wells Fargo nachdachte, ermöglichte es ihm, zu agieren und zu profitieren, als andere noch weniger klar sahen. „Vergessen Sie eines nie", sagt Buffett. „Wenn Ihr Gewinn, nach Wahrscheinlichkeiten gewichtet, den Verlust, auch entsprechend gewichtet, deutlich überwiegt, dann können Sie ganz bewusst ein riskantes Investment eingehen.«

Coca-Cola ist eine andere Geschichte. Wenn wir bei Wells Fargo sehen können, wie Buffett mehrere Szenarios ausbreitet und ihnen verschiedene Wahrscheinlichkeiten zumisst, dann gibt uns Coca-Cola die Möglichkeit zu sehen, was Buffett tut, wenn er der Auffassung ist, die Wahrscheinlichkeiten seien praktisch todsicher. Im Fall von Coca-Cola sehen wir, dass Buffett nach einem seiner Leitprinzipien verfährt: Ist die Wahrscheinlichkeit eines Erfolgs sehr hoch, dann mache einen hohen Einsatz.

Buffett durchläuft mit uns keine Bayes'sche Analyse seines Kaufs von Coca-Cola. Allerdings hat er oft gesagt, dass Coca-Cola für ihn eine Wahrscheinlichkeit nahe der Sicherheit für einen Erfolg bedeutete. Da es über Coca-Cola aus über 100 Jahren Daten über die Performance des Unternehmens gab, konnte man hier fast eine Häufigkeitsverteilung analysieren. Dann konnte Buffett mit dem Bayes'schen Prozess, der spätere Informationen hinzufügt, den Unterschied sehen, den Roberto Goizuetas Management ausmachte. Weil Goizueta schlecht laufende Unternehmensbereiche verkaufte und die Erlöse ins lukrativere Sirupgeschäft reinvestierte, wusste Buffett, dass sich die Gewinne von Coca-Cola verbessern würden. Außerdem kaufte Goizueta Aktien von Coca-Cola am Markt zurück und erhöhte damit weiter den ökonomischen Wert des Unternehmens.

Schon ab 1988 konnte Buffett erkennen, dass der Markt Coca-Cola etwa 50 bis 70 % unter dessen intrinsischem Wert bewertete. Gleichzeitig hatten sich seine Ansichten über das Unternehmen nicht verändert: Die Wahrscheinlichkeit, dass Coca-Colas Aktienkurse den Markt schlagen würden, stieg immer höher. Was also tat Buffett? 1988 und 1989 erwarb Berkshire Hathaway Coca-Cola-Aktien im Wert von 1 Mrd. $, einer Summe, die über 30 % des Gesamtwerts von Berkshires Portfolio ausmachte. Ende 1998 war dieses Investment über 13 Mrd. $ wert.

KELLYS OPTIMIERUNGSMODELL

Wenn man den Fuß in ein Spielkasino setzt, ist die Wahrscheinlichkeit, dass man es als Gewinner verlässt, ziemlich gering. Darüber sollte man nicht erstaunt sein. Wir alle wissen, dass das Haus die besten Chancen hat. Doch wenn ein bestimmtes Spiel korrekt gespielt wird, gibt es Ihnen eine reelle Chance, gegen das Haus zu gewinnen – die Rede ist von Black Jack. In einem Bestseller *Beat the Dealer: A Winning Strategy for the Game of Twenty-One* beschrieb Edward O. Thorp, ein Mathematiker, einen Prozess, wie man gegen das Kasino gewinnen kann.

Thorps Strategie gründete auf einer einfachen Theorie. Wenn das Blatt viele Zehnen, Bilder und Asse enthält, dann hat der Spieler – sagen wir: Sie – gegenüber dem Geber einen statistischen Vorteil. Wenn Sie den hohen Karten minus 1 zuweisen und den niedrigen Karten plus 1, dann ist es ziemlich einfach, die ausgegebenen Karten zu verfolgen. Addieren oder subtrahieren Sie jede auftauchende Karte. Wenn Ihr Ergebnis positiv ist, dann wissen Sie, dass noch mehr höhere Karten ins Spiel kommen werden. Kluge Spieler würden ihre höchsten Einsätze dann tätigen, wenn das Kartenzählen eine hohe relative Zahl ergibt.

Tief in Thorps Buch war eine Anmerkung über Kellys Wettmodell vergraben. Kelly wiederum bezog seine Anregung von Claude Shannon, dem Erfinder der Informationstheorie.

Als Mathematiker bei Bell Laboratories verbrachte Shannon in den 40er Jahren ein Gutteil seiner Karriere mit dem Versuch, den besten Weg herauszufinden, Information über Kupferleitungen zu übermitteln, ohne dass die Information durch zufällige Molekulargeräusche verzerrt wurde. 1948 beschrieb er in einem Artikel mit dem Titel „A Mathematical Theory of Communication", was er entdeckt hatte. In seinem Aufsatz war die mathematische Formel für die optimale Informationsmenge enthalten, die durch Kupferdraht geleitet werden kann, wenn man die Erfolgswahrscheinlichkeiten berücksichtigt.

Ein paar Jahre später las J. L. Kelly, ein weiterer Mathematiker, Shannons Aufsatz und erkannte, dass die Formel genauso gut beim Glücksspiel eingesetzt werden konnte – einem weiteren menschlichen Unterfangen, das verbessert werden könnte, wenn man um die Möglichkeiten des Erfolgs wüsste. 1956 behauptete Kelly in einem Papier mit dem Titel „A New Interpretation of Information Rate", dass Shannons verschiedene Überragungsraten und die möglichen Ergebnisse eines zufälligen Ereignisses im Grunde das Gleiche seien – Wahrscheinlichkeiten – und dass die gleiche Formel beides optimieren könne.

Kellys Optimierungsmodell, oft Strategie des optimalen Wachstums genannt, basiert auf folgender Vorstellung: Wenn man die Wahrscheinlichkeit des Erfolgs kennt, setzt man den Teil seines Kapitals, der die Wachstumsrate maximiert. Als Formel ausgedrückt:

$$2\,p - 1 = x$$

Danach entspricht die doppelte Wahrscheinlichkeit des Gewinnens, vermindert um 1, dem Prozentsatz des Kapitals, der gesetzt werden sollte. Wenn beispielsweise die Wahrscheinlichkeit, dass man gegen das Kasino gewinnt, bei 55 % liegt, dann sollte man 10 % seines Kapitals setzen, um das maximale Wachstum seiner Gewinne zu erzielen. Liegt die Wahrscheinlichkeit bei 70 %, dann sollte man 40 % setzen. Und wenn man genau weiß, dass die Chancen eines Gewinns bei 100 % liegen, dann würde das Modell besagen, man solle sein gesamtes Kapital setzen.

Die Kelly-Formel ist optimal, wenn zwei Kriterien erfüllt sind:

1. die erwartete Mindestzeit, um einen bestimmten Gewinn zu erzielen, und
2. die maximale Rate des Kapitalwachstums

Nehmen wir beispielsweise an, zwei Black-Jack-Spieler haben jeweils 1.000 $ zur Verfügung und 24 Stunden, um damit zu spielen. Der erste Spieler darf nur jeweils 1 $ einsetzen, der zweite Spieler kann seine

Einsätze abhängig von der Qualität seiner Karten verändern. Wenn der zweite Spieler der Kelly-Theorie folgt und jeweils den Prozentsatz seiner Kasse setzt, der der Wahrscheinlichkeit des Gewinns entspricht, dann ist es sehr wahrscheinlich, dass er am Ende der 24 Stunden wesentlich besser dasteht als Spieler Nr. 1.

Allerdings ist die Börse weitaus komplexer als Black Jack, bei dem es eine begrenzte Zahl von Karten und deshalb auch eine begrenzte Anzahl von möglichen Ergebnissen gibt. Die Börse hat mit Hunderten von Aktien und Millionen von Investoren nahezu unbegrenzte Ergebnismöglichkeiten. Die Anwendung der Kelly-Theorie verlangt ständige Neuberechnungen und Korrekturen während des Kapitalanlageprozesses. Dennoch beinhaltet das zu Grunde liegende Konzept – den mathematisch berechneten Grad der Wahrscheinlichkeit mit der Höhe des Kapitaleinsatzes zu verbinden – wichtige Lehren für den Fokus-Investor.

Kehren wir zu unseren beiden Glücksspielern zurück und zu den 24 Stunden, in denen sie spielen. Statt Black Jack zu spielen, investieren sie nun an der Börse. Investor Nr. 1 darf nur jeweils 1 % seines Portfolios einsetzen, der zweite Investor darf seinen Einsatz verändern, je nachdem, wie er die Wahrscheinlichkeit des Erfolgs einschätzt. Welcher Investor hat nun die besseren Chancen, um sein Kapital im angegebenen Zeitraum optimal zu erhöhen? Der Investor, der immer nur 1 % bei einem Trade einsetzt und weiß, dass nicht jede Aktie eine gleich gute Chance bietet, oder der Fokus-Investor, der wartet, bis ein Gewinn mit hoher Wahrscheinlichkeit erscheint, und dann große Einsätze wagt?

Wir haben keinen Beweis dafür, dass Buffett das Kelly-Modell anwendet, wenn er Berkshires Kapital investiert. Doch das Kelly-Konzept ist eine rationale Vorgehensweise, und meiner Meinung nach gibt es Buffetts Denken wieder. Buffett riet Investoren, zu warten, bis die besten Möglichkeiten auftauchten; dann sollten sie bereit sein, große Einsätze zu tätigen. Auf alle Fälle empfand ich das Kelly-Modell sehr nützlich als mathematische Erklärung, die ein besseres Verständnis bei der Zusammenstellung eines Portfolios ermöglicht.

Ich finde, das Kelly-Modell ist ein attraktives Werkzeug für Fokus-Investoren. Allerdings wird es nur denen zum Segen gereichen, die es entsprechend anwenden. Beim Kelly-Modell gibt es auch Risiken, und man sollte seine drei Einschränkungen verstehen.

Erstens sollte jeder, der sein Kapital anlegt, gleich ob er das Kelly-Modell verwendet oder nicht, langfristig denken. Auch wenn ein Black-Jack-Spieler ein Modell hat, mit dem er gegen das Kasino gewinnen kann, wird sich der Erfolg nicht gleich in den ersten Spielrunden einstellen. Gleiches gilt für die Kapitalanlage. Wie oft schon haben Investoren gesehen, dass sie das richtige Unternehmen ausgewählt haben, aber der Markt sich Zeit ließ, bis er diese Auswahl belohnte?

Zweitens sollten Sie sehr vorsichtig sein, wenn Sie Aktien auf Kredit kaufen. Die Gefahr, sich Geld zu leihen, um es an der Börse anzulegen, wurde sowohl von Ben Graham als auch von Warren Buffett betont. Die Rückzahlung Ihres geliehenen Kapitals kann zur unglücklichsten Zeit des Spiels fällig werden. Wenn man das Kelly-Modell bei einem Einschusskonto anwendet, kann ein Börsenabschwung Sie dazu zwingen, Ihre besten Einsätze (die auf die wahrscheinlichsten Gewinne) zurückzuziehen.

Drittens ist die größte Gefahr beim Spiel mit hohen Wahrscheinlichkeiten das Risiko, dass man zu viel einsetzt. Wenn Sie davon ausgehen, dass ein Ereignis mit 70 % Wahrscheinlichkeit zum Erfolg führt, die Wahrscheinlichkeit jedoch nur bei 55 % liegt, dann kann es sein, dass Sie das Risiko eines Glücksspielers eingehen. Um das Risiko zu minimieren, sollten Sie geringere Einsätze wagen – indem Sie nur die Hälfte oder einen Teil der nach der Kelly-Methode berechneten Einsatzhöhe einsetzen. Das erhöht die Sicherheit Ihres Einsatzes und bietet Ihnen viel psychologische Sicherheit. Wenn Ihnen beispielsweise das Kelly-Modell sagen würde, Sie sollten 10 % ihres Kapitals einsetzen (wobei unterstellt wird, dass das gewünschte Ereignis mit einer Wahrscheinlichkeit von 55 % eintritt), sollten Sie sich entscheiden, nur 5 % Ihres Kapital (ein halbes Kelly) aufs Spiel zu setzen. Wenn man nur einen Teil des Kelly-Werts einsetzt, bietet das beim Portfolio-Management einen gewissen Grad an Sicherheit. Das, zusammen mit der Sicherheitsmarge, die wir bei der Aktienauswahl individuell ansetzen, bietet einen doppelten Schutzschild.

Weil das Risiko zu hoher Einsätze weitaus höher ist als die Strafen dafür, dass man zu geringe Beträge einsetzt, sollten Anleger – insbesondere diejenigen, die gerade erst mit dem Fokus-Investing beginnen – immer nur einen Teil des Kelly-Werts setzen. Bedauerlicherweise vermindern die geringeren Einsätze auch die möglichen Gewinne. Weil allerdings die Beziehungen im Kelly-Modell einer Parabel entsprechen, ist auch die Strafe für zu geringe Einsätze nicht besonders hart. Der halbe Kelly, der den Einsatz um 50 % reduziert, reduziert die mögliche Wachstumsrate nur um 25 %.

Hier sollten wir zusammenfassen:

1. Um vom Kelly-Modell zu profitieren, müssen Sie zuerst bereit sein, bei der Aktienauswahl in Wahrscheinlichkeiten zu denken.
2. Sie müssen bereit sein, das Spiel lange genug zu spielen, um die Belohnungen auch einstreichen zu können.
3. Sie sollten es unbedingt vermeiden, auf Kredit zu kaufen, da es dabei zu sehr unschönen Konsequenzen kommen kann.
4. Bei jedem Einsatz, den Sie tätigen, sollten Sie eine Sicherheitsmarge einrechnen.

„Das Kelly-System ist für Leute gedacht, die ihr Kapital akkumulieren und über längere Zeit hinweg auf sehr hohe Summen anwachsen sehen wollen", sagt Ed Thorp. „Wenn Sie viel Zeit und viel Geduld haben, dann ist das der richtige Weg für Sie."

VERSICHERUNGEN SIND WIE KAPITALANLAGEN

„Versicherungen haben viel mit der Kapitalanlage gemeinsam", erklärt Buffett. „Wenn Sie glauben, Sie müssten jeden Tag investieren, dann werden Sie viele Fehler machen." Um bei der Kapitalanlage wie bei Versicherungen Erfolg zu haben, „muss man auf den dicken Brocken warten".

Warren Buffett ist seit 1967 im Spiel mit den Versicherungen – seit dem Jahr, in dem Berkshire Hathaway die National Indemnity Company kaufte. Seither hat Buffett einige weitere Versicherungsunternehmen gekauft, darunter GEICO und die General Re Corporation.

GEICO ist ein Direktversicherer für Kraftfahrzeuge. Weil das Unternehmen die Versicherungspolicen direkt an den Kunden verkauft und somit die Versicherungsagenten umgeht, kann GEICO die Versicherungen zu niedrigen Tarifen anbieten und hat heute einen großen Teil des 100-Mrd.-$-KfZ-Versicherungsmarktes. General Re, die Ende 1998 für 16 Mrd. $ übernommen wurde, machte Berkshire Hathaway zum weltweit größten Rückversicherer von Superkatastrophen.

Diese Versicherungspolicen für Superkatastrophen werden von Versicherungen gezeichnet, die sich vor finanziellem Schaden schützen wollen, der durch Naturkatastrophen verursacht wird – in erster Linie Wirbelstürme oder Erdbeben. Typischerweise übernimmt ein Versicherer die Verluste aus einer einzelnen Katastrophe bis zu einem gewissen Level und rückversichert sich dann bei einer anderen Versicherung für alle Schäden, die diese Schwelle überschreiten. Berkshire Hathaway bietet für diese Superkatastrophen Versicherungen an, indem sie nicht nur Erstversicherer sondern auch andere Rückversicherer schützt, die sich für den schlimmsten Fall absichern wollen.

Die Preisgestaltung von Superkatastrophen-Versicherungen ist eine schwierige Angelegenheit, weil es keine Häufigkeitsverteilungen oder genauen Daten gibt. (Erdbeben und Wirbelstürme kommen nicht häufig genug vor, um verlässliche Statistiken aufzustellen. Im Vergleich dazu können sich Automobilversicherer auf das Gesetz der großen Zahl verlassen.) „Katastrophenversicherer können nicht einfach die Erfahrungen der Vergangenheit hochrechnen", sagt Buffett. „Wenn es beispielsweise tatsächlich eine globale Erwärmung gibt, dann werden sich auch die Risiken verändern, da schon geringe Veränderungen der atmosphärischen Bedingungen enorme Veränderungen in den Wetterbedingungen hervorrufen können." Und weiter: „In den letzten Jahren gab es eine große Zunahme bei der Bevölkerung und den versicherten Werten an den Küsten der Vereinigten Staaten, die besonders durch Wirbelstürme gefährdet sind, die größten Verursacher von Superkatastrophen. Ein Wirbelsturm, der vor 20 Jahren einen Schaden von x $ verursacht hatte, könnte heute durchaus das Zehnfache kosten."

Wegen der Schwierigkeit vorherzusagen, wann ein Erdbeben oder ein Wirbelsturm zuschlägt, könnte man annehmen, dass die Schätzung der Einrittswahrscheinlichkeit dieser Ereignisse ein Schuss ins Blaue ist.

Dem ist nicht so, sagt Buffett. „Auch wenn man bei der Risikoschätzung keine Perfektion erzielen kann, können Versicherer vernünftige Policen zeichnen. Schließlich muss man nicht das genaue Alter eines Menschen kennen, um zu wissen, ob er alt genug ist, zu wählen, oder sein genaues Gewicht, um die Notwendigkeit einer Diät zu erkennen", erklärt Buffett. Es ist keine strenge Wissenschaft, und eine derartige Unsicherheit könnte andere Leute zu Bedenken führen. Aber nicht Buffett. „Was ich mit Sicherheit sagen kann", sagt Buffett, „ist, dass wir den besten Mann auf der ganzen Welt haben, der sich um unser Superkatastrophengeschäft kümmert: Ajit Jain, dessen Wert für Berkshire Hathaway einfach enorm ist."

Ajit ist das „leitende Genie" und der Entwickler von Berkshires Geschäft mit Superkatastrophen. Ajit wurde in Indien geboren und absolvierte die Harvard Business School. Er arbeitete für IBM und McKinsey, bevor er zu Berkshire Hathaways National Indemnity kam. Ajit hatte die Weitsicht, den wachsenden Bedarf für hohe Superkatastrophen-Policen zu entdecken, und erkannte, dass Berkshires finanzielle Stärke einen Wettbewerbsvorteil einbrachte.

Wie Buffett ist es auch Ajit deutlich bewusst, dass man ein besonderes Geschick haben muss, um Wahrscheinlichkeiten zu interpretieren. „Tatsache im Geschäft mit Superkatastrophen ist, dass es nicht viele aussagekräftige Daten für eine Analyse gibt. Man beginnt mit historischen Daten und zieht daraus bestimmte Schlüsse. Es ist eine sehr subjektive Kunstform."

Das Geschäft Versicherungen gegen Superkatastrophen ist ein perfektes Beispiel für Ereignisse, die nur sehr selten vorkommen, jedoch gravierende Auswirkungen haben. Gleiches gilt für das Fokus-Investing. Der Fokus-Investor, Sie werden sich erinnern, tätigt nur sehr wenige Einsätze, aber immer auf Situationen mit hoher Wahrscheinlichkeit. Wenn es richtig gemanagt wird, wird ein Fokus-Portfolio eine gringe Fehlerhäufigkeit aufweisen; wenn allerdings Fehler auftreten, dann werden sie gravierend sein. Ein Fokus-Portfolio wird stärker getroffen als andere Portfolios.

Ich hatte Gelegenheit, Charlie Munger über die Ähnlichkeiten zwischen Fokus-Investing und dem Versicherungsgeschäft mit Superkatastrophen zu befragen. Er lächelte und sagte: „Die Denkweise ist identisch." Wenn das stimmt, dann kann uns die Geschichte der Superkata-strophen-Versicherungen eine Ahnung davon geben, womit ein Fokus-Investor rechnen muss. „Gemäß seiner Natur", sagt Buffett, „ist das Ge-schäft mit den Superkatastrophen die volatilste aller Versicherungsarten. Da sich wirkliche große Katastrophen nur selten ereignen, kann man erwarten, dass unser Geschäft mit Superkatastrophen in den meisten Jahren hohe Gewinne ausweist – gelegentlich aber auch enorme Ver-luste. Man muss allerdings wissen, dass ein wirklich schreckliches Jahr im Geschäft mit den Superkatastrophen nicht nur eine Möglichkeit ist – es ist eine Sicherheit. Die einzige Frage ist, wann dieses Jahr sein wird."

Hohe Gewinne in den meisten Jahren, gelegentliche große Verluste und irgendwann einmal ein ganz schreckliches Jahr – dieses Profil könnte den Stil des Fokus-Investing genauso beschreiben wie die Ver-sicherungen gegen Superkatastrophen. (Erinnern Sie sich an die Per-formance unserer Fokus-Investoren in Kapitel 4: Keynes, Munger, Ruane und Simpson.) Weshalb versichert Buffett Superkatastrophen, wenn es derartig hohe Verluste geben kann? Aus dem gleichen Grund, aus dem er Fokus-Investing betreibt.

„Von Zeit zu Zeit werden uns hohe Verluste treffen", erklärt Buffett. „Charlie und ich sind jedoch bereit, relativ volatile Ergebnisse zu ak-zeptieren, wenn wir dafür höhere langfristige Gewinne eintauschen. Da die meisten Portfolio-Manager ruhiges Fahrwasser bevorzugen, bleibt uns ein Wettbewerbsvorteil, den wir zu maximieren versuchen. Mit anderen Worten: Wir ziehen die holprigen 15 % Gewinn den ruhigen 12 % vor."

ES GEHT IMMER UM CHANCEN UND RISIKEN

„Das Modell, das mir gefällt – um zu vereinfachen, was an der Aktien-börse passiert –, ist das System der Ausgleichsrennen auf der Pferde-rennbahn", erklärte Charlie bei einer Vorlesung an der University of Southern California. „Wenn Sie einmal darüber nachdenken, dann ist das System der Ausgleichsrennen ein Markt. Jeder geht hin, tätigt seine

Einsätze, und die Gewinnchancen ändern sich auf der Basis dessen, was gesetzt wird. Genau das passiert auch an der Aktienbörse."

Charlie setzt diesen Gedankengang fort und erklärt, wie nur er es kann: „Jeder Dummkopf kann erkennen, dass ein leichtgewichtiges Pferd mit einer hervorragenden Gewinnstatistik und in guter Position weitaus eher gewinnen kann als ein Pferd mit schrecklichen Ergebnissen in der Vergangenheit und überflüssigem Gewicht und so weiter und so weiter. Wenn Sie jedoch auf die Gewinnchancen sehen, dann zahlt das schlechte Pferd 100 für eins, während das gute Pferd drei für zwei bringt. Und nun ist es nicht mehr klar, welches Pferd statistisch gesehen die bessere Wette ist. Die Kurse haben sich dermaßen geändert, dass es sehr schwer ist, gegen dieses System zu gewinnen."

Charlies Vergleich mit der Rennbahn trifft voll auf Kapitalanleger zu. Allzu oft lassen sich Investoren auf langfristige Einsätze ein, die unglaubliche Gewinnchancen bieten, aber aus irgendeinem von hunderttausenden Gründen niemals das Rennen gewinnen. Andererseits setzen Investoren auf eine sichere Sache, ohne darüber nachzudenken, was sie dabei verdienen können. Ich habe den Eindruck, dass die vernünftigste Art sowohl auf der Rennbahn als auch an der Börse ist, sich zurückzulehnen und zu warten, bis ein gutes Pferd mit einladenden Gewinnchancen an den Start geht.

Andrew Beyer, Kolumnist der *Washington Post* und Autor mehrerer Bücher über Pferderennen, verbrachte viele Jahre damit, Rennbesucher beim Wetten zu beobachten, und hat viel zu viele gesehen, die durch Ungestüm Geld verloren haben. Auf der Rennbahn wie überall sonst auch gibt es die Kasinomentalität – es juckt einen, mitzumachen: das Geld hinzulegen, die Würfel zu werfen, den Hebel am Spielautomaten zu ziehen, irgend etwas zu tun. Das bringt die Menschen dazu, unsinnige Wetteinsätze zu tätigen, ohne sich die Zeit zu nehmen, darüber nachzudenken, was sie da eigentlich tun.

Beyer versteht diesen psychologischen Zwang zu spielen, und rät Spielern, sich dem anzupassen, indem man seine Strategie aufteilt zwischen Platz-Wetten – und Sieg-Wetten. Sieg-Wetten sind für Situationen reserviert, in denen zwei Bedingungen vorherrschen: 1. Das Vertrauen in die Fähigkeit des Pferdes, zu gewinnen, ist hoch; 2. Die Gewinnchancen sind höher, als sie eigentlich sein sollten. Bei diesen

Sieg-Wetten sollte man wirklich Geld einsetzen. Platz-Wetten sind, wie der Name schon sagt, bei geringeren Chancen angesagt und dann, wenn man seinen Geldspieltrieb befriedigen muss. Das sind dann kleinere Wetten, und niemals darf der Wetter einen großen Teil seiner Wetteinsätze hier tätigen.

Wenn jemand, der bei Pferderennen wettet, den Unterschied zwischen Sieg- und Platz-Wetten nicht mehr erkennt, sagt Beyer, dann „geht er einen Schritt, der ihn in ein Durcheinander ohne genaue Unterscheidung zwischen seinen starken und schwachen Wetten führt".

EINE NEUE DENKWEISE

Wenn die Vorstellung, Mathematik und Wahrscheinlichkeitsberechnungen in Kapitalanlageentscheidungen einzubeziehen, Sie einschüchtert, dann sind Sie nicht allein. Wie Charlie Munger einmal anmerkte, sind die meisten Leute völlige Dummköpfe, wenn es darum geht, mit einfachen Wahrscheinlichkeiten und Zahlen umzugehen. Ist es denn der Mühe wert? Zweifelsfrei.

Vielleicht ist es hilfreich, wenn wir einen Augenblick einhalten und das große Bild betrachten, indem wir uns noch einmal ansehen, was wir in diesem Kapitel gelernt haben.

Eines der ersten Dinge, die wir bemerken, wenn wir Warren Buffetts Art und Weise untersuchen, ein Portfolio zu managen, ist, dass er davon überzeugt ist, dass man bei Ereignissen, die mit hoher Wahrscheinlichkeit eintreten, große Einsätze tätigen soll. Dies führt uns zur ersten Frage: Was ist Wahrscheinlichkeit, und wie bestimmen wir sie?

Die Wahrscheinlichkeit berechnen

Wenn die Bedingungen, die Sie untersuchen, nur eine begrenzte Zahl von möglichen Ergebnissen zulassen, dann ist die Berechnung der Wahrscheinlichkeit eine Sache einfacher Arithmetik. Ein Würfel hat nur sechs Seiten, und so ist die Wahrscheinlichkeit, dass eine bestimmte Zahl erscheint, eins zu sechs.

Wenn die Zahl der möglichen Ergebnisse unbegrenzt ist und wenn man rückblickend eine große Zahl von Ereignissen finden kann, dann können Sie auf die Wahrscheinlichkeit auf Basis einer Häufigkeitsverteilung schließen. Auf dieser Basis werden langfristige Wettervoraussagen getroffen, und so bestimmen auch KfZ-Versicherer die Prämien für unterschiedliche Klassen von Fahrern.

Wenn die Zahl der möglichen Ergebnisse unbegrenzt ist, man aber keinen Zugang zu ausreichend vielen Wiederholungen hat, um eine Häufigkeitsverteilung aufzustellen, dann muss man eine subjektive Interpretation vornehmen, indem man so viel Informationen wie möglich sammelt und diese gründlich analysiert. In diesem Fall entspricht Ihre Bestimmung der Wahrscheinlichkeit Ihrem Grad an Vertrauen in Ihre Analyse.

Wenn man eine dieser Möglichkeiten verwendet, dann erzielt man eine Bestimmung der Chancen, dass ein bestimmtes Ereignis eintreten wird, ausgedrückt als Prozentsatz: 50 %, 70 %, was auch immer.

Dies ist eine Schätzung der Wahrscheinlichkeit, basierend auf den besten zu dieser Zeit verfügbaren Informationen. Was aber geschieht, wenn neue Informationen verfügbar werden?

Korrektur einer Berechnung zur Einbringung neuer Informationen

Gehen wir davon aus, dass es neue Informationen gibt und diese klar darauf hinweisen, dass die Situation mehr als einen Ausgang haben kann, abhängig von verschiedenen Umständen. Dann sind Sie mit einem Entscheidungsbaum konfrontiert. Wenn X geschieht, dann liegt die Wahrscheinlichkeit des Erfolgs bei 55 %. Wenn jedoch Y geschieht, dann würde sich die Wahrscheinlichkeit auf 70 % ändern.

Dies ist eine Bayes'sche Analyse. Die Antwort ist komplexer, weil sie mehrere Variationen hat, doch der Vorgang ist stets der gleiche: Sammeln Sie zu jeder Variation alle Informationen, die zur Verfügung stehen, und denken Sie diese so gründlich wie nur möglich durch. Dann haben Sie eine Wahrscheinlichkeitsberechnung für jeden der möglichen Ausgänge.

Da wir nun die Wahrscheinlichkeit kennen, soweit sie jedenfalls erkennbar ist, sind wir bereit für die zweite Frage: Wieviel sollte man setzen – mit anderen Worten: Wieviel ist viel?

Wir bestimmen die Höhe des Einsatzes

Das Kellys Optimierungsmodell wird Ihnen sagen, wieviel Sie einsetzen sollen, ausgedrückt als Bruchteil des Ihnen zur Verfügung stehenden Kapitals. Wenn die Situation fließend und komplex ist, so wie es am Aktienmarkt der Fall ist, könnte es durchaus sein, dass Sie diese Formel nicht genau anwenden können. Sie müssen an sich ständig verändernden Kräfte Zugeständnisse machen. Doch gilt die grundlegende Idee immer noch: Wenn die Wahrscheinlichkeit steigt, dann sollte dies auch der Betrag tun, den Sie einsetzen.

Nun haben wir zwei große Teile des Bildes: die Wahrscheinlichkeit und die Höhe des Kapitaleinsatzes. Doch es bleibt immer noch eine Frage: Wann sollte man in Aktion treten? Nicht bevor die Chancen zu ihren Gunsten stehen.

Wir beobachten die Chancen

Das Pferd, das favorisiert ist, das Rennen zu gewinnen, hat die höchste Wahrscheinlichkeit, aber es könnte keine gute Wette sein, wenn die Chancen nur drei zu zwei stehen. Dieses Gewinnpotential ist nicht außerordentlich verführerisch. Wenn Ihre Informationen Sie jedoch zu der Annahme führen, dass ein anderes Pferd ebenfalls mit hoher Wahrscheinlichkeit gewinnen kann und dessen Chancen günstiger stehen, dann sollten Sie darauf Ihren großen Wetteinsatz tätigen.

Die Wahrscheinlichkeitstheorie und der Markt

Lassen Sie uns nun wieder von der Pferderennbahn weggehen, weg von der Theorie, und all das bisher Gesagte auf die Realität der Börse anwenden. Die Gedankenkette ist die gleiche.

1. Berechnen Sie die Wahrscheinlichkeiten. Als Fokus-Investor beschränken Sie sich auf eine begrenzte Anzahl von Aktien, weil Sie wissen, dass dies langfristig gesehen Ihre beste Möglichkeit ist, besser als der Gesamtmarkt abzuschneiden. Wenn Sie also darüber nachdenken, eine neue Aktie zu kaufen, ist es Ihr Ziel, sicherzustellen, dass die Aktie Ihrer Wahl besser sein wird als der Markt. Das ist die Wahrscheinlichkeit, mit der Sie es zu tun haben: Wie stehen die Chancen, dass diese Aktie langfristig gesehen einen größeren Gewinn erzielen wird als der Markt?

   Wenn eine Häufigkeitsverteilung vorliegt, dann wenden Sie diese an, falls nicht, dann machen Sie eine subjektive Interpretation und stellen Sie eine bestmögliche Einschätzung an. Dann werden Sie sehen, wie weit das Unternehmen, über das Sie nachdenken, den Grundsätzen aus Kapitel 1, S. 16 entspricht. Bei der Sammlung von Informationen über das Unternehmen sollten Sie besonders gründlich vorgehen. Messen Sie diese an den Grundsätzen, und wandeln Sie Ihre Analyse in eine Zahl um. Diese Zahl stellt dar, wie klar es Ihnen ist, dass dieses Unternehmen ein Gewinner ist bzw. sein wird.

2. Rechnen Sie neu, wenn neue Informationen verfügbar werden. Weil wir wissen, dass Sie warten, bis sich die Chancen zu Ihren Gunsten wenden, sollten Sie sorgsam auf alles achten, was dieses Unternehmen tut. Beginnt das Management, unverantwortlich zu handeln? Beginnen sich die finanziellen Entscheidungen zu verändern? Hat sich irgend etwas ereignet, das das Wettbewerbsumfeld verändert, in dem dieses Unternehmen operiert? Wenn das der Fall ist, werden sich vermutlich auch die Wahrscheinlichkeiten verändern.

3. Entscheiden Sie über die Höhe Ihres Investments. Welcher Anteil Ihres Anlagekapitals soll für einen bestimmten Kauf verwendet werden? Beginnen Sie mit der Kelly-Formel, und korrigieren Sie den Kelly-Wert dann nach unten, möglicherweise um die Hälfte.

4. Warten Sie, bis die Chancen am besten stehen. Die Chancen für einen Erfolg wenden sich zu Ihren Gunsten, wenn Sie eine Sicherheitsmarge haben. Je unsicherer die Situation ist, um so größer muss diese Sicherheitsmarge sein. An der Börse wird sie durch einen Preisabschlag dargestellt. Wenn das Unternehmen, das Sie kaufen wollen,

zu einem Kurs gehandelt wird, der unter seinem intrinsischen Wert liegt (den Sie im Rahmen Ihrer Analysen bereits ermittelt haben), dann ist das das Signal zu handeln.

Es wird offensichtlich, da bin ich ganz sicher, dass dies ein ständiger Prozess ist. Da sich die Rahmenbedingungen ändern, ändern sich auch die Wahrscheinlichkeiten. Bei neuen Wahrscheinlichkeiten benötigen Sie möglicherweise eine neue Sicherheitsmarge, und so müssen Sie auch Ihre Einschätzung darüber korrigieren, welches die für Sie besten Chancen sind. Wenn Ihnen das zu schwierig erscheint, dann sollten Sie an die Hunderte von kleinen Entscheidungen denken, die Sie beim Auto fahren treffen, wo Sie Ihre Aktionen ständig an die Verkehrssituation um sich herum anpassen. Der Einsatz dabei ist sogar noch höher – Ihre Sicherheit und die der anderen –, und dennoch machen Sie diese Veränderungen ohne bewusstes Nachdenken. Im Vergleich dazu ist es relativ leicht, ein paar Unternehmen zu beobachten. Es ist einfach eine Sache der Erfahrung.

„Es ist den Menschen nicht gegeben, dass sie jederzeit alles über alles wissen", sagt Charlie. „Aber den Menschen, die hart daran arbeiten, ist es gegeben, dass sie ab und zu, wenn sie um sich herum nach einer falsch eingeschätzten Aktie suchen, eine finden." Weiterhin sagt Charlie: „Der kluge Mann setzt hohe Einsätze, wenn die Welt ihm die Gelegenheit bietet. Er setzt hohe Einsätze, wenn die Chancen zu seinen Gunsten stehen. Ansonsten setzt er nicht. So einfach ist das."

Die Schönheit der Zahlen

Die Welt ist voll von Menschen, die Zahlen lieben, die die reine Mathematik mit so viel Ehrfurcht betrachten, wie andere Menschen klassische Musik hören oder wunderschön gearbeitete antike Möbel bewundern. Für sie sind Wahrscheinlichkeitsberechnungen eine Freude an sich.

Für alle anderen ist die Mathematik lediglich ein Werkzeug, um bestimmte Dinge erledigen oder irgend etwas besser verstehen zu können. Und wie an jedes Werkzeug muss man sich an die Mathematik in diesem Kapitel ein wenig gewöhnen. Je mehr Übung Sie damit haben, um so leichter wird es.

„Man muss diese elementare Mathematik in einer sehr praktischen Art und Weise lernen und sie im Leben routinemäßig anwenden", sagt Charlie. „Wenn Sie diese elementare, jedoch ein wenig unnatürliche Mathematik der elementaren Wahrscheinlichkeitsrechnung nicht in Ihrem Repertoire haben, dann gehen Sie durch ein langes Leben wie ein einbeiniger Mann bei einem Wettbewerb, in dem man sich gegenseitig in den Hintern treten muss. Damit geben Sie allen anderen einen enormen Vorteil."

Fraglos ist Buffetts Erfolg eng mit Zahlen verbunden. „Einer der Vorteile eines Kerls wie Buffett, für den ich in all diesen Jahren gearbeitet habe", gesteht Charlie, „ist, dass er automatisch in Entscheidungsbäumen denkt und in elementarer Mathematik von Permutationen und Kombinationen." Das tun die meisten Menschen nicht. Es hat nicht den Anschein, dass die Mehrheit der Investoren geistig veranlagt sind, in mehreren Szenarios zu denken. Wir neigen dazu, kategorische Entscheidungen zu treffen und die Wahrscheinlichkeiten zu vernachlässigen.

In Wahrscheinlichkeiten zu denken, ist nicht unmöglich; es erfordert lediglich, ein Problem anders anzugehen. Außerdem: Wenn Ihre Annahmen bei der Kapitalanlage keine statistischen Wahrscheinlichkeiten ausdrücken, ist es gut möglich, dass Sie Ihre Schlüsse aufgrund von Emotionen ziehen. Und Emotionen, das werden wir im nächsten Kapitel sehen, führen uns meist in die falsche Richtung – besonders, wenn ihr Gegenstand Geld ist.

Wenn es Ihnen aber gelingt, sich so zu trainieren, dass Sie in Wahrscheinlichkeiten denken, dann sind Sie auf gutem Weg, davon zu profitieren. Es wird nicht oft vorkommen, dass der Markt Coca-Cola oder ein anderes hervorragendes Unternehmen deutlich unter dem intrinsischen Wert einschätzt. Wenn dies aber geschieht, dann sollten Sie finanziell und psychologisch vorbereitet sein, einen großen Einsatz zu tätigen. In der Zwischenzeit sollten Sie ständig Aktien studieren und als Unternehmen betrachten und sich vorstellen, dass Ihnen der Markt eines Tages hervorragende Chancen für eine gute Kapitalanlage bieten wird. „Wenn man bedenkt, was erforderlich ist, um eine Aktie zu finden, die man unfehlbar einfach haben muss", sagt Buffett, „dann wissen Charlie und ich ganz genau, dass wir bei der Suche danach niemals auf einen Wert aus den ‚flotten Fünfzigern' oder den ‚dollen Zwanzigern' stoßen werden. Zu den Unfehlbaren in unserem Portfolio fügen wir deshalb einige wenige Höchstwahrscheinliche hinzu."

Kapitel 7
Die Psychologie der Kapitalanlage

Zur Psychologie der Fehleinschätzung kam ich beinahe gegen meinen Willen. Ich lehnte sie so lange ab, bis ich feststellte, dass mich diese Einstellung eine Menge Geld kostete.

— Charlie Munger ⌐

Psychologie, die Wege und Irrwege des menschlichen Verhaltens, hat in der Hypothese des effizienten Marktes keinen Platz und auch nicht in der modernen Portfolio-Theorie. Glaubt man ihren Fürsprechern, dann gibt es die Effizienz des Marktes, weil Kapitalanleger die Preise (Kurse) bei vollständiger Information, sofort und vernünftig festlegen.

Aber seit wann sind die Menschen vernünftig, wenn es um Geld geht?

Nur wenige Bereiche der menschlichen Existenz sind emotionsgeladener als unser Verhältnis zum Geld. Wir treffen mehr emotionale unlogische Entscheidungen über finanzielle Dinge als in jeder anderen Angelegenheit unseres Lebens. Wenn man versucht, ein Verständnis für Finanzen zu entwickeln, ohne den Faktor Mensch in Betracht zu ziehen, dann ist das so, als wolle man zwar mit einem Kompass navigieren, jedoch ohne Karte: Man würde die Hälfte der Formel ignorieren.

Ganz besonders wichtig ist es, den menschlichen Faktor einzuschließen, wenn wir über den Aktienmarkt sprechen. Je abstrakter die Umgebung – und Aktien sind für viele Menschen eine Abstraktion –, desto kraftvoller werden die nicht fassbaren psychologischen Faktoren.

Wie wir sehen werden, kann vieles bei Entscheidungen von Menschen über ihre Aktien nur durch die Muster menschlichen Verhaltens erklärt werden. Und weil der Markt entsprechend seiner Definition die kollektiven Entscheidungen aller Aktionäre repräsentiert, ist es keine Übertreibung, wenn man sagt, dass der Gesamtmarkt von psychologischen Kräften hin und her geschubst wird.

Die Theorie des effizienten Marktes wurde so gründlich und lange als gültig akzeptiert, dass jede Diskussion der Märkte, die psychologische Ansätze beinhaltete, bestenfalls belächelt wurde. Bis vor kurzem allerdings nur. In den letzten Jahren haben wir etwas beobachtet, das einer Revolution gleich kommt, eine neue Art, die Finanzthemen zu betrachten, und zwar durch das Gerüst des menschlichen Verhaltens. Diese Mischung von Ökonomie und Psychologie wurde als Behavioral Finance bekannt und kommt gerade eben von den Elfenbeintürmen der Universitäten herab, um Teil der Gespräche zwischen Investmentprofis zu werden … die, wenn sie hinter sich blicken, den Schatten eines lächelnden Ben Graham erkennen können.

BENJAMIN GRAHAM

Ben Graham, den man den Vater der Finanzanalyse nennt, lehrte drei Generationen, wie man durch den Aktienmarkt navigiert. Sein Ansatz des Value Investing half, ohne Übertreibung, Hunderttausenden von Menschen dabei, ihre Aktien auszuwählen. Allerdings wurden Grahams Lehren über Psychologie und Kapitalanlage übersehen. Sowohl in *Security Analysis* wie in *The Intelligent Investor* widmete Graham den Erklärungen, wie die Emotionen der Investoren auf die Fluktuationen des Aktienmarktes wirken, breiten Raum.

Graham behauptete, der schlimmste Feind eines Anlegers sei nicht die Börse, sondern er selbst. Trotz hervorragender Fähigkeiten in Mathematik, Finanzwissenschaft und Buchhaltung sind Menschen, die ihre Gefühle nicht beherrschen, schlecht prädestiniert, vom Prozess der Kapitalanlage zu profitieren.

Wie Warren Buffett, sein bekanntester Student, erklärt: „Nach Grahams Theorie gibt es drei wichtige Grundregeln.“ Die erste Regel ist, Aktien einfach als Unternehmen zu betrachten, was einen völlig anderen Blickwinkel vermittelt, als ihn die meisten Leute im Markt haben. Die zweite Grundregel ist das Konzept der Sicherheitsmarge, das einen entscheidenden Vorteil verschafft. Und die dritte Grundregel ist, dem Aktienmarkt mit dem Verhalten eines Kapitalanlegers gegenüber zu treten. „Wenn Sie dieses Verhalten zeigen“, sagt Buffett, „dann sind Sie von Anfang an 99 % aller Leute voraus, die am Aktienmarkt tätig sind – das ist ein enormer Vorteil.“

Das Verhalten eines Kapitalanlegers zu entwickeln, sagte Graham, bedeutet, sowohl finanziell als auch psychologisch auf die unausweichlichen Ups und Downs des Marktes vorbereitet zu sein – nicht nur zu wissen, dass es eine Abwärtsbewegung geben wird, sondern auch über die emotionale Kraft zu verfügen, die erforderlich ist, um entsprechend zu reagieren, wenn es geschieht. Nach Grahams Ansicht ist die richtige Reaktion eines Kapitalanlegers auf eine Abwärtsbewegung die gleiche wie die, die ein Geschäftsmann an den Tag legen sollte, wenn ihm ein unattraktiver Preis geboten wird: Ignorieren. „Der echte Kapitalanleger“, sagt Graham, „wird kaum jemals gezwungen sein, seine Aktien zu verkaufen, und zu allen anderen Zeiten kann er den augenblicklichen Kurs ignorieren.“

Um diesen Punkt zu verdeutlichen schuf Graham eine allegorische Figur, die er Mr. Market nannte. Die wohlbekannte Geschichte des Mr. Market ist eine hervorragende Lektion, wie und warum sich Aktienkurse immer wieder von der Vernunft verabschieden.

Stellen Sie sich vor, dass Sie und Mr. Market Geschäftspartner seien. Jeden Tag nennt Mr. Market Ihnen, ohne dabei einen Fehler zu machen, einen Preis, zu dem er bereit ist, etwas von Ihnen zu kaufen oder Ihnen etwas zu verkaufen. Das Geschäft, das Sie beide besitzen, ist ökonomisch gesehen glücklicherweise sehr stabil, doch Mr. Markets Preise sind dies keinesfalls. Mr. Market ist nämlich gefühlsmäßig instabil. Es gibt Tage, an denen ist er sehr heiter und sieht nur eine rosige Zukunft. An diesen Tagen nennt er einen sehr hohen Kurs für die Aktien Ihres Geschäfts. An anderen Tagen ist Mr. Market entmutigt, und weil er für die Zukunft nichts als Schwierigkeiten vorhersieht, nennt er für die Aktien Ihres Geschäfts nur sehr niedrige Kurse.

Mr. Market hat eine weitere liebenswerte Eigenschaft, sagte Graham. Er ist nicht nachtragend, wenn er einmal schroff behandelt wird. Wenn Mr. Markets Angebote ignoriert werden, dann kommt er am nächsten Tag mit einem neuen wieder. Graham wies darauf hin, dass Mr. Markets Geldbörse nützlich ist, nicht seine Weisheit. Wenn Mr. Market sich in schlechter Stimmung zeigt, dann haben Sie die Möglichkeit, ihn zu ignorieren oder aus seiner schlechten Stimmung Ihren Vorteil zu ziehen, doch wird es verheerend sein, wenn Sie seinem Einfluss anheim fallen.

„Der Investor, der sich von ungerechtfertigten Kursabschwüngen seiner Beteiligungen in Panik versetzen lässt, verwandelt seinen grundsätzlichen Vorteil in einen grundsätzlichen Nachteil", sagte Graham. „Dieser Mann wäre besser dran, hätten seine Aktien überhaupt keine Marktnotierung, denn dann würde ihm der mentale Stress erspart, der durch die Fehleinschätzungen anderer Leute verursacht wird.«

Lassen Sie sich durch die Fehleinschätzungen anderer nicht in Panik versetzen. Dies ist die Lektion, die Graham predigte. Es ist eine Lektion, die Buffett sehr gründlich gelernt hat, eine Lektion die er wiederum allen anderen wärmstens empfiehlt. Man kann ganz einfach sehen, weshalb Warren Buffett den Aktionären von Berkshire Hathaway bei verschiedenen Gelegenheiten die Geschichte des Mr. Market erzählt hat. Buffett erinnert sie oft daran, dass erfolgreiche Investoren ein gutes Beurteilungsvermögen für Unternehmen haben müssen und die Fähigkeit, sich vor dem emotionalen Wirbelwind zu schützen, den Mr. Market auslöst. Ebenso erinnert er sich selbst durch die Geschichte von Mr. Market immer wieder daran, sich nicht von der Dummheit des Marktes beeinflussen zu lassen.

MR. MARKET, DARF ICH IHNEN CHARLIE MUNGER VORSTELLEN?

Vor mehr als 60 Jahren begann Ben Graham, über die Irrationalität am Markt und wie Investoren sich vor Fehlern schützen können, zu schreiben. Dennoch gab es in all den Jahren seither nur wenig offensichtliche Veränderungen im Verhalten von Investoren. Investoren handeln immer noch irrational. Angst und Gier durchziehen immer noch die Börse. Immer noch sind dumme Fehler an der Tagesordnung.

Es gibt überall um uns herum Beweise dafür, dass eine Menge Quatsch gedacht wird. Wir sehen es bei Freunden, Familienmitgliedern und anderen Personen – wenn wir ehrlich sind, sogar bei uns selbst. Wenn das zu persönlich und unangenehm klingt: Es gibt auch deutliche Hinweise darauf in seriösen Untersuchungen. 1997 veröffentlichte Terrance Odean, ein Behavioral Economist an der University of California, eine Studie mit dem Titel *Why Do Investors Trade Too Much?*. In dieser Studie fasst er zusammen, was er bei der Beobachtung von 10.000 anonymen Investoren herausfand.

Über einen Zeitraum von sieben Jahren hinweg (1987 bis 1993) beobachtete Odean 97.483 Trades bei 10.000 zufällig ausgewählten Konten eines großen Discount-Brokers. Zunächst stellte er fest, dass diese Konten einen durchschnittlichen jährlichen Turnover von 78 % hatten, was bedeutet, dass die Investoren jedes Jahr fast 80 % ihrer Portfolios verkauften und neu kauften. Danach verglich er die Portfolios mit den Marktdurchschnitten über Zeiträume von vier Monaten, einem Jahr und zwei Jahren und fand in allen diesen Zeiträumen zwei erstaunliche Ergebnisse:

1. Die Aktien, die die Investoren kauften, folgten immer dem Markt.
2. Die Aktien, die sie verkauften, *schlugen* den Markt.

Odean berechnete, dass über einen Zeitraum von einem Jahr hinweg die verkauften Aktien in ihrer Performance durchschnittlich 3 Prozentpunkte vor Provision besser waren als die Aktien, die gekauft wurden.

Was bringt Menschen dazu, derart ineffektiv zu traden? Weil es nicht möglich ist, alle diese 10.000 Menschen zu fragen, was sie sich dabei dachten, kennen wir ihre Begründungen nicht. Es kann durchaus sein, dass es 10.000 unterschiedliche Gründe gibt. Aber eines können wir mit Sicherheit sagen: Wenn es um Geld und Kapitalanlage geht, dann begehen Menschen sehr häufig Fehler bei ihren Einschätzungen.

Vielleicht sind wir noch nicht weit genug gegangen. Obwohl wir irrationales Verhalten feststellen konnten, haben wir noch wenig getan, um erklären zu können, weshalb Investoren den falschen Weg wählen. Die Antwort könnte man in einer tiefgreifenden Analyse psychologischer Fehleinschätzungen finden. Wenden wir uns zu Beginn dieser Untersuchung Charlie Munger zu.

Munger hat gründlich darüber nachgedacht, wie wir Wissenselemente aus verschiedenen Bereichen ansammeln und kombinieren, damit wir wahres Wissen erlangen. Erinnern Sie sich an Kapitel 1, an seine Vorstellung eines Netzwerks. Bei der Kapitalanlage, sagt Munger, ist es klar, dass wir die Grundlagen von Finanzen und Buchhaltung verstehen müssen. Ebenso wichtig ist es, Statistik und Wahrscheinlichkeiten zu verstehen. Doch eines der wichtigsten Felder, aus denen man lernen kann, ist die Psychologie. Vor allem betont er die Psychologie des Fehlurteils, wie er sie nennt.

Munger glaubt, das Schlüsselproblem sei, dass unser Gehirn bei der Analyse Abkürzungen nimmt. Wir kommen viel zu leicht zu Lösungen. Wir werden zu leicht in die Irre geführt und sind für Manipulationen empfänglich. „Persönlich benutze ich eine Art zweispurige Analyse", sagt Charlie. „Erstens: Welches sind die Faktoren, die – nüchtern betrachtet – wirklich die involvierten Interessen bestimmen? Zweitens: Welches sind die unbewussten Einflüsse, nach denen das Gehirn auf unbewusster Ebene automatisch diese Dinge tut – die im Großen und Ganzen nützlich sind, oft aber auch Irrtümer produzieren?" Er benutzt diese zweistufige Analyse bei seinen Anlageentscheidungen: Erst betrachtet er rational die Erwartungen und Wahrscheinlichkeiten, und dann bewertet er sorgfältig die psychologischen Faktoren.

Eine ausführliche Untersuchung der Psychologie des Fehlurteils würde den Rahmen dieses Buchs sprengen. Allerdings gibt es einige wichtige Erkenntnisse der Psychologie, die unsere Aufmerksamkeit wecken. Ironischerweise kommen die besten Gedanken zu diesem Thema aus dem wirtschaftswissenschaftlichen Bereich der University of Chicago – einer Einrichtung, die mehr für ihre Nobelpreisträger bekannt ist, die die Theorie des effizienten Marktes beim rationalen Investieren postulieren. Richard Thaler jedoch ging an die wirtschaftswissenschaftliche Fakultät in Chicago mit der alleinigen Absicht, das rationale Verhalten von Anlegern infrage zu stellen.

BEHAVIORAL FINANCE

Behavioral Finance ist ein wissenschaftlicher Ansatz, der die Ineffizienzen des Marktes durch psychologische Theorien zu erklären versucht. Wissenschaftler, unter ihnen Thaler, beobachteten, dass Menschen, wenn es um ihre eigenen finanziellen Angelegenheiten geht, oft dumme Fehler und unlogische Annahmen machen. Deshalb begannen sie, tiefer in psychologische Theorien einzusteigen, um die Irrationalitäten in den Gedankengängen der Menschen zu erklären. Es ist, wie ich bereits sagte, ein relativ neues Forschungsgebiet, aber was wir daraus lernen, ist faszinierend und für kluge Investoren eminent nützlich.

Selbstüberschätzung (Overconfidence)

Mehrere psychologische Studien betonen, dass Fehlurteile entstehen, weil sich die Menschen im Allgemeinen überschätzen. Fragen Sie einmal eine Anzahl von Leuten, wie viele von ihnen glauben, ihr Fahrvermögen sei überdurchschnittlich. Eine große Mehrheit wird Ihnen sagen, sie seien hervorragende Fahrer − was die Frage eröffnet, wo eigentlich die schlechten Fahrer sind. Ein anderes Beispiel findet man bei Medizinern. Wenn Ärzte gefragt werden, dann glauben sie, mit 90-prozentiger Sicherheit eine Lungenentzündung diagnostizieren zu können − tatsächlich jedoch liegen sie nur in 50 % aller Fälle richtig.

Selbstvertrauen an sich ist keine schlechte Sache. Aber Selbstüberschätzung ist etwas anderes und kann besonders schädlich sein, wenn es um finanzielle Angelegenheiten geht. Investoren, die sich selbst überschätzen, treffen nicht nur dumme Entscheidungen für sich selbst, sondern haben auch eine deutliche Wirkung auf den Markt als Ganzes.

Investoren scheinen grundsätzlich hohes Selbstvertrauen zu besitzen. Sie glauben, sie seien klüger als jeder andere und könnten die besten Aktien auswählen − oder sie könnten zumindest den klügeren Geldmanager auswählen, der wiederum den Markt schlagen kann. Investoren neigen dazu, ihre Fähigkeiten zu überschätzen und ebenso ihr Wissen. Sie verlassen sich typischerweise auf Informationen, die das bestätigen, was sie glauben, und missachten gegenteilige Informationen. Außerdem beurteilen sie lieber Informationen, an die sehr leicht zu gelangen ist, statt nach solchen zu suchen, die wenig bekannt sind.

Welche Beweise haben wir für die Selbstüberschätzung von Investoren? Nach der Theorie des effizienten Marktes kaufen und halten Investoren Wertpapiere, doch haben wir in den letzten Jahren eine zunehmende Trading-Aktivität festgestellt. Richard Thaler glaubt, dass Investoren und Geldmanager überzeugt sein müssten, sie hätten die besseren Informationen und könnten dadurch profitieren, dass sie andere Anleger austricksen.

Selbstüberschätzung erklärt, weshalb so viele Geldmanager die falschen Entscheidungen treffen. Sie vertrauen viel zu sehr auf die Informationen, die sie sammeln, und glauben, sie lägen öfter richtig, als sie es tatsächlich tun. Wenn alle Teilnehmer an diesem Spiel glauben, ihre Informationen seien richtig und sie wüssten etwas, das andere nicht wissen, dann ist das Ergebnis eine rege Trading-Aktivität.

„Was man sich am schwersten vorstellen kann, ist, dass man nicht klüger ist als der Durchschnitt", sagte Daniel Kahneman, Psychologieprofessor an der Princeton University. Doch die ernüchternde Wahrheit ist, dass nicht jeder besser sein kann als der Durchschnitt. Selbstüberschätzung erklärt nicht nur das übermäßige Trading, sondern könnte auch einen großen Teil der Volatilität erklären, die wir in den letzten Jahren im Markt beobachteten. Es ist Kahnemans Überzeugung, dass Selbstüberschätzung sehr wohl der Anlass gewesen sein kann für die Warnungen des Vorsitzenden der US-Notenbank, Alan Greenspan, vor „irrationalen Übertreibungen". Trotz der Analysten-Warnungen vor (zu) hohen Aktien-Bewertungen galoppierte die Herde der Investoren zurück in Aktien.

Hang zur Überreaktion (Overreaction Bias)

Thaler verweist auf mehrere neuere Studien, die zeigen, wie Menschen auf ein paar zufällige Ereignisse zu großen Wert legen und glauben, sie hätten einen Trend erkannt. Insbesondere neigen Anleger dazu, sich auf die neuesten erhaltenen Informationen zu versteifen und daraus ihre

Schlüsse zu ziehen. Der letzte Gewinnbericht wird so in ihrer Vorstellung zu einem Signal für künftige Gewinne. Und weil sie glauben, dass sie etwas sehen, das andere nicht sehen, treffen sie schnelle Entscheidungen aus oberflächlichen Überlegungen heraus.

Selbstverständlich ist hier Selbstüberschätzung am Werk: Man glaubt, man verstünde die Daten besser als andere und könne sie auch besser interpretieren. Aber es gehört noch mehr dazu. Selbstüberschätzung wird verschlimmert durch Überreaktion. Die Verhaltensforscher haben herausgefunden, dass Menschen dazu neigen, auf schlechte Nachrichten heftig zu reagieren und auf gute Nachrichten langsam. Psychologen nennen dies den Hang zur Überreaktion. Und deshalb ist die Reaktion eines typischen Investors auf kurzfristig schlechte Gewinnvorhersagen eine abrupte und schlecht überlegte Überreaktion mit unausweichlichen Auswirkungen auf die Aktienkurse.

Thaler beschreibt diese Überbetonung des Kurzfristigen als „Myopie" der Investoren (das ist der medizinische Begriff für Kurzsichtigkeit) und glaubt, die meisten Investoren stünden besser da, wenn sie keine monatlichen Berichte erhielten. In einer Studie, die er zusammen mit anderen Verhaltensökonomen durchführte, bewies er seine These auf sehr dramatische Art und Weise.

Thaler und seine Kollegen baten eine Gruppe von Studenten, ein hypothetisches Portfolio auf Aktien und Schatzbriefe aufzuteilen. Zuerst jedoch setzten sie die Studenten vor einen Computer und simulierten die Gewinne des Portfolios über einen Zeitraum von 25 Jahren. Die Hälfte der Studenten erhielt Berge von Informationen, die die Volatilität des Marktes und die sich ständig ändernden Kurse verdeutlichten. Die andere Gruppe erhielt lediglich Informationen über die Performance innerhalb von Fünfjahreszeiträumen. Dann bat Thaler jede der beiden Gruppen, ihr Portfolio für die nächsten 40 Jahre zusammenzustellen.

Die Gruppe, die mit Informationen bombardiert worden war, von denen manche unvermeidlich auch auf starke Verluste hinwiesen, wies Aktien nur 40 % des zur Verfügung stehenden Geldes zu. Die Gruppe, die nur periodische Informationen erhalten hatte, wies Aktien fast 70 % des Portfolios zu. Thaler, der jedes Jahr auf der Behavioral Conference (veranstaltet vom National Bureau of Economic Research und der

John F. Kennedy School of Government in Harvard) eine Vorlesung hält, sagte der Testgruppe: „Mein Rat ist: Investieren Sie in Aktien, und öffnen Sie Ihre Post nicht mehr."

Thaler wurde auch durch eine andere Studie bekannt, die den Unsinn kurzfristiger Entscheidungen demonstriert. Er nahm alle Aktien der New York Stock Exchange und ordnete sie nach der Performance der letzten fünf Jahre. Er sonderte die 35 besten Performer (die den höchsten Kursanstieg zu verzeichnen hatten) und auch die 35 schlechtesten (die im Wert am weitesten fielen) aus und schuf ein hypothetisches Portfolio aus diesen 70 Aktien. Dann hielt er dieses Portfolio für weitere fünf Jahre und beobachtete, dass die „Verlierer" die „Gewinner" in 40 % der Zeit outperformten. In der realen Welt der Kapitalanlage, glaubt Thaler, hätten nur wenige Investoren die Kraft gehabt, einer Überreaktion beim ersten Anzeichen eines Kursabschwungs zu widerstehen, und so die Erträge verpasst, als die „Verlierer" anfingen, sich wieder aufwärts zu bewegen.

Diese Experimente unterstreichen Thalers Beobachtung von Anleger-Myopie – von Kurzsichtigkeit, die zu dummen Entscheidungen führt. Warum diese Kurzsichtigkeit solch irrationale Reaktionen auslöst, wird teilweise durch ein weiteres Stückchen Psychologie erklärt: durch unser angeborenes Streben, Verluste zu vermeiden.

Verlustaversion (Loss Aversion)

Verhaltensforscher behaupten, der Schmerz eines Verlustes sei weitaus stärker als das Glücksgefühl bei einem Gewinn. Viele Experimente, die von Thaler und anderen durchgeführt wurden, haben gezeigt, dass Menschen doppelt soviel positive Energie aufwenden müssen, um eine negative Erfahrung zu überwinden. Bei einer Wette 50 zu 50, also bei genau gleichen Chancen, werden die meisten Menschen nichts riskieren, wenn der potentielle Gewinn nicht doppelt so hoch ist wie der potentielle Verlust.

Man nennt dies asymmetrische Verlustaversion: Das negative Ereignis hat eine stärkere Auswirkung als das positive Ereignis; das ist ein fundamentaler Teil der menschlichen Psychologie. Auf den Aktienmarkt angewandt bedeutet dies, dass sich Anleger doppelt so schlecht fühlen, wenn sie Geld verlieren, wie sie sich gut fühlen, wenn sie einen Gewinner im Portfolio haben. Diesen Gedankengang finden wir auch in der makroökonomischen Theorie, die zeigt, dass in einer Hochkonjunktur die Verbraucher ihre Käufe typischerweise um zusätzliche 3,5 Cents für jeden Dollar an Vermögenszuwachs erhöhen. In wirtschaftlichen Abschwüngen jedoch reduzieren die Verbraucher ihre Ausgaben um fast das doppelte dieses Betrags (6 Cents) für jeden Dollar, der im Markt verloren wird.

Die Auswirkung der Verlustaversion auf Investment-Entscheidungen ist beträchtlich. Wir alle wollen glauben, dass wir gute Entscheidungen getroffen haben. Um die gute Meinung von uns selbst zu erhalten, halten wir an schlechten Entscheidungen zu lange fest in der vagen Hoffnung, dass sich die Dinge zum Besseren wenden werden. Weil wir unsere Verlierer nicht verkaufen, müssen wir uns unseren Fehlurteilen niemals stellen.

Diese Aversion gegen Verluste macht Anleger außerordentlich konservativ. Teilnehmer an Rentenplänen, deren Zeitrahmen nach Jahrzehnten zählt, halten immer noch 30 bis 40 % ihres Vermögens in Anleihen. Weshalb? Nur eine tiefempfundene Aversion gegen Verluste kann jemanden dazu bringen, sein Vermögen so konservativ anzulegen. Verlustaversion kann einen aber unmittelbarer treffen, indem sie einen dazu bringt, unvernünftigerweise an verlustbringenden Aktien festhalten. Niemand möchte zugeben, dass er einen Fehler gemacht hat. Wenn Sie einen „Fehler" aber nicht verkaufen, dann entgeht Ihnen möglicherweise ein Gewinn, den Sie dann erzielen könnten, wenn Sie klug reinvestierten.

Mentale Buchführung (Mental Accounting)

Ein letzter Aspekt, der unsere Aufmerksamkeit verdient, ist das, was Psychologen mentale Buchführung nennen. Es bezieht sich auf unsere Gewohnheit, unseren Blickwinkel bezüglich Geld zu verändern, wenn sich die Rahmenbedingungen verändern. Wir neigen dazu, Geld in Gedanken verschiedenen „Konten" zuzuordnen, und das entscheidet darüber, wie wir es verwenden wollen.

Eine ganz einfache Situation illustriert das. Stellen wir uns vor, Sie seien mit Ihrer Frau an einem Abend ausgegangen und gerade nach Hause zurückgekehrt. Sie greifen nach Ihrer Brieftasche, um den Babysitter zu bezahlen, entdecken aber, dass der 20-$-Schein, den Sie darin vermuteten, nicht da ist. Also fahren Sie den Babysitter nach Hause, halten kurz an einem Geldautomaten, um 20 $ zu ziehen, und bezahlen ihn. Am nächsten Tag entdecken Sie den vermissten 20-$-Schein in Ihrer Jackentasche.

Wenn Sie wie die meisten Menschen sind, dann reagieren Sie darauf freudig. Die 20 $ in Ihrer Jackentasche sind „gefundenes" Geld. Obgleich die ersten und die zweiten 20 $ von Ihrem Konto stammen und beides Geld ist, für das Sie hart gearbeitet haben, ist der 20-$-Schein, den Sie nun in Ihren Händen halten, Geld, das Sie unerwarteterweise besitzen – Sie haben das Gefühl, Sie könnten es freizügig ausgeben.

Wiederum machte Richard Thaler ein interessantes wissenschaftliches Experiment, um diese Theorie zu demonstrieren. Bei dieser Studie bildete er auch zwei Gruppen von Personen. Die Menschen in der ersten Gruppe erhielten 30 $ in bar, und es wurde ihnen gesagt, sie hätten zwei Wahlmöglichkeiten: 1. Das Geld behalten oder 2. eine Münze werfen. Wenn sie beim Münzwurf gewännen, würden sie weitere 9 $ erhalten, wenn sie verlören, würden ihnen 9 $ abgezogen. Die meisten (70 %) ließen sich auf das Glücksspiel ein, weil sie sich vorstellten, sie würden zumindest mit geschenkten 21 $ weggehen.

Die Mitglieder der zweiten Gruppe erhielten andere Wahlmöglichkeiten: 1. Sie sollten das Glücksspiel eines Münzwurfs wagen: Wenn sie gewännen, dann erhielten sie 39 $, wenn sie verlören, dann erhielten sie 21 $. Oder 2. Sie erhielten 30 $ ohne Münzwurf. Mehr als die Hälfte (57 %) entschieden sich, das sichere Geld zu nehmen. Beide Gruppen hatten die Möglichkeit, genau den gleichen Geldbetrag mit den gleichen Chancen zu gewinnen, aber die Situation wurde unterschiedlich wahrgenommen.

Die Implikationen sind klar: Wie wir über unsere Kapitalanlagen entscheiden und wie wir entscheiden, diese Kapitalanlagen zu managen, hat sehr viel damit zu tun, wie wir über Geld an sich denken. Beispielsweise wurde die „mentale Buchführung" als ein weiterer Grund dafür angesehen, dass die Leute keine Aktien verkaufen, die eine schlechte Performance aufweisen; in ihrer Vorstellung findet der Verlust nicht statt, bis er realisiert wird. Ein weiterer starker Einfluss hat mit dem Risiko zu tun. Die volle Auswirkung der Risikotoleranz wird weiter unten in diesem Kapitel beschrieben, aber schon hier soll angemerkt werden, dass eines klar ist: Mit „gefundenem" Geld gehen wir viel schneller Risiken ein. In größerem Rahmen gesehen, verdeutlicht die „mentale Buchführung" eine Schwäche der Theorie des effizienten Marktes. Sie zeigt, dass Marktwerte nicht nur durch die Summe der Informationen bestimmt werden, sondern auch dadurch, wie Menschen diese Informationen verarbeiten.

Die Erforschung dessen, was uns alle antreibt, ist faszinierend ohne Ende. Für mich ist es besonders interessant, dass dies bei der Kapitalanlage eine so starke Rolle spielt – in einer Welt, von der man im Allgemeinen annimmt, dass sie von kalten Zahlen und seelenlosen Daten beherrscht wird. Wenn wir Anlageentscheidungen treffen müssen, wird unser Verhalten manchmal sprunghaft, oft gegensätzlich, gelegentlich auch ziemlich dämlich. Zuweilen sind unsere unlogischen Entscheidungen konsistent unlogisch, und manchmal ist kein Denkmuster erkennbar. Aus unerklärlichen Gründen treffen wir manchmal gute Entscheidungen und manchmal grundlos schlechte.

Besonders alarmierend ist – und das müssen alle Anleger verstehen –, dass man sich seiner schlechten Entscheidungen manchmal nicht bewusst ist. Um die Märkte und die Kapitalanlage vollends zu verstehen, müssen wir erkennen, dass wir auch unsere eigenen Irrationalitäten verstehen müssen. Das Studium der Psychologie des Fehlurteils ist für einen Investor ebenso wertvoll wie die Analyse einer Bilanz oder eines Geschäftsberichts. Sie mögen vielleicht die Kunst der Unternehmensbewertung vollendet beherrschen, wenn Sie sich aber nicht die Zeit nehmen, auch Behavioral Finance zu begreifen, dann wird es sehr schwierig, Ihre Portfolio-Strategie und Investment-Performance zu verbessern.

RISIKOTOLERANZ

Genauso, wie ein starker Magnet alle in seiner Nähe befindlichen Metallstückchen anzieht, zieht Ihr Level der Risikotoleranz alle Elemente in der Finanzpsychologie an. Die psychologischen Theorien sind abstrakt. Sie werden real in den alltäglichen Entscheidungen, die Sie über Kaufen und Verkaufen treffen. Das Gemeinsame an all diesen Entscheidungen ist, welche Einstellung zum Risiko Sie haben.

Investmentprofis haben erhebliche Energie aufgewandt, um anderen zu helfen, ihre Risikotoleranz zu bestimmen. Aktienbroker, Anlageberater und Finanzplaner haben die ständigen Veränderungen im Verhalten der Einzelnen beobachtet. Wenn der Markt ansteigt, kaufen Investoren ganz kühn Aktien in ihre Portfolios, doch wenn die Aktien einen Abschwung erleben, kehren sie schnell zu festverzinslichen Wertpapieren zurück. Der Börsencrash von 1987 ist ein gutes Beispiel. Über Nacht veränderten viele Investoren ihre Portfolios dramatisch, verkauften Aktien zu Gunsten von Anleihen und anderen festverzinslichen Wertpapieren. Dieses Hin und Her zwischen aggressivem und konservativem Investitionsverhalten löste Untersuchungen über die Risikotoleranz aus.

Zunächst glaubten die Anlageberater, die Risikotoleranz zu bestimmen sei einfach. Sie machten Interviews, ließen Fragebögen ausfüllen und konnten so für jeden Investoren ein Risikoprofil erstellen. Das Problem ist aber, dass die Risikotoleranz der Menschen auf Emotionen beruht, und das bedeutet, dass sich die Risikotoleranz bei veränderten Umständen auch verändert. Alle Grundsätze der Psychologie, die etwas mit unserer Einstellung zu Geld zu tun haben, wirken auch auf unsere Risikotoleranz. Wenn der Markt drastisch zurückfällt, dann werden auch diejenigen mit einem „aggressiven" Profil sehr vorsichtig. In einem boomenden Markt kaufen nicht nur aggressive, sondern auch angeblich konservative Anleger Aktien hinzu.

Noch ein Faktor ist wirksam, und das bringt uns zur Selbstüberschätzung zurück. In unserem Kulturkreis werden diejenigen, die ein hohes Risiko eingehen, bewundert, und Investoren unterliegen der sehr menschlichen Tendenz, zu glauben, sie fühlten sich mit Risiko wohler, als es tatsächlich der Fall ist. Sie agieren aus dem „Walter-Mitty-Effekt" heraus, wie es der Psychologe D. G. Pruitt nennt.

In den 30er Jahren schrieb James Thurber, der große amerikanische Humorist, eine köstliche Kurzgeschichte mit dem Titel, „The Secret Life of Walter Mitty", die auch die Grundlage für einen Film mit Danny Kaye bildete. Walter war ein kümmerlicher, mäuseähnlicher Bursche, völlig eingeschüchtert durch seine dominante und scharfzüngige Frau. Dies glich er dadurch aus, dass er Tagträumen nachhing, in denen der harmlose Mitty auf magische Weise in einen mutigen Helden verwandelt wurde, immer bereit, aus dem Tag das Beste zu machen. In einem Augenblick war Walter völlig verängstigt, weil er vergessen hatte, einen Auftrag seiner Frau zu erledigen, im nächsten Augenblick jedoch war er ein furchtloser Bomberpilot, der ganz allein eine gefährliche Mission unternahm.

Pruitt ist überzeugt, dass Anleger auf den Markt so reagieren, wie Walter Mitty auf das Leben reagierte. Wenn die Börse ansteigt, werden sie in ihren eigenen Augen äußerst mutig und gehen zusätzliches Risiko ein. Wenn die Börse aber fällt, dann hasten die Anleger zu den Ausgängen, fliehen und bleiben außer Sichtweite.

Wie aber überwinden wir den „Walter-Mitty-Effekt"? Indem wir Möglichkeiten zur Messung der Risikotoleranz finden, die möglichst vollständig die Vielfalt dieses Phänomens erfassen. Wir müssen hinter die Oberfläche der üblichen psychologischen Fragen und Untersuchungsmöglichkeiten schauen. Vor ein paar Jahren entwickelte ich in Zusammenarbeit mit Dr. Justin Green von der Villanova University ein Instrument zur Risikoanalyse, das sich auf die Persönlichkeit ebenso konzentriert wie auf die offensichtlichen und direkten Risikofaktoren. Nachdem wir die Literatur zur Risikotoleranz studiert hatten, zogen wir daraus wichtige demographische Faktoren und Persönlichkeitsorientierungen, die zusammengenommen den Menschen helfen könnten, ihre Risikotoleranz genauer zu bestimmen.

Wir fanden heraus, dass die Bereitschaft, Risiken einzugehen, eng mit zwei demographischen Faktoren verbunden ist: dem Alter und dem Geschlecht. Ältere Menschen sind weniger bereit, Risiko einzugehen, als jüngere, und Frauen sind typischerweise vorsichtiger als Männer. Reichtum scheint dabei keine Rolle zu spielen; ob man mehr oder weniger Geld besitzt, scheint keinen Einfluss darauf zu haben, wie risikotolerant man ist.

Zwei Persönlichkeitsmerkmale sind eng mit der Risikotoleranz verbunden: die Einstellung zur persönlichen Kontrolle und die ergebnisorientierte Motivation. Persönliche Kontrolle bezieht sich auf das Gefühl von Menschen, dass sie sowohl ihre Umgebung beeinflussen können als auch Entscheidungen über ihr Leben innerhalb dieser Umgebung. Menschen, die von sich glauben, sie besäßen diese Kontrolle, nennt man „Internals". Im Gegensatz dazu glauben „Externals", dass sie wenig Kontrolle haben; sie scheinen wie ein Blatt durch unkontrollierbare Winde hin und her geweht zu werden. Entsprechend unserer Untersuchungen sind Menschen, die über eine hohe Bereitschaft verfügen, Risiken einzugehen, überwiegend als „Internals" zu bezeichnen.

Ergebnisorientierte Motivation beschreibt den Grad, zu dem Menschen zielorientiert sind. Wir fanden heraus, dass diejenigen, die bereit sind, Risiken einzugehen, auch zielorientiert sind, obwohl eine starke Konzentration (Fokussierung) auf Ziele auch zu herben Enttäuschungen führen kann.

Hier sind ein paar Fragen, die aus unserer Untersuchung stammen, und Ihnen helfen werden, darüber nachzudenken, wo Sie hinsichtlich persönlicher Kontrolle und ergebnisorientierter Motivation stehen.

Um seine Neigung zum Risiko unter Kontrolle zu bekommen, kann man nicht einfach eine direkte Korrelation zwischen persönlicher Kontrolle und Ergebnismotivation konstruieren. Um die wirkliche Beziehung zwischen diesen Persönlichkeitsmerkmalen und der Risikobereitschaft zu entschlüsseln, muss man darüber nachdenken, wie man das Umfeld sieht, in dem das Risiko steht. Es kommt also darauf an, ob Sie die Börse als Spiel betrachten, dessen Ergebnisse vom Glück abhängen, oder als wahrscheinlichkeitsbestimmte Situation, in der genaue Informationen, kombiniert mit rationalen Überlegungen die gewünschten Ergebnisse bringen.

Lassen Sie uns nun überlegen, wie all diese Persönlichkeitselemente zusammenwirken. Denken Sie beispielsweise über „Internals" nach, über Menschen mit einem starken Sinn für ihre persönliche Fähigkeit,

A. Haben Sie Kontrolle über Ihr Schicksal?

Welche Aussage beschreibt Ihr Denken am besten?

1. (a) Langfristig gesehen, bekommen die Leute den Respekt, den sie verdienen.
   (b) Leider wird der Wert von Menschen oft nicht anerkannt, ganz gleich wie sehr sie sich bemühen.
2. (a) Sich auf das Schicksal zu verlassen, hat sich für mich nie so gelohnt, wie eine Entscheidung für eine klar umrissene Handlung zu treffen.
   (b) Ich habe herausgefunden, dass das passiert, was passieren wird.
3. (a) Was mir passiert, ist allein auf mich selbst zurückzuführen.
   (b) Manchmal habe ich das Gefühl, dass ich die Richtung meines Lebens nicht ausreichend kontrollieren kann.

B. Sind Sie ergebnisorientiert?

Wie gut beschreiben die folgenden Aussagen Ihre Einstellungen?

1. Ich arbeite nicht gern an einem Projekt, ohne zu wissen, wie gut ich es tue. Deshalb mache ich Pläne, die es mir ermöglichen zu kontrollieren, wie schnell ich mich meinem Ziel nähere.
2. Ein Hauptziel in meinem Leben ist es, Dinge zu tun, die noch niemals zuvor getan worden sind.
3. Wenn ich an einem Spiel teilnehme, ist es mir ebenso wichtig, wie gut ich spiele wie ob ich gewinne.
4. Bei allem was ich tue – Arbeit, Sport, Hobbys – versuche ich, mir hohe Ziele zu setzen. Worin liegt sonst der Spaß?

C. Ist es Glück oder harte Arbeit?

Welche Aussage beschreibt Ihr Denken am besten?

1. (a) Um an der Börse viel Geld zu verdienen, braucht man in Wahrheit bloß viel Glück.
   (b) Menschen, die gute Entscheidungen treffen können, sind diejenigen, die an der Börse das große Geld verdienen.
2. (a) Viele unglückliche Ereignisse im Leben der Menschen lassen sich zum Teil auf Pech zurückführen.
   (b) Die unglücklichen Ereignisse, die Menschen ereilen, sind Ergebnisse der Fehler, die sie machen.
3. (a) Ohne gute Gelegenheiten kann man keine effektive Führungskraft sein.
   (b) Fähige Menschen, die nicht Führungskraft werden, haben ihre Chancen nicht zu ihrem Vorteil genutzt.
4. (a) Es ist nicht immer gut, zu weit vorauszuplanen, weil viele Dinge von Glück oder Pech abhängen.
   (b) Wenn ich Pläne mache, bin ich fast sicher, dass ich meine Ziele erreiche.

Ergebnisse beeinflussen zu können. Wenn diese Menschen glauben, die Börse würde vom Zufall bestimmt, dann werden sie risikoscheu sein. Wenn sie aber die Ergebnisse der Börse als das Produkt von Fähigkeiten ansehen, dann haben „Internals" eine starke Neigung zum Risiko.

Nach unseren Untersuchungen wird der Investor mit einem hohen Grad von Risikotoleranz immer jemand sein, der sich Ziele setzt, der daran glaubt, dass er das Umfeld kontrollieren und die Ergebnisse beeinflussen kann. Dieser Mensch betrachtet die Börse als wahrscheinlichkeitsbestimmte Situation, in der Informationen, kombiniert mit rationalen Entscheidungen zu Gewinnen führen. Erinnert Sie das an jemanden? Wie würden wir Warren Buffett beschreiben? Wie würden Sie sich selbst beschreiben?

DIE PSYCHOLOGIE DES FOKUS-INVESTING

Alles was wir über Psychologie und Kapitalanlage erfahren haben, ist in der Person von Warren Buffett vereint. Er glaubt an sein eigenes Research und nicht an Glück. Sein Tun ist von sorgfältig durchdachten Zielen geleitet, und er lässt sich von kurzfristigen Ereignissen nicht aus der Bahn werfen. Er versteht die wahren Elemente des Risikos und akzeptiert die Konsequenzen mit Selbstvertrauen.

Schon lange bevor Behavioral Finance zu einem Begriff wurde, wurde sie von einigen wenigen Renegaten wie Buffett und Munger verstanden und akzeptiert. Charlie weist darauf hin, dass er und Buffett nach der Universität „in die Geschäftswelt eintraten, um dort riesige, vorhersehbare Muster extremer Irrationalität vorzufinden". Er spricht nicht davon, das Timing vorherzusehen, sondern vielmehr über die Vorstellung, dass Irrationalität, wenn sie auftritt, zu vorhersehbaren Mustern des nachfolgenden Verhaltens führt.

Lässt man Buffett und Munger beiseite, dann haben die meisten Investmentprofis der Verbindung von Finanzen und Psychologie inzwischen ernsthafte Aufmerksamkeit geschenkt. Für viele von Ihnen werden die Ideen, die ich in diesem Kapitel zusammengefasst habe, wertvoll sein, weil sie damit das Vergnügen hatten, etwas Neues zu lernen. Aber es steckt noch mehr dahinter.

Die Emotionen, die mit der Kapitalanlage einhergehen, sind sehr real, und zwar in dem Sinn, dass sie das Verhalten der Menschen beeinflussen und somit letztendlich auch die Kurse. Ich bin ganz sicher, Sie ahnen bereits, dass es zwei Gründe dafür gibt, weshalb das Verständnis der menschlichen Dynamik bei Ihren eigenen Entscheidungen zur Kapitalanlage so wertvoll ist:

1. Sie haben Richtlinien, die Ihnen dabei helfen, die häufigsten Fehler zu vermeiden.
2. Sie werden in der Lage sein, die Fehler anderer rechtzeitig zu erkennen, um davon zu profitieren.

Wir alle sind anfällig für Fehlurteile, die unseren persönlichen Erfolg beeinflussen können. Wenn tausend oder eine Million Menschen Fehlurteile fällen, dann kann die kollektive Wirkung die Börse in eine destruktive Richtung drücken. Dann, und so stark ist die Versuchung, der Masse zu folgen, vervielfachen sich die gesamten Fehlurteile. In einem turbulenten Meer irrationalen Verhaltens kann es durchaus sein, dass diejenigen die einzigen Überlebenden sind, die rational handeln.

Erfolgreiche Fokus-Investoren benötigen eine besondere Art von Temperament. Die Straße ist immer sehr holprig, und zu wissen, welches der richtige Weg ist, hat oft nichts mit Intuition zu tun. Die ständigen Bewegungen der Börse können für Investoren sehr beunruhigend sein und sie dazu verleiten, irrational zu handeln. Sie müssen unbedingt auf diese Emotionen achten und bereit sein, vernünftig zu handeln, sogar wenn Instinkte ein gegensätzliches Verhalten fordern. Wie wir jedoch erfahren haben, belohnt die Zukunft den Fokus-Investoren bedeutend genug, um diese intensiven Anstrengung zu belohnen.

Kapitel 8
Der Markt als komplexes adaptives System

Wir haben schon lange das Gefühl, der einzige Wert der Börsen-Auguren ist der, Wahrsager gut aussehen zu lassen.
— Warren Buffett

Jeder, der ihn kürzere oder längere Zeit beobachtet hat, kennt Warren Buffetts Position zu Vorhersagen über die Börse: Verschwenden Sie Ihre Zeit nicht. Ganz gleich, ob bezüglich der Volkswirtschaft, der Börse oder einzelner Aktienkurse, ist Buffett der festen Überzeugung, dass Vorhersagen bei der Kapitalanlage keinen Sinn machen. Über 40 Jahre hinweg erzielte er großen Reichtum und eine unerreichte Performance, indem er ganz einfach in große Unternehmen investierte und gleichzeitig die ruinösen Ablenkungen vermied, die dann eintreten, wenn Investoren davon besessen werden, die künftige Richtung der Märkte vorhersehen zu wollen. „Die Tatsache, dass Menschen voll sind von Gier, Angst oder Dummheit, ist vorhersehbar", sagte Buffett. „Die Konsequenzen daraus jedoch sind es nicht."

Für viele Anhänger von Buffett ist die Vorstellung, die Märkte vorhersehen zu können, strittig. Sie sind in der Lage, mit ihrer Anlagestrategie einen geraden Weg zu gehen, ohne sich von den umherschwirrenden „Wahrsagern" in ihrer Arbeit unterbrechen zu lassen. Es gibt jedoch weitaus mehr Anleger, die sich trotz bester Absichten von einem Marktschreier verführen lassen, der seine Hellsichtigkeit als Wundermittel anpreist.

Bitte 1 Zeile(n) einbringen

Schon immer wurden wir menschlichen Wesen von Menschen, Plänen oder Systemen angezogen, die die Fähigkeit versprachen, die Zukunft vorherzusagen. Zauberer und Wahrsager, Wunderheiler und Ärzte, Handleser und Hellseher, Börsengurus und Wirtschaftspropheten gewannen alle die Aufmerksamkeit von Millionen, indem sie ganz einfach sagten: „Ich kann Ihnen heute sagen, was morgen geschehen wird." Auch wenn die Geschichte voll ist mit den Leichen derer, die zunächst verehrt, später aber verdammt wurden, kommen immer neue Wahrsager hervor, um deren Platz einzunehmen, weil sie wissen, dass sie ein aufmerksames Publikum finden werden.

Hätte man die Zeitung von morgen schon heute auf dem Frühstückstisch, bedeutete dies einen deutlichen finanziellen Vorteil, doch glaube ich, der Drang, die Zukunft zu kennen, ist weitaus komplexer, als dass es nur um Geld geht. Ich vermute, dass die Menschen ein tiefes psychologisches Bedürfnis haben, zu wissen, was uns die Zukunft bringt. Vielleicht ist die Vorstellung, nicht zu wissen, was vor uns liegt, so unangenehm, dass wir nicht anders können, als von allem und jedem angezogen zu werden, das dieses unangenehme Gefühl beseitigen kann. Das Studium dieser psychologischen Schwäche muss Charlie Mungers Netzwerk der Modelle hinzugefügt werden.

Bedenken Sie, dass Buffett nicht sagt, die Zukunft sei unvorhersehbar. Immerhin wissen wir, dass der Markt letztendlich Unternehmen belohnt, die in der Lage sind, ihren Shareholder Value zu erhöhen. Doch wissen wir nicht genau, wann dies geschehen wird. Außerdem können wir ziemlich sicher vorhersagen, dass die Aktienkurse weiterhin volatil sein werden. Wir wissen nur nicht, ob die Kurse im nächsten Jahr nach oben oder unten gegangen sein werden. Wenn wir von Warren Buffetts Art der Kapitalanlage profitieren wollen, dann erfordert dies nicht, korrekt vorherzusehen, wie die nahe Zukunft sein wird. Entscheidend ist lediglich, dass wir wissen, wir haben das richtige Unternehmen gekauft. Danach können wir uns zufrieden zurücklehnen, weil wir sicher wissen, dass unsere Auswahl letztendlich belohnt werden wird.

Wenn Sie zu denen gehören, die das Thema Vorhersehbarkeit der Märkte schon lange abgehakt haben, dann können Sie schon zum Schlusskapitel dieses Buchs weiterblättern. Alle anderen, die immer

---

Die Gefahr von Vorhersagen

Ein kleines Beispiel dafür, wie trügerisch die Gewässer sind, durch die Propheten, Gurus & Co. navigieren müssen:

Sehen wir einmal zurück auf 16 Jahre halbjährlicher Vorhersagen der Zinssätze für 30jährige Schatzbriefe (siehe Tabelle 8.1.). Die 31 Vorhersagen trafen den tatsächlichen Zinssatz nie, und erstaunlicherweise sagten die Auguren 22mal sogar die falsche Richtung vorher.

---

wieder versucht sind, den Ratschlägen der Hellseher zu folgen, sollte es ein paar Minuten wert sein, dieses Kapitel zu lesen, was, so hoffe ich, jede Vorstellung zerstreuen wird, dass die Vorhersage kurzfristiger künftiger Richtungen des Marktes erforderlich noch nützlich sei.

DIE KLASSISCHE THEORIE

Die klassische Wirtschaftstheorie behauptet, dass Märkte und Volkswirtschaften ausgeglichene Systeme sind, was bedeutet, dass sie sich in ihrem natürlichen Zustand im Gleichgewicht befinden. Trotz der entgegengesetzt wirkenden Kräfte von Angebot und Nachfrage oder Preis und Menge sind die Börse und die Volkswirtschaft immer in der Lage, einen Gleichgewichtszustand zu erreichen. In dieser Welt sind die Märkte effizient, mechanisch und rational. Schon vor über 100 Jahren von Alfred Marshall formuliert, dominiert diese ökonomische Theorie auch heute noch unser Denken. Michael Mauboussin von der Columbia University School of Business, erklärt, dass Marshalls ökonomischer Standpunkt „aus der Vorstellung stammt, dass die Ökonomie eine Wissenschaft wie die Newton'sche Physik ist – mit einer erkennbaren Verbindung zwischen Ursache und Wirkung und einer damit implizierten Vorhersehbarkeit".

Die moderne Wissenschaft, die allerdings schon vor 400 Jahren

Tabelle 8.1 Vorhersagen von Zinssätzen

WSJ-Befragung von Wirtschaftswissenschaftlern (Vorhersage über 30jährige Staatsanleihen)

Vorhersage-datum	Zins-vorhersage (%)	Tatsäch-licher Zins (%)	Vorher-sage-richtung	Vorhersage-datum	Zins-vorhersage (%)	Tatsäch-licher Zins (%)	Vorher-sage-richtung
06/82	13,05	13,92		12/89	8,12	7,97	Falsch
12/82	13,27	10,41	Richtig	06/90	7,62	8,40	Falsch
06/83	10,07	10,98	Falsch	12/90	8,16	8,24	Richtig
12/83	10,54	11,87	Falsch	06/91	7,65	8,41	Falsch
06/84	11,39	13,64	Falsch	12/91	8,22	7,39	Richtig
12/84	13,78	11,53	Falsch	06/92	7,30	7,78	Falsch
06/85	11,56	10,44	Falsch	12/92	7,61	7,39	Richtig
12/85	10,50	9,27	Falsch	06/93	7,44	6,67	Falsch
06/86	9,42	7,28	Falsch	12/93	6,84	6,34	Falsch
12/86	7,41	7,49	Richtig	06/94	6,26	7,61	Falsch
06/87	7,05	8,50	Falsch	12/94	7,30	7,87	Falsch
12/87	8,45	8,98	Falsch	06/95	7,94	6,62	Falsch
06/88	8,65	8,85	Richtig	12/95	6,60	5,94	Richtig
06/89	9,25	8,04	Falsch				

Beobachtungen: 1. Sechsmonatsdurchschnitte von Vorhersagen durch Wirtschaftswissenschaftler.
2. Halbjährliche Umfrage des *Wall Street Journal*. 3. In nur neun von 31 Vorhersagen war die Richtung korrekt.
Quelle der Daten: *Wall Street Journal* vom 30.06.1998

ihren Anfang nahm, basiert auf der Annahme, dass die Natur durch das universale Gesetz von Ursache und Wirkung beherrscht wird. Nach Ilya Prigogine, einem Nobelpreisträger für Chemie, basiert diese Vision der Wissenschaft auf der Überzeugung, dass die Zukunft aus der Gegenwart folgt und durch sorgfältige Studien der gegenwärtigen Daten bestimmt werden kann. Diese Sichtweise war natürlich nichts weiter als eine theoretische Möglichkeit. Dennoch ermöglichte sie den Wissenschaftlern von einer Welt der Wahrnehmungen zu einer Welt des Verständnisses überzugehen.

Die moderne Wissenschaft hat ihre Wurzeln im Determinismus (der kausalen Vorherbestimmtheit allen Geschehens), erklärt Karl Popper, der angesehene britische Wissenschaftsphilosoph. Er sagt, wissenschaftlicher Determinismus sei „ein Ergebnis davon, dass die Vorstellung von Gott durch die von der Natur ersetzt wird und die Vorstellung eines göttlichen Gesetzes durch die von den Naturgesetzen. Die Natur oder vielleicht das Gesetz der Natur ist sowohl allmächtig als auch allwissend – es regelt alles im voraus. Im Unterschied zu Gott, der unergründlich ist und den wir möglicherweise nur durch Erleuchtungen kennen, können die Gesetze der Natur durch menschliche Vernunft und menschliche Erfahrung entdeckt werden. Wenn wir also die Naturgesetze kennen, können wir die Zukunft aus den Daten der Gegenwart vorhersagen, indem wir rein rationale Methoden anwenden."

Isaac Newton war der erste Determinist der modernen Wissenschaft. Seine Theorie der Schwerkraft begründete das Gebiet der Mechanik, die das Kernstück der Physik ist. Damit lieferte er ein Paradigma, das die Wissenschaft bei ihren Entdeckungen seither nachahmte. Fraglos ist das Newton'sche Modell der Entdeckung sehr stark. Jahrhundertelang ermöglichte es Wissenschaftlern, in immer neue Wissensbereiche vorzudringen.

In Isaac Newtons Welt ist das Universum so mechanisch und vorhersehbar wie eine Uhr. Über die Jahrhunderte hinweg haben Physiker, Biologen und Chemiker Verständnismodelle entwickelt, die die Newton'sche Vision von Ordnung widerspiegeln. Allerdings könnte diese Voreingenommenheit zugunsten des Newton'schen Modells unser Urteilsvermögen getrübt haben. Und so sagt der britische Physiker James Clerk Maxwell: „Diejenigen, die sich für den Determinismus entschieden haben, wurden in ihren Beurteilungen immer durch die Tatsache schwankend, dass Physiker und insbesondere ihre Sprecher ihre Aufmerksamkeit immer auf die Probleme konzentrieren, die die Vorstellung eines uhrwerkartigen Universums bestärken."

Es bereitet vielen Wissenschaftlern heute Sorge, dass das Newton'sche Raster uns nicht erlaubt, die Welt so zu sehen, wie sie sich verhält. Newtons klassische Physik, eine Reihe mechanischer Gesetze, beschreibt physikalische Ereignisse und erscheint zu starr, um den Reichtum des Lebens beschreiben zu können. Doch machen wir keinen Fehler: Newtons Gesetze gelten sehr wohl, wenn wir die Bahnen der Planeten im All beschreiben müssen, doch wenn wir versuchen, die Zellreproduktion zu beschreiben, Immunsysteme und das Verhalten menschlicher Wesen, dann versagt der mechanistische Newton'sche Weg. Es hat den Anschein, als ob die klassischen Gesetze der Wissenschaft nicht geeignet seien, das Leben besser zu verstehen.

Viele Jahre lang vermied es eine Gruppe von Wissenschaftlern, Phänomene zu studieren, die sich nicht einfach mit der Newton'schen Vision in Übereinstimmung bringen ließen, und hielt sich ganz eng an das Bild einer Welt im Gleichgewicht. Der Genetiker Richard Lewontin nannte diese Wissenschaftler Platonisten – nach dem bekannten Philosophen aus dem alten Athen, der erklärte, die unordentlichen und unvollkommenen Objekte, die wir um uns herum sehen, seien lediglich Abbilder perfekter Archetypen. Nach Lewontin gibt es eine zweite Gruppe von Wissenschaftlern, die die Welt in einem Prozess des Wandels sehen, wobei die materiellen Teile in endlosen Kombinationen wiederkehren. Lewontin nannte diese Wissenschaftler Heraklitianer – nach dem ionischen Philosophen, der leidenschaftlich und poetisch argumentierte, dass die Welt in einem ständigen Fluss sei. Heraklit, der 200 Jahre vor Plato lebte, beobachtete, dass um alle, die in den gleichen Fluss steigen, immer anderes Wasser fliesst. Plato drückte es so aus: „Man kann nie zweimal in den gleichen Fluss steigen."

„Als ich las, was Lewontin sagte", sagt Brian Arthur, Wirtschaftswissenschaftler an der University of Stanford, „war das ein Augenblick der Erleuchtung. In diesem Augenblick wurde es mir klar, was vorgeht. Ich dachte: Ja! Endlich fangen wir doch an, uns von Newton zu erholen.'"

Brian Arthur, der sowohl Mathematiker als auch Ökonom ist, kämpfte jahrelang, um seine Sicht der Volkwirtschaft mit der anderer Wirtschaftstheoretiker in Übereinstimmung zu bringen, die immer noch die Marshall'sche Sicht der Welt auslegten. Die Antwort auf Arthurs Vorstoß war nicht in den Elfenbeintürmen der angesehensten Universitäten des Landes zu finden, auch nicht in den Wolkenkratzern von New York, dem Zentrum des Welthandels. Die Antwort fand man an einem völlig unerwarteten Ort – den Sangre de Cristo Mountains von New Mexiko.

DAS SANTA FE INSTITUTE

In der schönen Stadt Santa Fe steht neben alten Lehmhäusern und modernen Kunstgalerien auf einem Hügel ein spektakulärer Bau, der früher einmal eine private Residenz war. Heute beheimatet dieses Gebäude eine bemerkenswerte Ideenschmiede, das Santa Fe Institute.

Vielleicht ist es die dünne Luft oder der strahlend blaue Himmel oder der atemberaubende Blick auf die roten Berge, die sich in die Wüste hineinziehen, die Schuld daran sind, dass Menschen, die Santa Fe besuchen, nachdenklicher werden. Doch ganz gleich, was der Grund ist, das Institut scheint der perfekte Ort für Wissenschaftler zu sein, die sich zusammenfinden, um über Theorien zu sprechen. Wissenschaftler am Santa Fe Institute gehen ihrer Wissenschaft nicht in der üblichen Weise nach. Statt dessen tauschen sie ganz offen miteinander Informationen aus, um einen neuen Weg zu finden, Leben zu verstehen.

Das Santa Fe Institute wurde 1984 von George Cowan, dem früheren Forschungleiter des Los Alamos Laboratory eingerichtet und ist eine multidisziplinäre Organisation, die aus Physikern, Biologen, Immunologen, Psychologen, Mathematikern und Wirtschaftswissenschaftlern besteht. Viele von ihnen sind Nobelpreisträger oder haben auf ihrem Gebiet vergleichbare Anerkennung gefunden. Sie alle vereint die Suche nach Grundregeln, die über komplexe adaptive Systeme hinweg funktionieren. Es gibt keine disziplinären Grenzen. Die Wissenschaftler werden dazu angehalten, sich über ihre Theorien und Ideen mit Kollegen aus anderen Disziplinen auszutauschen. Am Santa Fe kann es durchaus vorkommen, dass man eine Vorlesung über die Kommunikationsmuster von Ameisen hört, die in Zusammenhang mit einer Diskussion darüber steht, wie ökonomische Märkte Information verteilen. Obwohl vielen diese Verbindung nur sehr schwach erscheint, haben Wissenschaftler, die diese Komplexität untersuchten, viele Ähnlichkeiten entdeckt.

In der Welt, die uns umgibt, gibt es viele Beispiele komplexer Systeme. Zellen, sich entwickelnde Embryonen, Gehirne, Immunsysteme, Zentralnervensysteme, ökologische Systeme und Ameisenkolonien sind komplexe Systeme. Das gilt auch für Volkswirtschaften, Sozialstrukturen und politische Systeme. Der Begriff Komplexität hat keine genaue Bedeutung. Ilya Prigogine sagt, Systeme seien komplex, weil eine große Zahl interagierender Elemente daran beteiligt sei. Einfache Systeme – ein Objekt unter dem Einfluss der Schwerkraft oder die Bewegung eines Pendels – enthalten nur sehr wenige bewegliche Teile. Prigogine jedoch sagt, selbst wenn ein System eine große Zahl beweglicher Teile enthalte, sei es noch nicht automatisch als komplex zu betrachten. Ein Kubikzentimeter Gas kann Millionen von Molekülen enthalten, die in allen möglichen Richtungen herumschwirren, doch Wissenschaftler neigen dazu, diese Systeme als molekulares Chaos zu beschreiben und nicht als Komplexität. Chaos, ein abgenutzter Begriff, der vor Jahren den Gipfel seiner Popularität erlebte, beschreibt ein System, in welchem Teilchen sich ziellos bewegen und Verhalten in ständiger Unordnung ist.

Am Santa Fe wandten die Wissenschaftler ihre Aufmerksamkeit vom Studium des Chaos ab und konzentrierten sich statt dessen auf komplexe Systeme. Komplexe Systeme, so wissen wir, existieren im Grenzbereich zwischen Chaos und mechanisch toter Ordnung. Vielleicht sei es einfacher, sich komplexe Systeme in Begriffen des Verhaltens vorzustellen, sagt Prigogine, und nicht als Systeme. Immerhin ist es das Studium der Verhaltensmerkmale vieler unterschiedlicher komplexer Systeme, das uns letztendlich helfen kann, zu verstehen, was Komplexität bedeutet.

1987 trafen sich 20 geladene Gäste am Santa Fe Institute, um die

Wirtschaft als komplexes System zu diskutieren. Der Nobelpreisträger Kenneth Arrow lud zehn Wirtschaftstheoretiker ein. Philip Anderson, ein Nobelpreisträger der Physik, holte zehn Wissenschaftler aus den Bereichen Physik, Biologie und Informatik dazu. Der Zweck dieser Konferenz war es, neue Denkweisen über Wirtschaft anzuregen. In Vorlesungen und Diskussionsgruppen lernten Physiker etwas über Gleichgewichtssysteme und Spieltheorie, und Wirtschaftswissenschaftler versuchten Boole'sche Netzwerke und genetische Algorithmen zu verstehen. Nach zehn Tagen harter Arbeit vertagte sich die Gruppe, nicht ohne jedoch zuvor drei wichtige Merkmale einer Volkswirtschaft zu benennen:

1. Eine Volkswirtschaft ist ein Netzwerksystem aus vielen „Agenten", die alle parallel handeln. In einem Embryo sind Zellen die Agenten. In einer Volkswirtschaft sind Menschen die Agenten. Sowohl Zellen als auch Menschen existieren in Umgebungen, die durch die Interaktionen anderer Agenten bestimmt werden. Zellen und Menschen reagieren ständig auf das, was andere Agenten in diesem System tun, und deshalb befindet sich das Umfeld (die Umwelt) niemals im Stillstand.

2. Die Kontrolle über eine Volkswirtschaft ist weit gestreut. In einem sich entwickelnden Embryo gibt es keine Hauptzelle, und es gibt auch keinen Häuptling, der eine Volkswirtschaft kontrolliert. Ja, unsere Volkswirtschaft hat eine Notenbank, und Politiker können Steuergesetze und -regulierungen verändern, aber die gesamte Volkswirtschaft ist oft ein Ergebnis von Millionen Entscheidungen, die tagtäglich von Individuen (Agenten) getroffen werden. Das kohärente Verhalten innerhalb des ökonomischen Systems entsteht aus der Konkurrenz oder Kooperation zwischen den Agenten.

3. (und dies wird als ein entscheidendes Merkmal komplexer Systeme betrachtet): Agenten in einem komplexen System sammeln Erfahrungen und passen sich einer sich veränderten Umwelt an. Wir wissen, dass Generationen von Organismen ihr Gewebe durch die Evolution neu ordnen. Und so werden sich auch die Menschen anpassen und aus ihren Erfahrungen in der Welt lernen. Dieses Merkmal ist so wichtig, dass man komplexe Systeme heute routinemäßig als komplexe adaptive Systeme bezeichnet.

Nun ist es einfach zu verstehen, wie die Merkmale eines komplexen adaptiven Systems es einer Volkswirtschaft unmöglich machen, jemals ein Gleichgewicht zu erreichen. Das Verhalten der Agenten, die sich ständig verändern, ständig reagieren und lernen, stellt sicher, dass eine Volkswirtschaft nie still steht. Manche Wissenschaftler haben behauptet, wenn eine Volkswirtschaft jemals ein Gleichgewicht erreiche, werde das System nicht stabil sein — sondern tot.

Konventionelle mathematische Ansätze einschließlich der Differenzialrechnung und der linearen Analysis sind gut geeignet, um sich nicht verändernde Teilchen in einem stabilen Umfeld zu studieren. Newtons Ansatz funktioniert in der wiederholbaren mechanistischen Welt immer noch, hat aber keinen Nutzen für diejenigen, die komplexe adaptive Systeme verstehen wollen. Um Volkswirtschaften, Börsen oder andere komplexe adaptive Systeme zu verstehen, müssen wir uns der experimentellen Mathematik und der nichtlinearen Analysis zuwenden.

DAS EL-FAROL-PROBLEM

El Farol heißt eine Bar in der Nähe des Santa Fe Institute, wo donnerstags immer irische Musik gespielt wurde. Brian Arthur, heute Professor für Wirtschaftswissenschaften am Institute, ist in Belfast geboren und wuchs dort auch auf. Ihm machte es viel Spaß, seiner Lieblingsmusik im El Farol zu lauschen. Es gab da allerdings ein kleines Problem. Gelegentlich war das El Farol voll von randalierenden Trunkenbolden, denen Arthur aus dem Weg gehen wollte. Der Zwang, Woche für Woche zu entscheiden, ob er nun in die Bar gehen sollte oder nicht, brachte ihn dazu, eine mathematische Theorie zu formulieren, die er das „El-Farol-Problem" nannte. „Diese Theorie hat alle Merkmale eines komplexen adaptiven Systems", sagte Arthur.

Nehmen wir einmal an, in Santa Fe gibt es 100 Menschen, die gern ins El Farol gehen, um dort Musik zu hören, doch niemand möchte in die Bar gehen, wenn sie überfüllt ist. Gehen wir weiterhin davon aus, dass das El Farol wöchentlich bekanntgibt, wie viele Gäste am Don-

nerstagabend anwesend waren. Über die letzen zehn Wochen hinweg
sahen die Zahlen so aus: 15, 18, 83, 66, 45, 76, 67, 56, 88 und 37. Die
Musikfreunde kennen diese Daten und schätzen danach ein, wie viele
Menschen nächsten Donnerstag in der Bar sein werden. Einige stellen
sich vielleicht vor, dass ungefähr die gleiche Zahl von Menschen da sein
wird wie letzte Woche (37 Gäste). Andere könnten den Durchschnitt
der vorgehenden zehn Wochen annehmen (55 Gäste) oder den aus
einem kürzeren Zeitraum von vier Wochen (62 Gäste).

Nun nehmen wir an, dass jede Person, die ins El Farol gehen
möchte, nur dann hingehen wird, wenn sie annimmt, dass weniger als
60 andere Menschen dort sein werden. Alle unsere 100 Probanden entscheiden unabhängig voneinander und benutzen als Vorhersage den
Faktor, der sich für sie über die letzten Wochen hinweg als der zuverläs-
sigste erwiesen hat. Weil jede Person unterschiedliche Vorhersagemodelle hat, wird es Menschen geben, die jeden Donnerstag im El Farol
auftauchen; andere werden zu Hause bleiben, weil ihr Vorhersagemo-
dell sagt, dass mehr als 60 Personen in der Bar sein werden. Jeweils am
folgenden Tag veröffentlicht das El Farol die neueste Besucherzahl; die
100 Liebhaber irischer Musik fügen die neuen Daten in ihre Vorhersagemodelle ein und machen sich bereit, die Vorhersage für die nächste
Woche zu treffen.

Diesen Prozess um das El Farol, erklärt Arthur, kann man eine
„Ökologie" der Vorhersagen nennen. Damit meint er, dass es immer
eine Teilmenge von Vorhersagefaktoren gibt, die „lebendig" scheinen;
dies bedeutet, dass zumindest einer der Vorhersagefaktoren eingesetzt
wird und die anderen „tot" sind. Im Verlauf der Zeit wird es immer
Vorhersagefaktoren geben, die „lebendig" werden, und andere werden
„sterben".

Ist das El-Farol-Problem nichts weiter als ein theoretischer Vorschlag, der dazu beitragen soll, die Schwierigkeiten von Vorhersagen
über komplexe adaptive Systeme zu verstehen, oder existiert dieses
Problem heute tatsächlich an der Börse?

Alljährlich befragt Merrill Lynch eine Gruppe institutioneller Anleger über die Faktormodelle, die ihre Aktienauswahl beeinflussen. Die
Umfrage beleuchtet auch die Veränderungen in der Popularität der
verschiedenen Faktormodelle im Vergleich zum Vorjahr. Merrill Lynch

führt diese Übersicht seit 1989, und während dieses Zeitraums haben Investoren sowohl die Modelle gewechselt, die sie bei der Aktienauswahl anwenden, als auch das Gewicht verändert, das sie verschiedenen Modellen beimessen.

Der „Merrill Lynch Institutional Factor Survey", der die Ergebnisse der Umfrage enthält, ordnet 23 verschiedene Faktormodelle nach ihrer Beliebtheit: 1. Überraschung bei den Gewinnen (je Aktie), 2. Gewinne im Verhältnis zum Eigenkapital, 3. Gewinnkorrekturen, 4. Kurs im Verhältnis zum Cash-flow, 5. voraussichtliches Wachstum der Gewinne in fünf Jahren, 6. Fremdkapital im Verhältnis zum Buchwert, 7. Momentum der Gewinne (je Aktie), 8. relative Stärke, 9. Kurs im Verhältnis zum Gewinn, 10. Kurs im Verhältnis zum Buchwert, 11. Veränderungen in der Meinung der Analysten, 12. Variabilität der Gewinne, 13. Dividenden-Diskont-Modell, 14. Kurs im Verhältnis zum Umsatz, 15. vernachlässigte Aktien, 16. Beta, 17. Streuung der Gewinnschätzungen, 18. Dividendenertrag, 19. Unsicherheit der Gewinne, 20. Engagement im Ausland, 21. Größe, 22. niedriger Aktienkurs und 23. Zinsempfindlichkeit. Ob man versucht, das künftige Verhalten von Aktienkursen vorherzusagen oder die Besucherzahl an einem Donnerstag im El Farol – es gibt zahllose Möglichkeiten, Modelle zu konstruieren.

Wenn wir die zehn Spitzenmodelle betrachten, die laut Merrill-Lynch-Umfrage in den Jahren von 1989 bis 1997 angewendet wurden (siehe Tabelle 8.2.), können wir das El-Farol-Problem erkennen. Obwohl die Überraschung bei den Gewinnen das dauerhaft populärste Modell ist, gibt es Variationen dabei, wie andere Modelle angewendet wurden. Beispielsweise war der Gewinn im Verhältnis zum Eigenkapital das Modell, das 1997 in der Beliebtheit an zweiter Stelle lag, die Jahre zuvor jedoch weniger beliebt war. Das Momentum der Gewinne hingegen, das zwischen 1989 und 1993 sehr beliebt war, fiel aus der Gunst der institutionellen Anleger. Als Merrill Lynch seine Umfrage 1989 begann, betonte die Hälfte der befragten Investoren die Bedeutung des Dividendenertrags für ihre Aktienauswahl. Heute messen nur 12 % der Anleger den Dividenden bei ihren Entscheidungsprozessen eine Bedeutung zu.

Tabelle 8.2 „Merrill Lynch Institutional Survey" 1989 – 1997

Faktoren	1997	1996	1995	1994	1993	1992	1991	1990	1989
Überraschung bei Gewinnen	1	1	1	1	1	2	3	1	1
Gewinne zu Eigenkapital	2	4	4	4		1	4		
Gewinnkorrekturen	3	2	2	2	2				
Kurs zu Cash–flow	4	5	3	3	4	5		3	4
Gewinnwachstum in fünf Jahren	5		5	5					
Gewinnmomentum		3			3	4	2	2	2
Dividenden–Diskont–Modell					5				5
Kurs zu Buchwert						3		4	3
Fremdkapital zu Buchwert							1		
Dividendenertrag							5	5	

1 = beliebtestes angewandtes Modell, 2 = zweitbeliebtestes Modell, … 5 = fünftbeliebtestes Modell

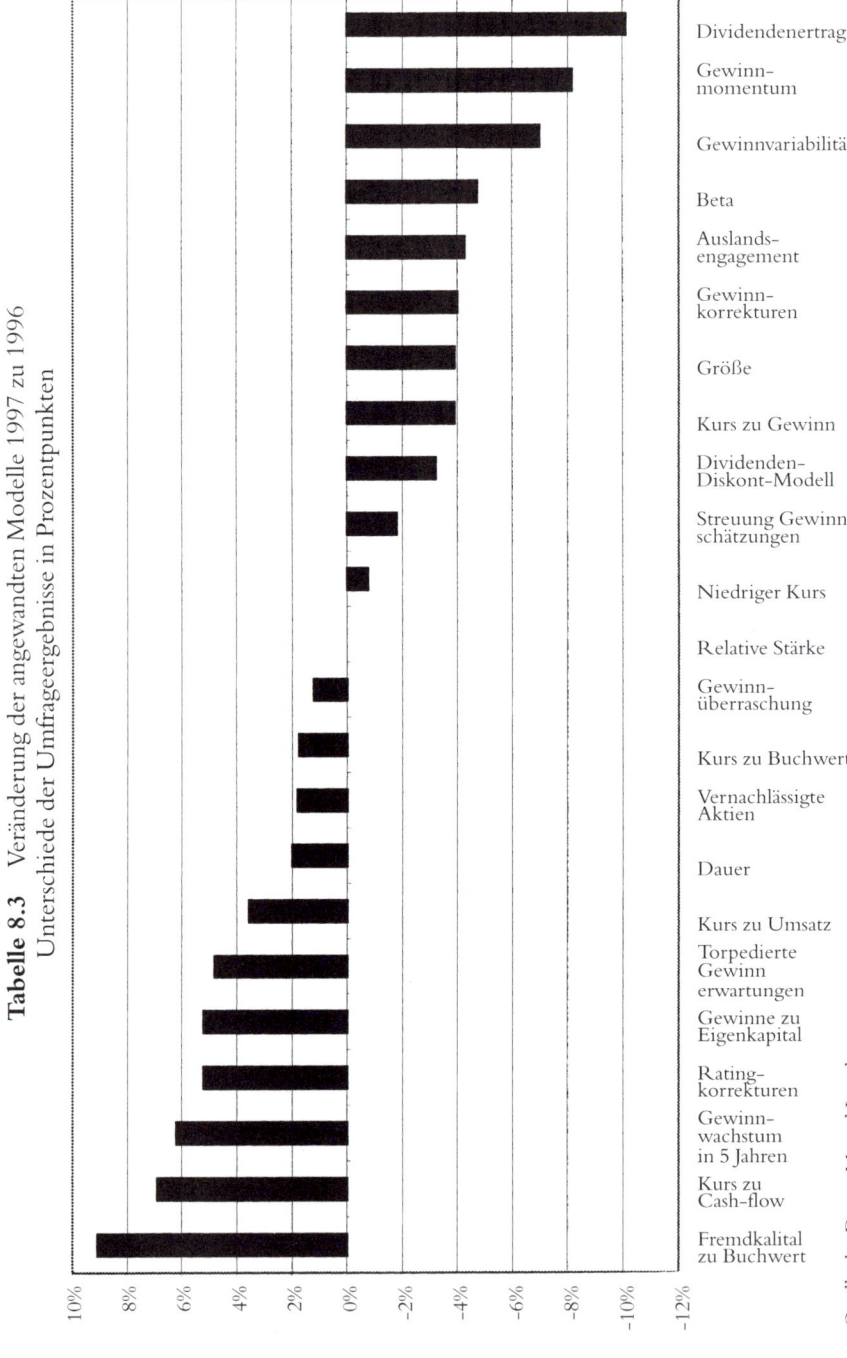

Tabelle 8.3 Veränderung der angewandten Modelle 1997 zu 1996
Unterschiede der Umfrageergebnisse in Prozentpunkten

Quelle der Daten: Merryl Lynch

Dividendenertrag

Gewinn-
momentum

Gewinnvariabilität

Beta

Auslands-
engagement

Gewinn-
korrekturen

Größe

Kurs zu Gewinn

Dividenden-
Diskont-Modell

Streuung Gewinn-
schätzungen

Niedriger Kurs

Relative Stärke

Gewinn-
überraschung

Kurs zu Buchwert

Vernachlässigte
Aktien

Dauer

Kurs zu Umsatz

Torpedierte
Gewinn
erwartungen

Gewinne zu
Eigenkapital

Rating-
korrekturen

Gewinn-
wachstum
in 5 Jahren

Kurs zu
Cash-flow

Fremdkalital
zu Buchwert

Die Umfrage von Merrill Lynch ist ein gutes Beispiel für Brian Arthurs Ökologie der Vorhersagen. In den Jahren, die betrachtet wurden, können wir sehen, wie einige Modelle hinwegstarben und andere zum Leben erwachten. Tabelle 8.2 zeigt eine Veränderung bei den Modellen, die über einen Zeitraum von neun Jahren angewandt wurden. Tabelle 8.3, die die Veränderungen in der Beliebtheit von 1996 auf 1997 darstellt, enthüllt eine dynamischere Veränderung bei den individuellen Vorlieben. Beispielsweise wurden Fremdkapital zu Buchwert, Kurs zu Cash-flow und das voraussichtliche Wachstum über fünf Jahre hinweg zunehmend angewandt, während Dividendenertrag, Gewinnmomentum und Gewinnvariabilität an Popularität verloren.

Richard Bernstein, Direktor des quantitativen Research bei Merrill Lynch und zuständig für die Umfrage, sagt: „Die Ergebnisse sind ein sehr nützlicher Hinweis darauf, welche Strategien in den letzten Jahren an Popularität gewonnen haben und welchen die Gunst der Anleger entzogen wurde." Doch die Ergebnisse machen Bernstein auch Sorgen. „Was ich in der Vergangenheit signifikant finde", erklärt er, „ist die Tatsache, dass viele Portfolio-Manager zwar behaupten, sie hätten eine disziplinierte Art zu investieren, aus unserer Untersuchung jedoch deutlich wird, dass die Prozesse der Aktienauswahl dramatischen Veränderungen unterworfen sind."

DREI STUFEN DER UNTERTEILUNG

Das Problem, dem sich Menschen gegenübersehen, die ins El Farol gehen wollen, und auch Investoren, die Aktien auswählen wollen, ist, dass die Genauigkeit einer Vorhersage von den Vorhersagen anderer bestimmt wird. Es ist das gleiche Problem, das John Maynard Keynes schon vor 60 Jahren erkannte.

„Professionelle Kapitalanlage kann mit jenen Zeitungswettbewerben verglichen werden, in denen die Teilnehmer die sechs hübschesten Gesichter aus 100 Fotografien auswählen sollen", schrieb er. „Der Preis geht an den Teilnehmer, dessen Wahl den durchschnittlichen Vorlieben aller Teilnehmer am nächsten kommt. Und so muss jeder Teilnehmer nicht die Gesichter aussuchen, die ihm am besten gefallen, sondern die, von denen er glaubt, dass sie den anderen Teilnehmern am besten gefallen. Und alle Teilnehmer stehen vor dem gleichen Problem."

Als ob der Versuch, „besser als die Masse zu erraten, wie die Masse sich verhalten wird", noch nicht schwierig genug wäre, wird Keynes' Überlegung durch eine weitere Variable kompliziert. „Es geht nicht darum, diejenigen auszuwählen, die man nach bestem Wissen und Gewissen für die hübschesten hält, und auch nicht diejenigen, die wirklich nach der durchschnittlichen Meinung am hübschesten sind", sagte Keynes. „Wir haben eine dritte Stufe erreicht, auf der wir unsere Intelligenz darauf verwenden müssen vorherzusehen, wie die durchschnittliche Meinung glaubt, dass die durchschnittliche Meinung sein wird. Und ich vermute, es gibt manche, die auch eine vierte, fünfte und weitere Stufen praktizieren."

Das Beispiel des Schönheitswettbewerbs präsentiert das gleiche Dilemma, dem sich die Gäste des El Farol wie auch Einzelinvestoren ausgesetzt sehen: Was heute zählt, ist nicht, was sie glauben, dass an der Börse oder in der Volkswirtschaft geschehen wird, sondern was sie glauben, wie die meisten Leute die Märkte einschätzen. Buffett versteht dies sehr gut. „Den größten Teil dieser Unruhe haben wir ‚professionellen Investoren' zu verdanken, solchen, die viele Milliarden Dollar managen", sagt er. „Statt sich darauf zu konzentrieren, was diese Unternehmen in den vor uns liegenden Jahren tun werden, konzentrieren sich viele angesehene Geldmanager heute auf das, von dem sie erwarten, dass es andere Geldmanager in den vor uns liegenden Tagen tun werden."

Ich denke, Brian Arthurs Beispiel mit dem El Farol ist eine zutreffende Beschreibung des Geschehens an der Börse. Auch wenn wir die Börse leicht als komplexes adaptives System erkennen können, sind wir der Problemlösung, wie wir das Verhalten eines solchen Systems vorhersehen können, keinen Schritt näher gekommen. Doch am Santa Fe Institute versucht man es. Zusammen mit John Holland, einem weiteren Forscher an diesem Institut, richtete Arthur in einem Computer eine künstliche Börse ein, an der Hunderte von Investoren (Agenten) agieren. „Diese kleinen Kerle werden klug, weil sie lernen, welche ihrer Strategien am besten funktioniert", erklärt Arthur. „In ihrem Lernprozess verändern oder wechseln sie ihre Strategien, was die Natur der Börse verändert."

Das Studium menschlichen Verhaltens erfordet nicht, dass wir ein ganzes menschliches Wesen klonen. Es ist heute mit Hochleistungscomputern möglich, das Verhalten von einzelnen Personen zu kopieren, indem man digitale Agenten mit einer Handvoll einfacher Regeln einführt. Doch haben wir noch immer nicht die mathematischen Strukturen entwickelt, die das El-Farol-Problem lösen könnten. „Im Bereich der Mathematik stecken wir fest", sagt John Casti, Mathematiker, Autor und Professor am Santa Fe Institute. „Das ist für den gesamten Bereich symptomatisch. Wir haben keinen guten mathematischen Rahmen, innerhalb dessen wir die Eigenschaften komplexer adaptiver Systeme gründlich erforschen könnten."

Casti meint, wir stünden heute noch den gleichen Problemen gegenüber wie die Glücksspieler des 17. Jahrhunderts, die versuchten, die Einsätze eines Spiels zu verteilen, das vorzeitig beendet wurde. Pascal und Fermat sahen das Problem und entwickelten die mathematische Struktur, die man heute Wahrscheinlichkeitstheorie nennt. „Die Theorie komplexer Systeme", sagt Casti, „wartet immer noch auf einen neuen Pascal oder Fermat."

KAPITALANLAGE IN EINER KOMPLEXEN WELT

Benjamin Graham hatte einen interdisziplinären Ansatz, wenn er über die Welt im Allgemeinen nachdachte und die Kapitalanlage im Besonderen. Wer sich näher mit Graham befasst hat, weiß, dass er nicht nur ein großartiger Denker im finanziellen Bereich war, sondern auch jemand, der die Philosophie und die Klassiker schätzte. Obwohl er für seine Analyse der Kapitalanlage am bekanntesten ist, zählen zu seinen Werken auch Arbeiten über Währungen und Güter. *Storage and Stability* und *World Commodities and World Currencies* zeigen Grahams Sicht der Welt. „Ben Graham war ein unglaublicher Lehrer und umfassend gebildeter Mensch", sagte Michael Mauboussin, der heute noch die Vorlesung über Aktienanalyse hält, die Graham begründete. „Seine

183

interdisziplinäre Sicht der Welt machte den Kontext seiner Aktienanalyse-Vorlesung viel größer."

An der Columbia University lehrt Professor Mauboussin nicht nur
grundlegende Finanzmodelle, sondern studiert auch Modelle aus anderen Disziplinen. So hofft er, seine Studenten darüber aufzuklären, wie
multidisziplinäre Modelle in der Welt der Kapitalanlage angewandt
werden könnten. „Wenn die Zeit voranschreitet, müssen unsere mentalen Modelle vor dem Hintergrund der Weltwirtschaft und der sozio-
ökonomischen Situationen weiterentwickelt werden", erklärt Mauboussin. Vor 30 Jahren gab es die Technologie in unserem Denken über
die Kapitalanlage noch nicht mit dieser Bedeutung. Heute ist die Technologie sehr wichtig, und das, so Mauboussin, erfordere von uns, unsere
mentalen Modelle weiter zu entwickeln, um die Welt um uns herum
besser zu verstehen. Der Aufsatz „On the Shoulders of Giants: Mental
Models for the New Millennium" war Mauboussins Beitrag, den Studenten dabei zu helfen, die älteren Gleichgewichtsmodelle von den
dynamischeren Modellen zu trennen, um eine Verbindung dazu her-
zustellen, wie die Welt wirklich funktioniert. „Ich habe das Gefühl,
komplexe adaptive Systeme sind eine sehr vielversprechende Möglichkeit zu verstehen, wie Kapitalmärkte funktionieren", sagt Mauboussin.
„Wenn komplexe adaptive Systeme besser verstanden werden, dann
glaube ich, werden Investoren eine viel bessere Beschreibung haben,
wie Märkte wirklich funktionieren."

Es ist wichtig, den Unterschied zu erkennen zwischen der Analyse,
wie ein Markt funktioniert, und dem Versuch, den Markt vorherzusagen. Wir kommen dem Verständnis des Verhaltens von Märkten zwar
näher, haben aber noch keine hellseherischen Kräfte entwickelt. Die
Lehre komplexer adaptiver Systeme ist, dass sich der Markt ständig verändert und Vorhersagen hartnäckig verweigert.

Bill Miller von Legg Mason sagt: „Wir glauben, die Wirtschaft ist zu
kompliziert, als dass man Vorhersagen treffen könnte. Wenn man sich
wirtschaftlichen Marktvorhersagen anpasst, wird man einem Portfolio
niemals mehr Wert verschaffen können." Miller lässt sich wie Buffett
bei seinen Entscheidungen niemals von Vorhersagen über einzelne
Aktien leiten, doch das hat ihn nicht davon abgehalten, das Verhalten
von Märkten zu studieren. „Wir verbringen viel Zeit mit dem Versuch,

die besten wissenschaftlichen Gedankengänge über Märkte zu verstehen", sagt Miller. „Teilweise hat uns dasVerständnis komplexer adaptiver Systeme geholfen, soweit diese auf Märkte und die Behavioral Finance übertragbar sind."

Bill Miller erfuhr vom Santa Fe Institute in einem Artikel über Chaostheorie von James Cleick, einem Wissenschaftsjournalisten der *New York Times*. Miller fragte sich, ob das Studium komplexer Systeme ihm Einsichten bei der Kapitalanlage vermitteln könnte. 1991 kam er durch seine Arbeit mit John Reed, dem Präsidenten von Citicorp, in Kontakt, der die ersten Geldmittel für das Wirtschaftsprogramm des Institute bereitstellte.

Miller erklärt, das Problem bei der Kapitalanlage sei, dass jeder in dieser Branche sich in den gleichen Kreisen bewegt, die gleichen Research-Berichte und Bücher liest. Alle Investoren erhalten die gleichen Informationen aus den gleichen Quellen. Am Santa Fe Institute liest Miller Bücher und Forschungspapiere von Wissenschaftlern, die komplexe adaptive Systeme studieren. „Ihre Forschungen bieten Einsichten für praktische Geschäftsleute wie mich", sagt Miller. „Es ist nicht die Aufgabe eines Forschers, uns zu helfen, den Markt zu schlagen, aber sie sprechen gern über ihre Arbeit."

Heute glaubt Miller, der im Kuratorium des Institute sitzt, dass seine Erfahrungen am Santa Fe ihm neue Denkbereiche eröffnet haben. „Die Volkswirtschaft", sagt er, „ist wie andere komplexe adaptive Systeme, die am Institute untersucht werden, ein Umfeld mit vielen Agenten, mit vielen lokalen Gesetzen und Feedback-Schleifen. Santa Fe findet wirklich dann Anwendung bei dem was wir tun, wenn wir sehen, wie diese Komponenten des Systems und dieVorhersage-Agenten von den Forschern am Institut wahrgenommen und anerkannt werden. Das hat uns geholfen, uns von einfachen Modellen zu verabschieden und kreativer über die Komplexität der Märkte nachzudenken."

Beispielsweise wird die Wirtschaft oft mit einem Dschungel verglichen, in dem die Wettbewerber wütend gegeneinander kämpfen, um am Markt überleben zu können. Allerdings enthüllten Studien von Ökologen, dass es viele Beispiele friedlicher Koexistenz von Arten gibt, die man normalerweise für Feinde halten würde. In einem Buch über komplexe Systeme, das am Institute verfasst wurde, schrieben Ökologen, dass zwei Vögel, von denen man annahm, sie konkurrierten um die gleiche Nahrung, den gleichen Baum bewohnten. Eine Art blieb auf den höheren Ästen, während die andere auf den unteren nistete.

Als Miller dies las, begann er, über die Computerbranche und den Kampf zwischen Dell und Compaq nachzudenken. „Compaq steht nicht notwendigerweise in direktem Wettbewerb mit Dell Computers", dachte Miller. „Die Wettbewerbsdynamik ist weitaus komplizierter, als viele denken. Tatsächlich haben beide Unternehmen im Markt ihre eigenen Nischen."

Miller glaubt auch, dass Anleger ganz anders über die Börse von heute denken sollten. Er zeigt auf, dass der S&P 500 heute eine viel größere Zahl von Technologieunternehmen beinhaltet, die alle sehr verschiedene finanzielle Merkmale aufweisen, und der Markt deshalb ganz anders ist als in den 60er Jahren (siehe Tabelle 8.4). 1964 machten Technologieunternehmen gerade einmal 5,5 % vom Gewicht des S&P 500 aus, und die Rohstoffe repräsentierten 16,5 %. Heute haben diese beiden Branchen beinahe ihre Plätze getauscht. Die Rohstoffe fielen auf 6,9 % zurück, Technologieaktien machen derzeit 12 % aus und wachsen immer noch. Es gibt aber noch andere wichtige Unterschiede In den 60er Jahren machten Öl und Versorgungsbetriebe 37 % des Indexes aus. Heute stellen sie 19 % dar. Finanzen und Gesundheitswesen waren für den Index früher fast bedeutungslos, heute machen sie zusammen ein Viertel aus.

„Die meisten Investoren benutzen historische Bewertungsmethoden oder -modelle, um festzustellen, wann Aktien billig oder teuer sind", sagt Bill Miller. „Doch das Problem bei historischen Bewertungsmethoden ist, dass sie sehr vom Kontext abhängig sind. Damit will ich sagen, die Maßstäbe entstanden im Kontext eines bestimmten wirtschaftlichen Umfelds, besonderer Gewinne auf das Kapital, besonderer Unternehmenssituationen und -strategien." Mit anderen Worten: Historische Modelle funktionieren, solange der Kontext, in dem die Unternehmen und Branchen agieren, ähnlich dem Kontext ist, in dem die Bewertungsmethoden ursprünglich entstanden sind. Was wir heute sehen, ist im Vergleich zu 1960 ein Umfeld, das für die einzelnen Unternehmen völlig anders ist und letztendlich für den Index, mit dem viele Investoren diese vergleichen.

Tabelle 8.4   Der S&P 500 – nicht mehr der Index unserer Vorväter

	Kapitalisierte Gewichtung	
Branche	**1964 (%)**	**1996 (%)**
Finanzen	2,0	14,6
Gesundheit	2,3	10,7
Kurzfristige Konsumgüter	9,0	12,8
Dienstleistungen	6,3	9,7
Langfristige Konsumgüter	10,8	2,7
Energie	17,8	8,9
Transport	2,6	1,6
Technologie	5,5	12,0
Rohstoffe	16,5	6,9
Anlagewerte	8,0	9,9
Versorgung	19,2	10,2
Summe	100,0	100,0

Die Börse reflektiert das kumulative Verhalten von Milliarden Entscheidungen, die von Millionen von Investoren, Tradern und Spekulanten getroffen werden. Jede dieser Entscheidungen ist von allen anderen unabhängig. Jede Person hat nur einen teilweisen Überblick über den Markt, agiert aber auf Basis dieser Information. Wenn all diese Agenten interagieren, wird ein Markt gebildet. Doch in einem komplexen adaptiven System können wir nicht vorhersehen, was passieren wird, indem wir einfach die einzelnen Handelnden untersuchen. In einem komplexen adaptiven System ist das Ganze größer als die Summe seiner Teile.

Manchmal schafft das Verhalten der einzelnen Teile einen Trend. Weil jedoch jeder einzelne Agent nur begrenztes Wissen hat, nimmt jeder einen Trend wahr, aber niemand hat eine Vorstellung, was diesen Trend verursacht hat. Weil alle Agierenden im Markt aufeinander reagieren, entwickelt sich ein Kurstrend. Es ist dieser Trend, der einige Leute dazu bringt, Vorhersagen zu treffen. Beispielsweise kann ein Aktienkurs in einen Trading-Bereich fallen, was die Trader zu sich wiederholenden Mustern von Kaufen und Verkaufen verlockt. Doch an irgendeinem Punkt, so erklärt Miller, schleichen sich langsam kleine, unbemerkte Verhaltensänderungen in den Markt ein. Schließlich ist ein kritischer Punkt erreicht. Professor Mauboussin vergleicht die Veränderungen in den Märkten mit einem Sandhaufen, der durch langsames, aber ständiges Anschütten entsteht. „Jedes Sandkorn", erklärt Mauboussin, „ist wie ein einzelner Agent. Unbedeutend an sich, tut es sich mit anderen Sandkörnern zusammen, um kumulative Effekte hervorzurufen. Wenn der Sandhaufen über einen kritischen Punkt hinaus anwächst, dann gerät das System aus dem Gleichgewicht." Das Ergebnis ist eine Lawine.

Ständig schleichen sich winzige Veränderungen in den Markt. Was Investoren jedoch in Furcht versetzt, erklärt Miller, ist, dass ein Trend ohne Vorwarnung wegen eines einfachen kleinen Ereignisses zusammenbricht. Investoren werden immer wieder überrascht, weil keine der Veränderungen groß genug ist, um Aufmerksamkeit zu erregen.

Investoren setzen immer darauf, dass eine Aktie oder der Markt als Ganzes sich auf das Mittelmaß, den Durchschnitt einpendeln wird – dass sie einem vorhersagbaren Muster folgen. Doch das Mittelmaß ist nicht stabil. Es bewegt sich ständig, es verändert sich je nach den unvorhersehbaren Entscheidungen von Millionen Investoren, die sich selbst immer wieder anderen Entscheidungen anpassen. Miller warnt davor, dass es sehr risikoreich ist, Entscheidungen auf der Grundlage von (vermuteten) Mustern zu treffen. „Man glaubt, der Markt sei eine einfache lineare Situation. Doch der Markt ist nicht linear, er ist komplex und adaptiv. Und so funktioniert Ihr System – bis es plötzlich aufhört zu funktionieren."

MUSTER ERKENNEN

„Etwas in unserem Verstand, das angelegt ist, reale und imaginäre Muster aufzuspüren, rebelliert bei der Vorstellung fundamentaler Unordnung." Diese Worte stammen aus George Johnsons lesenswertem Buch *Fire in the Mind* und verdeutlichen das Dilemma, dem sich alle Investoren gegenüber sehen. Der Verstand prägt Muster, behauptet Johnson. Muster setzen Ordnung voraus, und diese ermöglicht uns, zu planen und unsere Ressourcen zu nutzen. Doch dieser natürliche Hang zur Ordnung stößt an seine Grenzen, wenn wir den Markt betrachten. „Wenn man ein wirklich komplexes System hat", sagt Brian Arthur, „dann sind die genauen Muster nicht wiederholbar."

Wenn das Santa Fe Institute ausreichend viele komplexe Systeme studiert, könnte uns das ermöglichen, beispielhaft das Verhalten eines speziellen komplexen Systems zu beobachten. Bis dahin sind wir dem Schicksal ausgeliefert, mit einem Markt zu leben, der nur begrenzte Verhaltensmuster aufweist, die ständig durch unerwartete und manchmal sehr heftige Veränderungen unterbrochen werden. Ob wir es mögen oder nicht, wir leben in einer Welt, die sich ständig verändert. Wie ein Kaleidoskop verändern sich die Muster dieser Welt nach einer scheinbaren Ordnung, doch sie wiederholen niemals die genaue Abfolge. Die Muster sind immer neu und anders.

Wie finden sich Investoren in einer Welt zurecht, in der man sich nicht an wieder erkennbaren Mustern orientieren kann? Indem man den richtigen Ort auf der richtigen Ebene betrachtet. Obwohl die Volkswirtschaft und der Markt als Ganzes zu komplex und zu groß sind, um vorhersagbar zu sein, gibt es Muster auf Unternehmensebene, die wir wieder erkennen können. In jedem Unternehmen gibt es Unternehmensmuster, Managementmuster und Finanzmuster. Wenn man diese Muster untersucht, kann man in den meisten Fällen vernünftige Vorhersagen über die Zukunft dieses Unternehmens treffen. Dieses sind die Muster, auf die sich Warren Buffett konzentriert, nicht die unvorhersehbaren Verhaltensmuster der Millionen von Investoren. „Ich habe es schon immer einfacher gefunden, Größen einzuschätzen, die durch fundamentale Daten bestimmt werden, als Meinungen, die durch die Psychologie bestimmt werden", sagte er.

„Wir werden weiterhin politische und wirtschaftliche Vorhersagen ignorieren, die für viele Investoren und Geschäftsleute eine teure Ablenkung sind", sagt Buffett. „Vor 30 Jahren konnte niemand die enorme Ausweitung des Vietnamkriegs voraussehen, Lohn- und Preiskontrollen, zwei Ölschocks, den Rücktritt eines Präsidenten, die Auflösung der Sowjetunion, den Fall des Down Jones um 508 Punkte an einem einzigen Tag, oder dass die Erträge von Schatzbriefen zwischen 2,8 und 17,4 % schwanken würden."

Auch wenn Buffett nicht im Voraus wusste, dass und wann diese Ereignisse eintreten würden, hielt das ihn nicht davon ab, seine Investment-Performance zu erreichen. „Keines dieser außerordentlichen Ereignisse kratzte Ben Grahams Anlageprinzipien auch nur im Geringsten an", sagte Buffett. „Auch wurden dadurch die Ankäufe hervorragender Unternehmen zu vernünftigen Kursen nicht plötzlich unvernünftig. Stellen Sie sich vor, was es uns gekostet hätte, hätten wir es zugelassen, dass die Angst vor dem Ungewissen uns davon abhielt, unser Kapital anzulegen oder anders anzulegen."

Sprachmuster folgen Gedankenmustern. Wenn Kapitalanleger ein Muster feststellen, ganz gleich wie fehlerhaft diese Erkenntnis auch sein mag, dann werden sie auf das Erkennen dieses Musters reagieren. Der Nutzen der Ergebnisse des Santa Fe Institute ist, dass sie Ihnen verstehen helfen, was die Märkte *nicht* sind. Hat man einmal verstanden, dass der Markt ein komplexes adaptives System ist, dann kann man das Thema Vorhersagbarkeit beruhigt ad acta legen. Außerdem wird man verstehen, dass der Markt kritische Punkte von Aufschwung und Abschwung erreichen wird.

„Ich bin ganz sicher, dass sich in den nächsten 30 Jahren weitere große Schocks ereignen werden", erklärt Buffett. „Weder werden wir versuchen, sie vorherzusehen noch von ihnen zu profitieren. Wenn wir Unternehmen ausmachen können, die so ähnlich sind wie diejenigen, die wir in der Vergangenheit gekauft haben, dann werden externe Überraschungen nur geringe Auswirkungen auf unsere langfristigen Ergebnisse haben."

Wenn Sie also das nächste Mal versucht sind zu glauben, Sie hätten endlich doch ein wiederholbares Muster identifiziert, von dem Sie profitieren könnten, dann denken Sie an die Wissenschaftler, die tagtäglich am Santa Fe Institute arbeiten. Und das nächste Mal, wenn Sie von der Unvorhersehbarkeit des Marktes schockiert sind, dann sollten Sie daran denken, was Buffett sagt: „Erkennen Sie zwei unangenehme Tatsachen an: Die Zukunft ist niemals klar, und Sie zahlen an der Börse einen sehr hohen Preis für einen fröhlichen Konsens. Unsicherheit ist der Freund des Käufers von langfristig angelegten Werten."

Kapitel 9
Wer schafft die meisten Treffer?

Die erste Regel beim Baseball ist: Um gut zu schlagen, braucht man einen guten Ball.

— Rogers Hornsby

1996 veröffentlichte Stephen Jay Gould, ein anerkannter Biologe, produktiver Autor und Yankees-Fan von klein auf, das Buch *Full House: The Spread of Excellence from Plato to Darwin*. Gould ist fasziniert von der Komplexität des Lebens und studiert die Variationen unterschiedlicher Systeme sehr gründlich. In seinem lehrreichen Buch spricht er unter anderen Dingen darüber, dass es im Major-League-Baseball niemanden mehr gibt, der einen Schnitt von 0,400 erreicht. (Die Hitter [Schläger] mit diesem Durchschnitt sind im Baseball die absoluten Stars, vergleichbar mit den Torschützenkönigen im Fußball. – Anm. d. Übers.)

Die Statistiken sagen uns, dass es zwischen 1901 und 1930, einer Zeitspanne von 30 Jahren, neun Spielzeiten gab, in denen mindestens ein Spieler einen Schlagdurchschnitt von mehr als 0,400 erreichte. Doch in den darauffolgenden 87 Jahren gab es nur einen einzigen Spieler, der diese magische Grenze übertraf: 1941 traf Ted Williams 0,406-mal.

Aus diesen Angaben könnten wir schließen, dass das Schlagen beim Baseball im Laufe der Zeit immer schlechter geworden ist. Doch Gould möchte, dass wir darüber nachdenken, wie leicht solche Statistiken falsch interpretiert werden können. Er glaubt, dass eine weitere Kraft am Werk ist. Nicht das Schlagen ist schlechter geworden, sondern die Verteidigung wird immer besser. Die Würfe werden ausgefeilter, die Fertigkeiten der Feldspieler werden besser und die Fähigkeit der Teams, eine wirksame Verteidigung gegen hervorragendes Schlagen aufzubauen, hat sich weiter entwickelt.

Peter L. Bernstein, der Gründer und Herausgeber des *Journal of Portfolio Management* und Autor von hervorragenden Büchern, greift Goulds Thesen über die Baseballer, die keine 0,400 Treffer mehr erzielen, auf und wendet sie auf das Portfolio-Management an: „Die Performance-Daten von Aktien-Portfolio-Managern weisen Muster auf, die denen erstaunlich ähnlich sind, die man im Baseball beobachten kann." Bernstein behauptet, das Fehlen überdurchschnittlicher Performance bei den professionellen Geldmanagern sei ein Ergebnis der sich ständig verbessernden Ausbildung und der Erweiterung des Wissens um die Kapitalanlage. Wenn immer mehr Leute bei der Kapitalanlage immer geschickter werden, dann schwinden die Chancen, dass einige wenige Superstars eine Ausreißer-Performance erzielen.

Das ist ein verführerischer Vergleich. Folgt man diesem Argument bis zum Ende, könnte man daraus schließen, dass diejenigen, die große Erfolge haben (wie beispielsweise Warren Buffett), mit der Zeit vollkommen durch einen effizienten Markt gut informierter intelligenter Investoren verdrängt werden. Und tatsächlich weist Bernstein darauf hin, dass Berkshire Hathaways Ergebnisse im Vergleich zum S&P 500 in den 60er und 70er Jahren besser waren als in den 80ern und 90ern. Ich jedoch würde behaupten, dass der Aktienmarkt heute wesentlich aggressiver ist und dass Berkshires vergrößerte Kapitalbasis bei dieser Art von Vergleich zu einem relativen Handicap wird. Warren Buffett ist immer noch einer der Super-Hitter.

WIE MAN EIN SUPER-HITTER WIRD

Bernstein ließ sich in seinem Artikel mit dem Titel „Where, Oh Where Are The .400 Hitters of Yesteryear?" bei seiner Performance-Hypothese bewusst ein Hintertürchen offen. Er schrieb, ein Portfolio-Manager müsse, um ein ganz Großer zu werden, bereit sein, „konzentrierte Einsätze zu tätigen – unerlässlich, wenn es das Ziel ist, hohe, überdurchschnittliche Gewinne zu erzielen". Kümmern Sie sich nicht um Bernsteins Überzeugung, das Risiko von Irrtümern und hohen Standardabweichungen werde jeden Portfolio-Manager davon abbringen, es mit einem Fokus-Portfolio zu probieren. Die Tatsache bleibt: Ein Fokus-Portfolio hat die besten Chancen, die Gewinne des Gesamtmarktes zu übertreffen.

Wenn wir Bernsteins Hintertürchen öffnen und hinaus sehen, ist es keine Überraschung, dass wir wen erblicken? John Maynard Keynes, Phil Fisher, Warren Buffett, Charlie Munger, Lou Simpson und Bill Ruane. Und so wie ein junger Baseballer vielleicht die Legende Ted Williams genau beobachtet hätte, können wir sicher sehr viel lernen, wenn wir Schlagtechnik und Schwung dieser Super-Hitter studieren. Wie Buffett einmal gesagt hat: „Eine Schlüsselfrage im Leben ist es, herauszufinden, wofür man sich am besten eignet."

So wird man als Portfolio-Manager ein Super-Hitter

- Betrachen Sie Aktien als Unternehmen
- Vergrößern Sie den Umfang Ihres Investments
- Vermindern Sie den Umschlag des Portfolios
- Entwickeln Sie alternative Maßstäbe für die Performance Ihres Portfolios
- Lernen Sie, in Wahrscheinlichkeiten zu denken
- Beachten Sie die Psychologie des Fehlurteils
- Ignorieren Sie Markt-Vorhersagen
- Warten Sie auf den „großen Schlag"!

Betrachten Sie Aktien als Unternehmen

„Unserer Ansicht nach", sagt Buffett, „benötigen Studenten der Kapitalanlage nur zwei sehr gute Kurse – wie man ein Unternehmen bewertet und wie man über Börsenkurse denken sollte."

Für jeden, der Warren Buffetts Ansatz nachvollziehen will, ist es ein unerlässlicher erster Schritt, Aktien zuerst und vor allem als Unternehmen zu betrachten. „Immer wenn Charlie und ich für Berkshire Aktien kaufen, gehen wir diese Transaktion an, als ob wir uns in ein Privatunternehmen einkauften. Wir beachten die wirtschaftlichen Aussichten des Unternehmens, wir sehen auf die Menschen, die das Unternehmen verantwortlich leiten, und wir achten natürlich auch auf den Preis, den wir bezahlen müssen." Die Einzelheiten, worauf er achtet, finden Sie in den Grundsätzen, die Sie schon in Kapitel 1 gelesen haben.

„Ihr Ziel als Investor sollte es ganz einfach sein, zu einem vernünftigen Preis einen Teil eines einfach zu verstehenden Unternehmens zu kaufen, dessen Gewinne in 15 oder 20 Jahren mit an Sicherheit grenzender Wahrscheinlichkeit beträchtlich höher sein werden", erklärt Buffett. „Über die Zeit werden Sie nur wenige Unternehmen finden, die diesen Anforderungen genügen – und deshalb sollten Sie, wenn Sie ein Unternehmen finden, das ihnen genügt, eine ansehnliche Menge Aktien kaufen."

Vergrößern Sie den Umfang Ihres Investments

„Ich würde nie etwas kaufen, wenn ich nicht 10 % meines gesamten Vermögens dafür aufwenden wollte", bekennt Buffett. „Wenn ich nicht so viel darauf setzen will, dann ist es vermutlich keine besonders gute Idee."

Wie viele verschiedene Aktien sollte ein Kapitalanleger besitzen? Buffett würde Ihnen sagen, dass dies von Ihrer Anlagestrategie abhänge. Wenn Sie die Fähigkeit haben, Unternehmen zu analysieren und zu bewerten, dann brauchen Sie wahrscheinlich nicht viele Aktien. Buffett ist der Überzeugung, dass die einzigen Investoren, die eine breite

Diversifikation benötigen, diejenigen sind, die nicht verstehen, was sie tun.

Für Sie als Käufer von Unternehmen gibt es kein Gesetz, dass Sie von jeder großen Branche etwas besitzen müssten. Außerdem benötigen Sie nicht 40, 50 oder 100 Aktien in ihrem Portfolio, um eine ausreichende Diversifikation zu erzielen. Wenn ein Unternehmer zufrieden wäre, wenn er zehn Firmen besitzt, weshalb, fragt Buffett, sollte das bei einem Aktionär anders sein?

Breite Diversifizierung ist ein zweischneidiges Schwert. Wenn ein Anleger keine Unternehmen analysieren kann, dann ist für ihn ein sehr breit angelegtes Portfolio (beispielsweise ein Index-Fonds) der richtige Weg. Allerdings haben wir auch gelernt, dass Überdiversifizierung die Anlageergebnisse eines guten Stockpickers beeinträchtigt, weil sie die Größe der einzelnen Aktienposition begrenzt. Das haben sogar die Hohepriester der modernen Finanzwelt herausgefunden: Durchschnittlich 85 % der möglichen Diversifikation können schon mit einem Portfolio von 15 Aktien erreicht werden und mit einem Portfolio von 30 Aktien bis auf 95 % erhöht werden. Buffett bittet uns, einmal zu überlegen: Wenn das beste Unternehmen, das Sie besitzen, das geringste finanzielle Risiko darstellt und die günstigsten langfristigen Aussichten bietet, weshalb sollten Sie dann Geld in eine Aktie investieren, die bei Ihnen erst an 20. Stelle steht, und nicht lieber weiteres Geld in Ihre erste Wahl?

Vermindern Sie den Umschlag des Portfolios

Es ist völlig falsch anzunehmen, dass ständiges Kaufen und Verkaufen Fortschritte und Verbesserungen Ihres Portfolios bringt. Wir wissen bereits, dass Portfolio-Umschlag Transaktionskosten verursacht, die unseren Gesamtgewinn mindern. Bei zu versteuernden Kapitalanlagen sind die Auswirkungen eines hohen Umschlags weitaus schädlicher. Jedes Mal, wenn eine Aktie verkauft wird und die Ergebnisse der Transaktion einen Gewinn erbringen, geht Ihnen ein Teil davon in Form von Steuern verloren (In Deutschland gilt zur Zeit, dass realisierte Spekulationsgewinne dann steuerfrei sind, wenn zwischen Ankauf und Verkauf mindestens der Zeitraum von einem Jahr liegt – Anm. d. Übers.). Vergessen Sie nicht: Der noch nicht realisierte Kapitalgewinn in Ihrem Portfolio gehört Ihnen so lange, wie Sie die Aktie besitzen. Wenn Sie diesen Gewinn behalten, vorausgesetzt die Anlageprinipien haben sich bei diesem Unternehmen nicht geändert, dann kann man das Nettovermögen durch den Zinseffekt deutlich erhöhen.

Behandeln Sie Ihr Portfolio so, als seien Sie der Vorstandsvorsitzende einer Holding-Gesellschaft. „Eine Muttergesellschaft", sagt Buffett, „die eine Tochtergesellschaft mit hervorragenden langfristigen wirtschaftlichen Aussichten besitzt, wird dieses Kronjuwel der Gesellschaft nicht verkaufen. Dennoch wird der gleiche Vorstandsvorsitzende impulsiv Aktien aus seinem persönlichen Portfolio verkaufen – mit wenig mehr Logik als: ‚Man kann nicht Pleite gehen, wenn man einen Gewinn mitnimmt.' Unserer Ansicht nach gilt, dass das, was im Geschäftsleben Sinn macht, auch bei Aktien richtig ist: Ein Kapitalanleger sollte normalerweise einen kleinen Teil eines hervorragenden Unternehmens mit der gleichen Zähigkeit halten wie ein Inhaber, dem das ganze Unternehmen gehört."

Entwickeln Sie alternative Maßstäbe für die Performance Ihres Portfolios

Die Strategie des Fokus-Investing basiert eher auf einem Wirtschaftlichkeitsmodell und nicht auf einem Kursmodell. In einem Wirtschaftlichkeitsmodell konzentriert sich das Portfolio um einige ausgewählte Aktien, weil dies Ihnen ermöglicht, die Unternehmen, an denen Sie beteiligt sind, besser zu verstehen und zu beobachten. In einem Wirtschaftlichkeitsmodell geht man davon aus, dass der Besitz weniger statt mehrerer Aktien zu einem geringeren Gesamtrisiko des Portfolios führt. Die Volatilität in einem Wirtschaftlichkeitsmodell ist gut, weil sie Ihnen die Chance bietet, zu attraktiven Kursen weitere Aktien von großartigen Unternehmen zu kaufen. Im Gegensatz dazu ist die Diversifikation in einem Kursmodell sehr breit angelegt, das Verhältnis des Aktionärs zum Unternehmen distanzierter und Volatilität wird als negativ empfunden.

In einem Wirtschaftlichkeitsmodell wird man durch das Wissen beruhigt, dass die künftigen Aktienkurse stark mit den wirtschaftlichen Gegebenheiten des entsprechen Unternehmens korrelieren. Wenn sich die wirtschaftlichen Gegebenheiten verbessern, dann wird der Aktienkurs ebenfalls steigen. Verschlechtern sich die wirtschaftlichen Gegebenheiten des Unternehmens, kann man davon ausgehen, dass die zukünftigen Kurse fallen werden.

In diesem Rahmen haben Sie den Vorteil eines Gewinners: eine Methode, die mit hoher Wahrscheinlichkeit erfolgreich ist. Die gegensätzliche Strategie – der Versuch, kurzfristige Kursentwicklungen besser als andere zu erraten – ist das Spiel der Verlierer. Auch wenn sich ein Wirtschaftlichkeitsmodell nicht auf kurzfristige Kursveränderungen als Maßstab für Fortschritt verlässt, bedeutet dies noch lange nicht, dass Fokus-Investoren keine Möglichkeit haben, ihre Performance zu messen. Es bedeutet lediglich, dass sie einen anderen Maßstab benötigen.

Fokus-Investoren können den Fortschritt in ihrem Portfolio messen, indem sie wie Buffett die offensichtlichen Gewinne (look-through earnings) berechnen. Um die gesamte Ertragskraft ihrer Unternehmen zu berechnen, multiplizieren sie die Gewinne je Aktie mit der Zahl der Aktien in ihrem Besitz. Das Ziel eines Geschäftsmanns ist es laut Buffett, ein Portfolio mit Unternehmen zu schaffen, die in zehn Jahren die höchsten offensichtlichen Gewinne erzielen.

Lernen Sie, in Wahrscheinlichkeiten zu denken

Wir wissen bereits, dass Warren Buffett ein leidenschaftlicher Bridgespieler ist. Sie werden wahrscheinlich auch nicht überrascht sein, dass er und Charlie Munger zwischen dem Kartenspiel und der Kapitalanlage viele Parallelen sehen. „Unser Ansatz bei der Kapitalanlage", sagt Charlie, „ist der gleiche, den Sie anwenden würden, wollten Sie ein Problem beim Bridge lösen: Sie würden die Wahrscheinlichkeiten schätzen."

Buffetts Lieblingsbuch über Bridge ist *Why you lose at Bridge* von S. J. Simon. Es enthält verschiedene Erkenntnisse, die auch Fokus-Investoren interessieren sollten. Simon schreibt: „Der Kartenspieler, der sich der Mühe unterzieht, sich die mathematischen Prinzipien, die diesem Spiel zu Grunde liegen, bewusst zu machen, ist eine seltene Ausnahme – und normalerweise ein Profi. Nicht sein überlegenes Geschick bringt ihm seine Gewinne ein – es ist sein überlegenes mathematisches Bewusstsein.«

Jedes Kartenspiel, egal ob Bridge, Poker oder Black Jack, beruht hauptsächlich auf mathematischen Prinzipien. Gleiches gilt für die Kapitalanlage, doch die Mathematik der Kapitalanlage ist, wie Sie sich erinnern werden, nicht unzugänglich. Die Algebra, die für eine Bayes'sche Analyse erforderlich ist, entspricht High-School-Niveau. Bei der Kapitalanlage muss die reine Mathematik natürlich oft durch subjektive Wahrscheinlichkeitsanalysen ergänzt werden; diese Fertigkeiten erlangen Sie durch Ihre Erfahrung. Buffett sagte bei verschiedenen Gelegenheiten, er sei ein besserer Investor, weil er auch Geschäftsmann sei, und ein besserer Geschäftsmann, weil er auch Investor sei.

Je mehr Zeit Sie damit verbringen, Aktien als Unternehmen zu betrachten, die Jahresberichte und Wirtschaftszeitschriften zu lesen, die wirtschaftlichen Grundlagen zu erforschen und nicht die Aktienkurse, desto selbstverständlicher wird Ihnen das Thema der Wahrscheinlichkeit werden. Sie werden überrascht sein, wie schnell Sie anfangen, die Muster zu sehen, die den täglichen Kursveränderungen zu Grunde liegen. „Sie sehen, dass sich bestimmte Geschäftsmuster und geschäftliches Verhalten wiederholen", betont Buffett. „Übrigens neigt die Wall Street dazu, sie nicht zur Kenntnis zu nehmen."

Wenn Sie ein Investor werden, der sich auf die zu Grunde liegenden Geschäftsmuster konzentriert, dann werden Sie feststellen, dass Sie wesentlich leichter in Wahrscheinlichkeiten denken können, und das wird für Sie ein enormer Wettbewerbsvorteil sein. Schließlich, so sagt Simon, werden gute Bridgespieler nur durch „mathematische Apathie" daran gehindert, ausgezeichnete Bridgespieler zu werden.

Beachten Sie die Psychologie des Fehlurteils

Blaise Pascal, einer der Väter der Wahrscheinlichkeitstheorie, sagte: „Der Verstand des Menschen ist gleichzeitig sowohl der Ruhm als auch die Schande des Universums." Charlie Munger hat Investoren einen großen Dienst erwiesen, indem er seine Gedanken über Psychologie und Kapitalanlage erläuterte. Er sagt: „Der Verstand eines Menschen hat sowohl enorme Kraft als auch ganz normale Fehlfunktionen, die bewirken, dass er oft zu falschen Schlüssen kommt."

Die Psychologie bei der Kapitalanlage ist von größter Bedeutung. Wir können die wirschaftliche Situation richtig einschätzen und auch die Wahrscheinlichkeiten richtig berechnen, aber wenn wir unseren Emotionen folgen und nicht unserem gesunden Urteilsvermögen, dann werden wir aus dem Fokus-Investment keinen Vorteil ziehen können – und auch aus keiner anderen Investmentstrategie.

Es ist wichtig, zu berücksichtigen, dass die Fokus-Strategie nicht für jeden geeignet ist. Sie ist ein einzigartiger Stil, der oft im Gegensatz dazu steht, wie die Mehrheit der Menschen über die Kapitalanlage denkt. „Jeder Mensch", sagt Charlie, „muss das Spiel so spielen, dass er dabei seine eigene Psychologie berücksichtigt. Wenn Verluste Sie zu Tode betrüben – und manche Verluste sind unvermeidlich –, dann könnte es weise sein, ein sehr konservatives Investment-Muster anzuwenden und Ihr ganzes Leben lang zu sparen."

Dem würde Buffett zustimmen. „Solange man einen langfristigen Anlagehorizont hat, ist das Risiko des Fokus-Investing", so sagt er, „das Risiko, das durch die Person selbst dargestellt wird – ob sie ihren Glauben an die wirklichen fundamentalen Daten des Unternehmens behalten kann und sich nicht zu sehr um die Börse kümmert."

Ignorieren Sie Markt-Vorhersagen

Wer hätte Ende 1997 vermutet, dass Japan, der Welt zweitgrößte Wirtschaftsnation, in die schlimmste Rezession nach dem Zweiten Weltkrieg schlittern würde? Wer hätte vorhergesagt, dass Russland seinen Schuldentilgungen nicht mehr nachkommen könnte, dass die südostasiatischen Märkte implodieren würden und dass der Dow Jones innerhalb von sechs Wochen um 1.800 Punkte fallen und schon drei Monate später neue Höhen erreicht haben würde? Die Antwort: Das hat niemand vorhergesehen, und wenn es jemanden gibt, der dies behauptet, dann ist die Wahrscheinlichkeit, dass er noch einmal eine so genaue

Vorhersage trifft, nicht höher als die bei einem Münzwurf. Die Börse (und die Weltwirtschaft, von der sie ein Teil ist) ist ein komplexes adaptives System, das sich in einem Zustand ständiger Evolution befindet. Einfache Vorhersagemodelle könnten eine kurze Zeit lang stabil erscheinen, aber letztlich werden sie doch versagen. An solchen Modellen festzuhalten, kann verlockend sein, doch ist es eher dumm.

Buffett sagt, dass der Aktienmarkt häufig effizient sei. Wenn er effizient ist, dann wird zufällig Information am Markt verfügbar, und die Marktteilnehmer werden schnell die entsprechenden Preise festlegen. Doch beachten Sie: Buffett sagt nicht, der Markt sei *immer* effizient. Von Zeit zu Zeit entsprechen die Kurse, die von den Marktteilnehmern gesetzt werden, nicht genau dem intrinsischen Wert eines Unternehmens. Aktienkurse entfernen sich vom intrinsischen Wert eines Unternehmens aus verschiedenen Gründen, darunter aus psychologischer Überreaktion und fehlerhafter Einschätzung der wirtschaftlichen Bedingungen. Fokus-Investoren sind perfekt positioniert, um von diesen „falschen Kursen" zu profitieren. Doch in dem Ausmaß, wie sie makroökonomische oder Börsen-Vorhersagen in ihr Modell aufnehmen, vergeben sie ihren Wettbwerbsvorteil.

Warten Sie auf den „großen Schlag"

Ty Cobb sagte einmal: „Ted Williams sieht an einem Baseball mehr als jeder andere Mensch – aber er fordert einen perfekten Wurf." Diese eiserne Disziplin könnte erklären, weshalb Williams der einzige 0,400-Hitter in den letzten sieben Jahrzehnten ist. Warren Buffett ist ein großer Bewunderer von Ted Williams, und bei verschiedenen Gelegenheiten erzählte er den Aktionären von Berkshire von dessen Disziplin. In dem Buch *The Science of Hitting* erklärte Williams seine Technik. Er teilte die Schlagzone in 77 Zellen ein, von denen jede die Größe eines Baseballs hatte. Dazu Buffett: „Und weil er nur nach Bällen schlug, die in seiner ‚besten' Zelle ankamen, wusste Williams, er konnte die magische Grenze von 0,400 erreichen. Wenn er den Ball an seinem ‚schlechtesten' Punkt annähme, am unteren Außenrand der Schlagzone, dann würde ihn dies auf 0,230 zurückwerfen."

Die Analogie zwischen Williams Baseball-Schlagtechik und der Kapitalanlage ist offensichtlich. Für Buffett ist die Kapitalanlage eine Reihe von „geschäftlichen Schlägen"; um eine überdurchschnittliche Performance zu erzielen, muss er warten, bis ein Unternehmen in seinen Schlagbereich kommt, und zwar in seine beste Zelle. Buffett ist der Meinung, dass Anleger viel zu oft nach schlechten Bällen schlagen – dadurch leidet ihre Performance. Wahrscheinlich ist es nicht so, dass Anleger einen guten Wurf – ein gutes Unternehmen – nicht erkennen können, wenn sie eines sehen. Das Problem ist, dass sie einfach nicht widerstehen können, ihren Baseball-Schläger zu schwingen.

Wie kommen wir aus diesem Dilemma heraus? Warren Buffett empfiehlt, Investoren sollten so handeln, als hätten sie eine „Entscheidungskarte für ihr Leben", auf der verzeichnet ist, dass sie nur 20 Entscheidungen treffen dürfen. Jedesmal, wenn man zuschlägt, wird die Karte gelocht, und man hat für den Rest seines Lebens eine Anlagemöglichkeit weniger. Dies würde einen zwingen, nur die besten Anlagemöglichkeiten wahrzunehmen.

Lassen Sie sich also nicht dazu verführen, nach Würfen zu schlagen, die niedrig und außen auf Sie zukommen. Ted Williams, der immer auf die beste Schlagchance wartete, ging das Risiko der Bestrafung durch ein „Striking out" ein. In dieser Hinsicht haben Kapitalanleger es einfacher, meint Buffett. Anders als Williams „können wir nicht vom Platz gerufen werden, wenn wir drei Würfen widerstehen, die nur ganz knapp in der Schlagzone liegen".

DIE VERANTWORTUNG VON FOKUS-INVESTOREN – EINE WARNUNG

Bevor Sie jetzt dieses Buch weglegen, ist es von entscheidender Bedeutung, dass Sie ernsthaft darüber nachdenken, was als nächstes gesagt wird. Das vorliegende Buch ist für Investoren so etwas wie eine Betriebsanleitung für Ferrari-Besitzer. Aber wenn Sie sich ans Steuer eines so starken Sportwagens setzen, der Geschwindigkeiten bis zu 300 Stundenkilometern erreichen kann, dann sollten Sie auch die Verantwortung besitzen, dieses Fahrzeug sicher zu fahren. Es wäre also klug, nicht nur die Betriebsanleitung zu lesen, sondern auch den Warnungen darin Folge zu leisten. Gleichermaßen habe ich einige Warnungen für Sie, wenn Sie ein Fokus-Portfolio aufbauen möchten:

Gehen Sie nicht an die Börse, wenn Sie nicht bereit sind, über Aktien zuerst und immer als teilweises Eigentum an einem Unternehmen nachzudenken.

Richten Sie sich darauf ein, die Unternehmen in Ihrem Besitz gründlich und ausdauernd zu studieren und ebenso die Unternehmen, die mit Ihrem im Wettbewerb stehen; Ihr Ziel dabei: Niemand soll mehr über das Unternehmen oder die Branche wissen als Sie.

Beginnen Sie kein Fokus-Portfolio, wenn Sie nicht bereit sind, für mindestens fünf Jahre zu investieren. Mit längeren Zeithorizonten gewinnen Sie noch mehr Sicherheit.

Stellen Sie Ihr Fokus-Portfolio nie mittels Darlehen zusammen. Ein unbelastetes Fokus-Portfolio wird Ihnen helfen, Ihre Anlageziele schnell genug zu erreichen. Denken Sie daran: Eine unerwartete Kapitalrückforderung kann ein ausgeklügeltes Portfolio ruinieren.

Akzeptieren Sie die Notwendigkeit, das richtige Temperament und die richtige Persönlichkeit anzustreben, um ein Fokus-Portfolio zu „fahren".

Als Fokus-Investor ist es Ihr Ziel, ein Verständnis Ihrer Unternehmen zu erreichen, das es an der Wall Street nicht gibt. Sie mögen jetzt protestieren, das sei unrealistisch, aber wenn man überlegt, was die Wall Street anpreist, könnte es durchaus sein, dass das nicht so schwierig ist, wie Sie denken. Wenn Sie bereit sind, hart zu arbeiten und Unternehmen zu studieren, dann werden Sie wahrscheinlich mehr über die Firma wissen, an der Sie beteiligt sind, als der durchschnittliche Investor – und das ist alles, was Sie benötigen, um einen Wettbewerbsvorteil zu gewinnen.

Buffett behauptet, dass seine Investment-Strategie von jedem ernsthaften Investoren verstanden werden könnte. Dem kann ich nur zustimmen. Sie brauchen kein Diplom-Kaufmann oder MBA zu sein, um von der Fokus-Strategie zu profitieren. Allerdings müssen Sie sich unbedingt die Zeit nehmen, den ganzen Prozess sorgfältig zu studieren. Wie Buffett schon sagt: „Kapitalanlage ist einfacher, als Sie glauben, aber schwieriger, als sie aussieht." Erfolgreiche Kapitalanlage erfordert nicht, dass Sie sich mit hochgestochener Mathematik und lauter griechischen Symbolen abgeben müssen. Sie müssen auch nicht lernen, Derivate und internationale Währungsschwankungen zu entziffern. Sie brauchen kein tiefes Verständnis von Notenbankpolitik und ganz sicher nicht den „heißen" Tipps und Trends der Markt-Hellseher zu folgen.

Manche Investoren schwatzen lieber darüber, „wie der Markt läuft", als sich mit einem Jahresbericht herumzuschlagen. Aber, glauben Sie mir, ein „Kneipengespräch" über die künftige Richtung der Märkte und Zinssätze ist weitaus weniger profitabel, als wenn Sie 30 Minuten lang die neuesten Nachrichten über ein Unternehmen lesen, an dem Sie beteiligt sind.

WESHALB HAT DIE WALL STREET DAS FOKUS-INVESTING IGNORIERT?

Erstaunlicherweise hat es die Wall Street in einer Branche, die bekannt dafür ist, dass sie Erfolg kopiert, irgendwie geschafft, das Fokus-Investing bisher links liegen zu lassen. Und das, obwohl diejenigen, die es praktizieren, hervorragende Ergebnisse erzielten und erzielen. „Was wir tun (konzentrierte Portfolios), ist so einfach, dass es nicht besonders häufig nachgemacht wird", sagte Charlie Munger. „Ich weiß nicht warum. Es wird von Berkshire-Aktionären kopiert. Sie alle haben es gelernt. Aber es ist nicht der Standard bei der Kapitalanlageverwaltung – nicht einmal an großen Universitäten und anderen Bildungseinrichtungen. Und das ist eine sehr interessante Frage: Wenn wir richtig liegen, weshalb liegen dann so viele hervorragende Einrichtungen falsch?"

Charlie warf damit eine grundlegende Frage auf: Weshalb lehnen Menschen Ideen ab? Wir sollten genauer fragen, weshalb Ideen abgelehnt werden, wenn es den Anschein hat, dass sie mit großem Erfolg funktionieren? Derjenige, der diese Frage am besten beantworten kann, ist Thomas Kuhn.

Kuhn starb 1996 und war ursprünglich Physiker, bevor er Philosoph wurde. Sein Meisterwerk von 1962, *The Structure of Scientific Revolutions*, gilt als eines der einflussreichsten, wenn nicht gar als das einflussreichste philosophische Werk über die zweite Hälfte des 20. Jahrhunderts. Das Buch, das in über 1 Million Exemplaren verkauft wurde, führte die Theorie der Paradigmen und den heute vertrauten Begriff des Paradigmenwechsels ein.

Es war Kuhns Behauptung, dass der Fortschritt in der Wissenschaft nicht immer glatt vorangeht. Obwohl wir glauben mögen, dass wissenschaftliche Entdeckung ein Prozess ist, in dem intellektuelle Bausteine einem bereits sehr stabilen Gebäude angefügt werden, zeigte Kuhn, dass wissenschaftlicher Fortschritt manchmal durch Krisen entsteht: Zunächst wird die intellektuelle Struktur des vorherrschenden Modells oder Paradigmas eingerissen und danach ein völlig neues Modell konstruiert.

Die Geschichte scheint Kuhns Theorie zu bestätigen. Die kopernikanische Revolution ersetzte die Vorstellung, die Erde sei der Mittelpunkt des Sonnensystems, und Einsteins allgemeine Relativitätstheorie „stürzte" die euklidische Geometrie. Vor jedem Fall eines Paradigmenwechsels, so erklärte Kuhn, gab es zunächst eine Periode der Krise. Manche Leute glauben, dass das gegenwärtige intellektuelle Tauziehen zwischen breit diversifizierten Portfolios und Fokus-Portfolios eine solche Krise ist.

Nach Kuhn erfolgt der erste Schritt eines Paradigmenwechsels, wenn eine Anomalie eingeführt wird. „Das Wort Anomalie fand ich schon immer interessant", sagte Buffett, „weil Kolumbus eine Anomalie war – zumindest eine Zeit lang, nehme ich an. Was Anomalie bedeutet, können die Wissenschaftler nicht erklären. Und statt ihre Theorien noch einmal zu überprüfen, gehen sie ganz einfach hin und bezeichnen jeden Beweis dieser Art als Anomalie."

Jahrelang versuchten Wissenschaftler, Buffett als Anomalie zu erklären, oder, wie es die Statistiker nennen, als Fünf-Sigma-Ereignis. Ihrer Ansicht nach ist Buffett so außergewöhnlich, dass sein Erfolg nur sehr selten vorkomme und nur rein zufällig dupliziert werden könne. Manche Wirtschaftswissenschaftler bemühten den schon klassischen Vergleich mit dem Orang-Utan: Wenn man ausreichend viele Orang-Utans in einen Raum steckt, dann muss statistisch einer unter ihnen sein, der das Buffett-Phänomen aufweist. Doch selbst wenn dies so wäre, wie erklärt man dann den Erfolg von John Maynard Keynes, Phil Fisher, Charlie Munger, Lou Simpson und Bill Ruane?

Einer der Hauptgründe, weshalb sich neue Paradigmen entwickeln, ist, dass die alten Paradigmen anfangen zusammenzubrechen. Wenn das geschieht, versuchen die Anhänger des alten Paradigmas oft, ihr Modell in einem letzten Versuch zu retten, indem sie es mit Heftpflaster und Verbänden zuammenflicken. Als das Paradigma des Ptolemäus die Veränderungen am Himmel nicht länger erklären konnte, fügten die damaligen Astronomen ihrem Modell einfach Ringe hinzu, um damit eine Erklärung zu versuchen, was am Himmel geschehe. Ptolemäus hat nicht Unrecht, darauf bestanden sie. Das Modell müsse lediglich verfeinert werden.

Man möchte annehmen, dass Wissenschaftler in der heutigen Welt bereitwillig neue und sogar widersprüchliche Informationen akzeptieren und dann kollegial daran arbeiten, ein neues Paradigma zu konstruieren. Doch nichts könnte weiter von der Wahrheit entfernt sein, sagte Kuhn. „Obwohl sie (die Befürworter des derzeit gültigen Paradigmas) vielleicht anfangen, den Glauben zu verlieren, und dann über Alternativen nachdenken, gehen sie nicht von dem Paradigma ab, das sie in diese Krise geführt hat." Da man so viel in Ausbildung und Geschäfte investiert hat, die das gegenwärtige Modell predigen, stellt die Vorstellung, einen Paradigmenwechsel zu akzeptieren, ein intellektuelles, emotionales und finanzielles Risiko dar, das nicht wert ist, es einzugehen.

Historisch gesehen streckt sich ein Paradigmenwechsel über viele Jahrzehnte hin und betrifft mehrere Generationen, was viel Zeit lässt, neue Anhänger auszubilden. Wenn dann nicht mehr geleugnet werden kann, dass das alte Paradigma völlig in die Irre führte, erscheint am Horizont eine nicht aufzuhaltende Armee von Anhängern des neuen Paradigmas. Bis der Wechsel vollzogen ist, ist die größte Herausforderung, wie die Anhänger des neuen Modells in einer Welt überleben können, die ihrem Erfolg gegenüber feindlich gesinnt ist.

Kuhn sagte uns, um eine Paradigmenkrise zu überleben, bedürfe es einer großen Portion Trotz und (Selbst-)Vertrauen. Ich behaupte, dass die Superinvestoren von Buffettville beides haben und angesichts ihres Erfolgs alle anderen gut daran täten, ihrer Führung zu folgen.

KAPITALANLAGE ODER SPEKULATION?

Alle großen Denker aus dem Finanzbereich, unter ihnen auch John Maynard Keynes, Ben Graham und Warren Buffett, haben versucht, die Unterschiede zwischen Kapitalanlage und Spekulation zu erklären. Nach Keynes ist Kapitalanlage „eine Aktivität, bei der man die Erträge von Wertpapieren über die Lebensdauer eines Wertpapiers hinweg vorhersagt; …Spekulation ist die Aktivität der Vorhersage der Marktpsychologie". Für Graham war die Kapitalanlage ein Vorgang, der auf gründlicher Analyse beruht, Sicherheit des Grundkapitals verspricht und einen zufriedenstellenden Gewinn. Operationen, die diese Voraussetzungen nicht erfüllen, sind spekulativ. Buffett ist von folgendem überzeugt: „Wenn man Investor ist, achtet man darauf, was der Vermögenswert – in unserem Fall das Unternehmen – tut. Ist man aber ein Spekulant, dann versucht man in erster Linie, vorherzusagen, wie der Kurs der Aktie sich verhalten wird, unabhängig davon, wie es dem entsprechenden Unternehmen ergeht."

Grundsätzlich stimmen sie alle überein, dass Spekulanten sich auf die Prognose künftiger Kurse konzentrieren, während sich Anleger auf die zu Grunde liegenden Vermögenswerte konzentrieren, wohl wissend, dass künftige Kurse sehr eng mit der wirtschaftlichen Performance des zu Grunde liegenden Werts verbunden sind. Wenn diese Behauptungen richtig sind, dann möchte man annehmen, die meiste Aktivität, die heute die Finanzmärkte dominiert, ist Spekulation und nicht Kapitalanlage.

Das ist ein alter, aber immer noch andauernder Streit, der auf beiden Seiten leidenschaftliche Verfechter hat. Kurz vor seinem Tod wurde Ben Graham ausführlich von Charles Ellis interviewt. Ellis, einer der Partner von Greenwich Partners und Autor von *Winning the Loser's Game*, führte das Interview 1976 für das *Financial Analysts Journal*. In diesem Interview erinnerte sich Ellis an eine frühere Diskussion mit Graham über das Thema Kapitalanlage versus Spekulation. Wie Ellis sagt, war es nicht so sehr die Theorie der Spekulation an sich, die Graham störte. Spekulanten, so erklärte Graham, stellten immer einen Teil der Börse dar. Was Graham allerdings große Sorgen machte, war seine Überzeu-

206

gung, dass Kapitalanleger, ohne es zu wissen, spekulative Gewohnheiten übernommen hatten.

Vielleicht haben wir diese Frage nicht richtig betrachtet. Statt in ein lautes Geschrei auszubrechen und zu streiten, was Kapitalanlage und was Spekulation wirklich ist, sollten wir uns vielleicht mehr mit dem Element des Wissens beschäftigen. Ich möchte behaupten: Wenn man mehr darüber versteht, wie Unternehmen funktionieren und Aktienkurse sich verhalten, wenn man zu verstehen anfängt, dass Fokus-Portfolios im Gegensatz zu breit diversifizierten Portfolios die besten Chancen bieten, einen Index-Fonds zu schlagen, wenn man zu begreifen beginnt, dass Portfolios mit einem hohen Umschlag die Kosten in die Höhe treiben, während Portfolios mit niedrigem Umschlag den möglichen Gewinn erhöhen, und wenn man bemerkt, dass die Jagd nach dem richtigen Aktienkurs das Spiel der Dummen ist – dann beginnt man das Fundament für das Wissen zu legen, das einen weg von der Spekulation und hin zur Kapitalanlage führt.

Wir können mit Sicherheit davon ausgehen, dass mehr Wissen dazu führt, dass die Gewinne unserer Kapitalanlage zunehmen (siehe Abbildung 9.1), und unser Gesamtrisiko mindert (siehe Abbildung 9.2). Ich bin auch davon überzeugt, dass Wissen den Unterschied zwischen Kapitalanlage und Spekulation ausmacht (siehe Abbildung 9.3). Schließlich: Je größer Ihr Wissen ist, um so weniger wahrscheinlich ist es, dass pure Spekulation Ihr Denken und Handeln beherrschen wird.

Der Finanzjournalist Ron Chernow behauptet, dass „Finanzsysteme die Werte einer Gesellschaft widerspiegeln". Ich glaube, das ist weitgehend richtig. Von Zeit zu Zeit hat es den Anschein, als ob wir unsere Werte verlören, und dann fallen unsere Märkte spekulativen Kräften anheim. Bald darauf berichtigen wir uns und begeben uns wieder auf unseren richtigen finanziellen Pfad – nur um bald wieder zu straucheln und in destruktive Gewohnheiten zurückzufallen. Eine Möglichkeit, diesen Teufelskreis zu durchbrechen, ist, uns kundig zu machen, was funktioniert und was nicht.

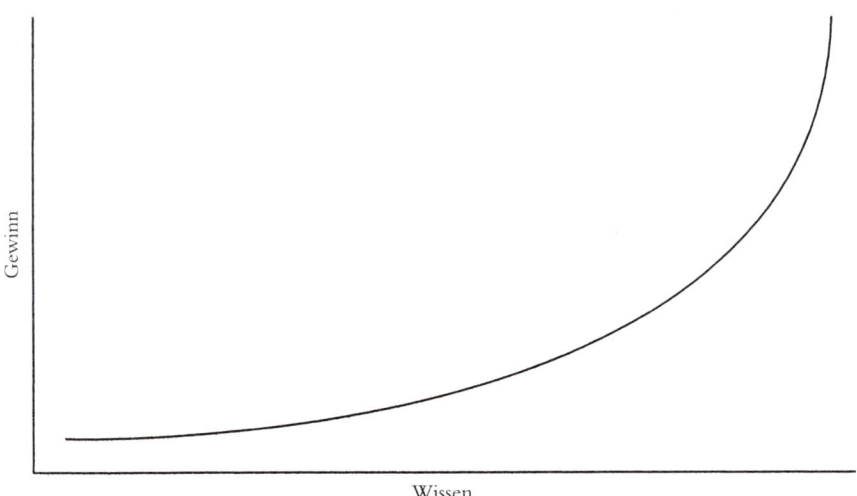

Wer schafft die meisten Treffer?

Wissen

Wenn das Wissen zunimmt, nimmt auch der Gewinn zu

Abbildung 9.1   Die Beziehung zwischen Wissen und finanziellem Gewinn

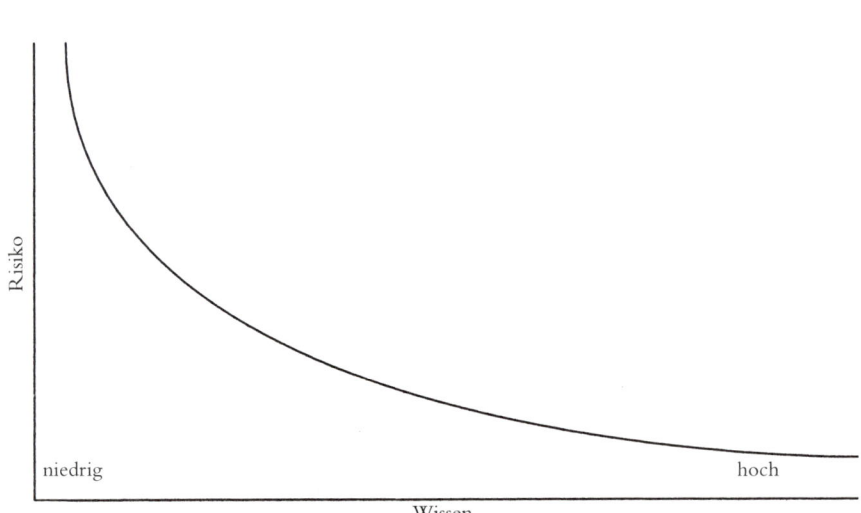

Wissen

Wenn das Wissen zunimmt, sinkt der Risikolevel

Abbildung 9.2   Die Beziehung zwischen Wissen und Risiko

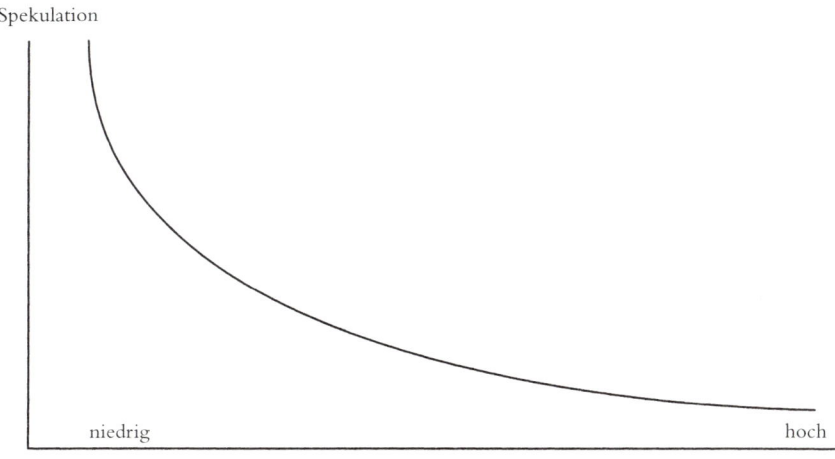

Wenn das Wissen zunimmt, wird mehr investiert und weniger spekuliert

Abbildung 9.3 Die Beziehung zwischen Wissen und Kapital-
anlage/Spekulation

LERNEN SIE VON DEN BESTEN

Einmal wurden Buffett und Munger auf einer Konferenz bei Berkshire
Hathaway gefragt, ob es nicht möglich sei, dass ihre beiden klugen
Köpfe eine neue Generation von Investoren heranbildeten. Genau das
haben sie natürlich in den letzten 20 Jahren getan. Berkshire Hathaways
Jahresberichte sind berühmt für ihrer Deutlichkeit, für das Fehlen jeg-
licher überflüssiger Phrasen und für ihren hohen Bildungswert. Jeder,
der in der glücklichen Lage ist, eine Jahreshauptversammlung von
Berkshire Hathaway besuchen zu können, weiß, wie erleuchtend diese
sein können. (Alle, die nicht persönlich teilnehmen können, können
von den Bemerkungen Buffetts und Mungers profitieren und auch von
anderen Reden und Interviews, weil diese in Henry Emersons *Outstanding Investor Digest* abgedruckt werden.) Durch ihr Vorbild und ihre
öffentlichen Reden haben Warren Buffett und Charlie Munger vielen
Tausenden von Anlegern beigebracht, wie man über Kapitalanlage

denken sollte – ebenso wie sie selbst wiederum von ihren Lehrern gelernt haben.

Von Charlie wissen wir, dass er an die Disziplin glaubt, man solle das Beste von dem beherrschen, was andere sich ausgedacht haben. Er glaubt nicht daran, dass man sich ganz einfach hinsetzen und alles selbst erfinden könne. So klug sei niemand.

Dem würde Buffett zustimmen: „Ich habe hauptsächlich durch mein vieles Lesen gelernt. Daher glaube ich nicht, dass ich selbst eigene Ideen habe. Sicher, ich spreche davon, dass ich Graham gelesen habe. Ich habe auch Phil Fisher gelesen. Und so habe ich viele Ideen aus meiner Lektüre bezogen." Nach Buffett gilt: „Man kann sehr viel von anderen Menschen lernen. Tatsächlich glaube ich, dass man in der Hauptsache von anderen Menschen lernt und nicht unbedingt selbst besonders viele neue Ideen entwickeln muss. Man kann einfach die besten Ideen anwenden, die man findet."

Wissen zu erwerben, ist wie eine Reise. Warren Buffett und Charlie Munger bekamen viel von ihrer Weisheit von Menschen, die vor ihnen kamen, formten dieses Wissen so, dass es in ihr eigenes Verständnis-Mosaik passte, und bieten es heute großzügig anderen an: allen, die bereit sind, ihre Hausaufgaben zu machen und mit frischem, lebhaftem, offenem Geist so viel zu lernen, wie sie nur können.

Charlie sagte einmal: „Es ist schon außerordentlich, wie sich manche Leute widersetzen, irgend etwas neues zu lernen." Und Buffett fügte hinzu: „Was wirklich erstaunt, ist, wie sie sich wehren, selbst wenn es in ihrem eigenen Interesse ist, zu lernen." Dann fuhr Buffett in etwas nachdenklicherem Ton fort: „Es gibt eben einen unglaublichen Widerstand gegen Denken oder gegen Veränderung. Einmal zitierte ich Bertrand Russell, der sagte: ‚Die meisten Menschen würden eher sterben als denken. Und viele sind gestorben.' Und im Bereich der Finanzen ist das auch sehr wahr."

Anhang A

Die Tabellen A.1 bis A.10 zeigen Berkshire Hathaways Aktien-Portfolios von 1988 bis 1997 (Quelle: die jeweiligen Jahresberichte von Berkshire Hathaway). Kapitel 3 beschreibt den Kauf von Coca-Cola-Aktien als ein Beispiel für Buffetts „große Einsätze". Es könnte für Sie auch interessant sein, die Verteilung der anderen Beteiligungen zu verfolgen.

Tabelle A.1 Berkshire Hathaways Aktien-Portfolio 1988

Zahl der Aktien	Gesellschaft	Kosten (in 1.000 $)	Marktwert (in 1.000 $)	Prozent des Portfolios (%)	Jährlicher Gewinn (%)	Gewichteter Gewinn (%)	Gleich gewichteter Gewinn (%)	Mit 2 % gewichteter Gewinn (%)
3.000.000	Capital Cities / ABC, Inc.	517.500,00	1.086.750,00	35,6	5,1	1,8	1,0	0,1
6.850.000	GEICO Corporation	45.713,00	849.400,00	27,8	13,5	3,8	2,7	0,3
14.172.500	The Coca-Cola Company	592.540,00	632.448,00	20,7	22,8	4,7	4,6	0,5
1.727.765	The Washington Post Company	9.731,00	364.126,00	11,9	13,6	1,6	2,7	0,3
2.400.000	Federal Home Loan Mortgage	71.729,00	121.200,00	4,0		0,0	0,0	0,0
Gesamter Aktienbestand		1.237.213,00	3.053.924,00	100,0		11,9	11,0	14,9★
								16,0

Quelle der Daten: Berkshire Hathaway, Jahresbericht 1988

Gewinn des S&P 500: 16,6 %

★ Der Marktgewinn (S&P 500) repräsentiert 90 % des Portfolios

Tabelle A.2 Berkshire Hathaways Aktien-Portfolio 1989

Zahl der Aktien	Gesellschaft	Kosten (in 1.000 $)	Marktwert (in 1.000 $)	Prozent des Portfolios (%)	Jährlicher Gewinn (%)	Gewichteter Gewinn (%)	Gleich gewichteter Gewinn (%)	Mit 2 % gewichteter Gewinn (%)
23.350.000	The Coca-Cola Company	1.023.920,00	1.803.787,00	34,8	77,0	26,8	15,4	1,5
3.000.000	Capital Cities /ABC, Inc.	517.500,00	1.692.375,00	32,6	55,8	18,2	11,2	1,1
6.850.000	GEICO Corporation	45.713,00	1.044.625,00	20,1	24,2	4,9	4,8	0,5
1.727.765	The Washington Post Company	9.731,00	486.366,00	9,4	34,6	3,2	6,9	0,7
2.400.000	Federal Home Loan Mortgage	71.729,00	161.100,00	3,1	0,0	0,0	0,0	0,0
								28,5★
	Gesamter Aktienbestand	1.668.593,00	5.188.253,00	100,0		53,1	38,3	32,3

Gewinn des S&P 500: 31,6 %

Quelle der Daten: Berkshire Hathaway, Jahresbericht 1989

★ Der Marktgewinn (S&P 500) repräsentiert 90 % des Portfolios

Tabelle A.3 Berkshire Hathaways Aktien-Portfolio 1990

Zahl der Aktien	Gesellschaft	Kosten (in 1.000 $)	Marktwert (in 1.000 $)	Prozent des Portfolios (%)	Jährlicher Gewinn (%)	Gewichteter Gewinn (%)	Gleich gewichteter Gewinn (%)	Mit 2 % gewichteter Gewinn (%)
46.700.000	The Coca-Cola Company	1.023.920,00	2.171.550,00	40,2	22,7	9,1	3,8	0,5
3.000.000	Capital Cities / ABC, Inc.	517.500,00	1.377.375,00	25,5	– 18,6	– 4,7	– 3,1	– 0,4
6.850.000	GEICO Corporation	45.713,00	1.110.556,00	20,5	7,5	1,5	1,3	0,2
1.727.765	The Washington Post Company	9.731,00	342.097,00	6,3	– 28,4	– 1,8	– 4,7	– 0,6
5.000.000	Wells Fargo & Company	289.431,00	289.375,00	5,4	– 16,8	– 0,9	– 2,8	– 0,3
2.400.000	Federal Home Loan Mortgage	71.729,00	117.000,00	2,2	– 25,4	– 0,6	– 4,2	– 0,5
								– 2,7★
	Gesamter Aktienbestand	1.958.024,00	5.407.953,00	100,0		2,7	– 9,8	– 3,9

Gewinn des S&P 500: – 3,1 %

Quelle der Daten: Berkshire Hathaway, Jahresbericht 1990

★ Der Marktgewinn (S&P 500) repräsentiert 90 % des Portfolios

Tabelle A.4 Berkshire Hathaways Aktien-Portfolio1991

Zahl der Aktien	Gesellschaft	Kosten (in 1.000 $)	Marktwert (in 1.000 $)	Prozent des Portfolios (%)	Jähr-licher Gewinn (%)	Gewich-teter Gewinn (%)	Gleich gewichteter Gewinn (%)	Mit 2 % gewichteter Gewinn (%)
46.700.000	The Coca-Cola Company	1.023.920,00	3.747.675,00	42,9	75,4	32,4	10,8	1,5
6.850.000	GEICO Corporation	45.713,00	1.363.150,00	15,6	23,8	3,7	3,4	0,5
24.000.000	The Gillette Company	600.000,00	1.347.000,00	15,4	81,8	12,6	11,7	1,6
3.000.000	Capital Cities /ABC, Inc.	517.500,00	1.300.500,00	14,9	-5,5	-0,8	-0,8	-0,1
2.495.200	Federal Home Loan Mortgage	77.245,00	343.090,00	3,9	188,0	7,4	26,9	3,8
1.727.765	The Washington Post Company	9.731,00	336.050,00	3,9	0,2	0,0	0,0	0,0
5.000.000	Wells Fargo & Company	289.431,00	290.000,00	3,3	5,3	0,2	0,8	0,1
								26,1*
	Gesamter Aktienbestand	2.563.540,00	8.727.465,00	100,0		55,5	52,7	33,5

Quelle der Daten: Berkshire Hathaway, Jahresbericht 1991

Hinweis: Beinhaltet nicht Guinness PLC

* Der Marktgewinn (S&P 500) repräsentiert 86 % des Portfolios

Gewinn des S&P 500: 30,4 %

Tabelle A.5 Berkshire Hathaways Aktien-Portfolio 1992

Zahl der Aktien	Gesellschaft	Kosten (in 1.000 $)	Marktwert (in 1.000 $)	Prozent des Portfolios (%)	Jährlicher Gewinn (%)	Gewichteter Gewinn (%)	Gleich gewichteter Gewinn (%)	Mit 2 % gewichteter Gewinn (%)
93.400.000	The Coca-Cola Company	1.023.920,00	3.911.125,00	35,1	5,8	2,0	0,7	0,1
34.250.000	GEICO Corporation	45.713,00	2.226.250,00	20,0	64,2	12,8	8,0	1,3
3.000.000	Capital Cities /ABC, Inc.	517.500,00	1.523.500,00	13,7	17,2	2,3	2,1	0,3
24.000.000	The Gillette Company	600.000,00	1.365.000,00	12,3	2,7	0,3	0,3	0,1
16.196.700	Federal Home Loan Mortgage	414.527,00	783.515,00	7,0	7,4	0,5	0,9	0,1
6.358.418	Wells Fargo & Company	380.983,00	485.624,00	4,4	34,5	1,5	4,3	0,7
4.350.000	General Dynamics	312.438,00	450.769,00	4,0	96,7	3,9	12,1	1,9
1.727.765	The Washington Post Company	9.731,00	396.954,00	3,6	20,4	0,7	2,6	0,4
								6,4★
	Gesamter Aktienbestand	3.304.812,00	11.142.737,00	100,0		24,2	31,1	11,4

Quelle der Daten: Berkshire Hathaway, Jahresbericht 1992

Hinweis: Beinhaltet nicht Guinness PLC

★ Der Marktgewinn (S&P 500) repräsentiert 84 % des Portfolios

Gewinn des S&P 500: 7,6 %

Tabelle A.6 Berkshire Hathaways Aktien-Portfolio 1993

Zahl der Aktien	Gesellschaft	Kosten (in 1.000 $)	Marktwert (in 1.000 $)	Prozent des Portfolios (%)	Jährlicher Gewinn (%)	Gewichteter Gewinn (%)	Gleich gewichteter Gewinn (%)	Mit 2 % gewichteter Gewinn (%)
93.400.000	The Coca-Cola Company	1.023.920,00	4.167.975,00	37,9	8,3	3,1	1,0	0,2
34.250.000	GEICO Corporation	45.713,00	1.759.594,00	16,0	- 19,7	- 3,1	- 2,5	- 0,4
24.000.000	The Gillette Company	600.000,00	1.431.000,00	13,0	6,4	0,8	0,8	0,1
2.000.000	Capital Cities / ABC, Inc.	345.000,00	1.239.000,00	11,3	22,0	2,5	2,8	0,4
6.791.218	Wells Fargo & Company	423.680,00	878.614,00	8,0	73,0	5,8	9,1	1,5
13.654.600	Federal Home Loan Mortgage	307.505,00	681.023,00	6,2	4,9	0,3	0,6	0,1
1.727.765	The Washington Post Company	9.731,00	440.148,00	4,0	12,9	0,5	1,6	0,3
4.350.000	General Dynamics	94.938,00	401.287,00	3,6	48,5	1,8	6,1	1,0
								8,5★
	Gesamter Aktienbestand	2.850.487,00	10.998.641,00	100,0		11,7	19,5	11,6

Quelle der Daten: Berkshire Hathaway, Jahresbericht 1993

Hinweis: Beinhaltet nicht Guinness PLC

★ Der Marktgewinn (S&P 500) repräsentiert 84 % des Portfolios

Gewinn des S&P 500: 10,1 %

Tabelle A.7 Berkshire Hathaways Aktien-Portfolio 1994

Zahl der Aktien	Gesellschaft	Kosten (in 1.000 $)	Marktwert (in 1.000 $)	Prozent des Portfolios (%)	Jährlicher Gewinn (%)	Gewichteter Gewinn (%)	Gleich gewichteter Gewinn (%)	Mit 2 % gewichteter Gewinn (%)
93.400.000	The Coca-Cola Company	1.023.920,00	5.150.000,00	36,9	17,4	6,4	1,7	0,3
24.000.000	The Gillette Company	600.000,00	1.797.000,00	12,9	27,4	3,5	2,7	0,5
20.000.000	Capital Cities / ABC, Inc.	345.000,00	1.705.000,00	12,2	37,8	4,6	3,8	0,8
34.250.000	GEICO Corporation	45.713,00	1.678.250,00	12,0	-2,6	-0,3	-0,3	-0,1
6.791.218	Wells Fargo & Company	423.680,00	984.272,00	7,0	15,2	1,1	1,5	0,3
27.759.941	American Express Company	723.919,00	818.918,00	5,9	12,4	0,7	1,2	0,2
13.654.600	Federal Home Loan Mortgage	270.468,00	644.441,00	4,6	3,2	0,1	0,3	0,1
1.727.765	The Washington Post Company	9.731,00	418.983,00	3,0	-3,2	-0,1	-0,3	-0,1
19.453.300	PNC Bank Corporation	503.046,00	410.951,00	2,9	-23,6	-0,7	-2,4	-0,5
6.854.500	Gannet Co., Inc.	335.216,00	365.002,00	2,6	-4,5	-0,1	-0,5	-0,1
								1,1*
	Gesamter Aktienbestand	4.280.693,00	13.972.817,00	100,0		15,3	8,0	2,6

Gewinn des S&P 500: 1,3 %

Quelle der Daten: Berkshire Hathaway, Jahresbericht 1994

* Der Marktgewinn (S&P 500) repräsentiert 80 % des Portfolios

Tabelle A.8 Berkshire Hathaways Aktien-Portfolio 1995

Zahl der Aktien	Gesellschaft	Kosten (in 1.000 $)	Marktwert (in 1.000 $)	Prozent des Portfolios (%)	Jährlicher Gewinn (%)	Gewichteter Gewinn (%)	Gleich gewichteter Gewinn (%)	Mit 2 % gewichteter Gewinn (%)
49.456.900	American Express Company	1.392,70	2.046,30	10,6	42,8	4,5	6,1	0,9
20.000.000	Capital Cities /ABC, Inc.	345.000,00	2.467,50	12,8	44,9	5,7	6,4	0,9
100.000.000	The Coca-Cola Company	1.298.900,00	7.425,00	38,4	46,1	17,7	6,6	0,9
12.502.500	Federal Home Loan Mortgage	260,10	1.044,00	5,4	68,2	3,7	9,7	1,4
34.250.000	GEICO Corporation	45,70	2.393,20	12,4	44,1	5,5	6,3	0,9
48.000.000	The Gillette Company	600,00	2.502,00	12,9	41,1	5,3	5,9	0,8
6.791.218	Wells Fargo & Company	423,70	1.466,90	7,6	15,2	1,2	2,2	0,3
								32,3★
	Gesamter Aktienbestand	4.366,10	19.344,90	100,0		43,6	43,2	38,3

Quelle der Daten: Berkshire Hathaway, Jahresbericht 1995

★ Der Marktgewinn (S&P 500) repräsentiert 86 % des Portfolios

Gewinn des S&P 500: 37,6 %

Tabelle A.9 Berkshire Hathaways Aktien-Portfolio1996

Zahl der Aktien	Gesellschaft	Kosten (in 1.000 $)	Marktwert (in 1.000 $)	Prozent des Portfolios (%)	Jährlicher Gewinn (%)	Gewichteter Gewinn (%)	Gleich gewichteter Gewinn (%)	Mit 2 % gewichteter Gewinn (%)
49.456.900	American Express Company	1.392,70	2.794,30	11,4	39,8	4,5	5,0	0,8
200.000.000	The Coca-Cola Company	1.298,90	10.525,00	43,0	43,2	18,6	5,4	0,9
24.614.214	The Walt Disney Company	577,00	1.716,80	7,0	19,1	1,3	2,4	0,4
64.246.000	Federal Home Loan Mortgage	333,40	1.772,80	7,2	34,2	2,5	4,3	0,7
48.000.000	The Gillette Company	600,00	3.732,00	15,3	50,9	7,8	6,4	1,0
30.156.600	McDonald's Corporation	1.265,30	1.368,40	5,6	1,2	0,1	0,1	0,0
1.727.765	The Washington Post Company	10,60	579,00	2,4	20,6	0,5	2,6	0,4
7.291.418	Wells Fargo & Company	497,80	1.966,90	8,0	27,6	2,2	3,4	0,6
								19,3★
Gesamter Aktienbestand		5.975,70	24.455,20	100,0		37,5	29,6	24,0

Quelle der Daten: Berkshire Hathaway, Jahresbericht 1996

★ Der Marktgewinn (S&P 500) repräsentiert 84 % des Portfolios

Gewinn des S&P 500: 23,0 %

Tabelle A.10 Berkshire Hathaways Aktien-Portfolio 1997

Zahl der Aktien	Gesellschaft	Kosten (in 1.000 $)	Marktwert (in 1.000 $)	Prozent des Portfolios (%)	Jährlicher Gewinn (%)	Gewichteter Gewinn (%)	Gleich gewichteter Gewinn (%)	Mit 2 % gewichteter Gewinn (%)
49.456.900	American Express Company	1.392,70	4.414,00	13,9	59,8	8,3	7,5	1,2
200.000.000	The Coca-Cola Company	1.298,90	13.337,50	42,0	27,9	11,7	3,5	0,6
21.563.414	The Walt Disney Company	381,20	2.134,80	6,7	42,8	2,9	5,4	0,9
63.977.600	Freddie Mac	329,40	2.683,10	8,4	53,8	4,5	6,7	1,1
48.000.000	The Gillette Company	600,00	4.821,00	15,2	30,4	4,6	3,8	0,6
23.733.198	Travelers Group Inc.	604,40	1.278,60	4,0	78,8	3,2	9,9	1,6
1.727.765	The Washington Post Company	10,60	840,60	2,6	47,0	1,2	5,9	0,9
6.690.218	Wells Fargo & Company	412,60	2.270,90	7,1	28,2	2,0	3,5	0,6
								28,0*
	Gesamter Aktienbestand	5.029,80	31.780,50	100,0		38,5	46,1	35,4

Quelle der Daten: Berkshire Hathaway, Jahresbericht 1997

* Der Marktgewinn (S&P 500) repräsentiert 84 % des Portfolios

Gewinn des S&P 500: 33,35 %

Anhang B

Die 1.200 Unternehmen, die wir beobachteten, um hypothetische Fokus-Portfolios zu konstruieren, liefern uns auch die Daten, die wir benötigen, um die Korrelation zwischen den operativen Gewinnen eines Unternehmens und seinem Aktienkurs zu untersuchen. Wir durchkämmten dazu die Compustat-Datenbank und fragten nach allen Unternehmen, die über den gesamten Zeitraum von 18 Jahren (1979 bis 1996) Werte für die Gewinne je Aktie und Kurse hatten. Wir benutzten Kurse nahe am Jahresende und die Gewinne je Aktie bei voller Ausschüttung ohne außerordentliche Ereignisse.

Wir nahmen die sich daraus ergebenden 1.200 Unternehmen und berechneten das Gewinnwachstum je Aktie (Gewinn je Aktie dividiert durch die Standardabweichung) und das Gewinnwachstum (indem wir den geometrischen Durchschnitt berechneten) für die jeweils gewählten Zeiträume. Dann schrieben wir eine Excel-Grafik der Gewinne je Aktie und des Kurswachstums und suchten nach der Trendlinie und der Korrelation zwischen diesen beiden Variablen. In den Tabellen B.1 bis B.5 zeigen wir die Korrelationen für vier verschiedene Zeiträume: fünf, sieben, zehn und 18 Jahre.

Beispielsweise zeigt Tabelle B.1 die Beziehung zwischen den Gewinnen und dem Kurs unserer Unternehmen in Dreijahreszeiträumen.
Wenn wir die Gewinne je Aktie unserer 1.200 Unternehmen in den
Jahren 1978 bis 1980 nehmen und mit dem Kursverhalten unserer Unternehmen in den drei darauf folgenden Jahren (1979 bis 1981) vergleichen, können wir erkennen, dass die Korrelation zwischen den beiden
Variablen ziemlich schwach ist: 0,275. Das bedeutet, dass 27 % der
Kursveränderung durch die Gewinnveränderung erklärt werden konnten.

Für jeden Dreijahreszeitraum von 1978 bis 1995 können wir erkennen, dass die Beziehung zwischen den Gewinnen je Aktie und dem
Kurs nicht besonders stark ausgeprägt ist: Sie liegt zwischen 0,131 und
0,360. Was aber geschieht, wenn wir den Zeitraum verlängern?

Tabelle B.2 zeigt die Beziehung zwischen Gewinnen und Kurs,
wenn wir eine Aktie fünf Jahre lang halten. Die Korrelation steigt an in
einem Bereich von 0,374 bis zu 0,599. Ein Zeitraum von sieben Jahren
(Tabelle B.3) verstärkt die Korrelation auf 0,473 bis 0,670. In der Studie über den Zeitraum von zehn Jahren hinweg (Tabelle B.4) liegt die
Korrelation zwischen 0,593 und 0,695. Und wenn man die Aktien 18
Jahre lang hält (Tabelle B.5), liegt die Korrelation bei 0,688 – eine sehr
deutliche Beziehung.

Beachten Sie, dass in jeder Tabelle über den Zeitraum hinweg eine
Abnahme der relativen Korrelation zu verzeichnen ist. Beispielsweise
finden Sie in Tabelle B.4., dass die Korrelation zwischen den Gewinnen
je Aktie und dem Kurs von 0,688 in den Jahren 1979 bis 1988 auf
0,598 in den Jahren 1987 bis 1996 fiel. Dieser leichte Rückgang der
Beziehung zwischen den beiden Variablen ist nicht auf ein Versagen der
Korrelation zurückzuführen, sondern eher auf den Einfluss der niedrigeren Zinssätze und der niedrigeren Inflationsrate, die auf die Aktienkurse wirkten. Seit 1987 hat es weltweit einen Rückgang der Zinssätze
und Inflationsraten gegeben; dies verursachte, dass der Wert von Aktien
auch ohne den Einfluss der Gewinne signifikant anstieg.

Tabelle B.1 Dreijahresdaten

Gewinne je Aktie versus Kurs

Gewinne je Aktie	Kurs	Zahl der Gesellschaften	Korrelation
1978 –1980	1979 –1981	1.200	0,2758772
1979 –1981	1980 –1982	1.200	0,2629829
1980 –1982	1981 –1983	1.200	0,2568294
1981 –1983	1982 –1984	1.200	0,2797025
1982 –1984	1983 –1985	1.200	0,3529048
1983 –1985	1984 –1986	1.200	0,3418487
1984 –1986	1985 –1987	1.200	0,3460620
1985 –1987	1986 –1988	1.200	0,2906888
1986 –1988	1987 –1989	1.200	0,2312670
1987 –1989	1988 –1990	1.200	0,3606748
1988 –1990	1989 –1991	1.200	0,1694468
1989 –1991	1990 –1992	1.200	0,1315295
1990 –1992	1991 –1993	1.200	0,1577973
1991 –1993	1992 –1994	1.200	0,1479865
1992 –1994	1993 –1995	1.200	0,2509980
1993 –1995	1994 – 1996	1.200	0,2634388

Tabelle B.2 Fünfjahresdaten

Gewinne je Aktie versus Kurs

Gewinne je Aktie	Kurs	Zahl der Gesellschaften	Korrelation
1978 – 1982	1979 –1983	1.200	0,4338561
1979 –1983	1980 –1984	1.200	0,5417748
1980 –1984	1981 –1985	1.200	0,5997851
1981 –1985	1982 –1986	1.200	0,5704438
1982 –1986	1983 –1987	1.200	0,5862316
1983 –1987	1984 –1988	1.200	0,5683841
1984 –1988	1985 –1989	1.200	0,5074871
1985 –1989	1986 –1990	1.200	0,4973158
1986 –1990	1987 –1991	1.200	0,5093590
1987 –1991	1988 –1992	1.200	0,5467952
1988 –1992	1989 –1993	1.200	0,4038872
1989 –1993	1990 –1994	1.200	0,3861604
1990 –1994	1991 –1995	1.200	0,3751835
1991 –1995	1992 –1996	1.200	0,3747853

Tabelle B.3   Siebenjahresdaten

Gewinne je Aktie versus Kurs

Gewinne je Aktie	Kurs	Zahl der Gesellschaften	Korrelation
1978 –1984	1979 –1985	1.200	0,6241161
1979 –1985	1980 –1986	1.200	0,6705901
1980 –1986	1981 –1987	1.200	0,6508436
1981 –1987	1982 –1988	1.200	0,6026558
1982 –1988	1983 –1989	1.200	0,5925778
1983 –1989	1984 –1990	1.200	0,5988441
1984 –1990	1985 –1991	1.200	0,6302446
1985 –1991	1986 –1992	1.200	0,6035084
1986 –1992	1987 –1993	1.200	0,5340913
1987 –1993	1988 –1994	1.200	0,5583143
1988 –1994	1989 –1995	1.200	0,4820943
1989 –1995	1990 –1996	1.200	0,4737507

Tabelle B.4   Zehnjahresdaten

Gewinne je Aktie versus Kurs

Gewinne je Aktie	Kurs	Zahl der Gesellschaften	Korrelation
1978 –1987	1979 –1988	1.200	0,6886247
1979 –1988	1980 –1989	1.200	0,6954808
1980 –1989	1981 –1990	1.200	0,6695781
1981 –1990	1982 –1991	1.200	0,6743078
1982 –1991	1983 –1992	1.200	06803716
1983 –1992	1984 –1993	1.200	0,6229406
1984 –1993	1985 –1994	1.200	0,5950414
1985 –1994	1986 –1995	1.200	0,5938911
1986 –1995	1987 –1996	1.200	0,5982626

Tabelle B.5   Achtzehnjahresdaten

Gewinne je Aktie versus Kurs

Gewinne je Aktie	Kurs	Zahl der Gesellschaften	Korrelation
1978 – 1995	1979 –1996	1.200	0,6889752

Danksagungen

Ich habe Warren Buffett mehr als 15 Jahre lang studiert. Während dieser Zeit hatte ich die Gelegenheit, einen der größten Kapitalanleger der Geschichte zu beobachten. Ich hatte auch die Gelegenheit, Ideen und Arbeitsergebnisse mit vielen begabten Menschen auszutauschen, die mich – jeder auf seine eigene Art und Weise – nicht nur zu einem besseren Autoren und Kapitalanleger machten, sondern auch zu einem besseren Menschen.

Zunächst und vor allem möchte ich Warren Buffett für seine Lehren danken, und dafür, dass er mir ermöglichte, sein Copyright-geschütztes Material zu verwenden. Es ist unmöglich, das zu verbessern, was Buffett schon gesagt hat. Die Leser dieses Buchs sind in der glücklichen Lage, Buffetts eigene Worte zu lesen und nicht auf irgendwelche Nacherzählungen angewiesen zu sein.

Mein Dank geht auch an Charlie Munger. Das gilt nicht nur für seine Rolle bei Berkshire Hathaway, sondern auch für die Lehren, die er Kapitalanlegern auf der ganzen Welt zukommen ließ. Sein Netzwerk von Modellen, um weltliche Weisheit zu erlangen, wird sicher klassisch werden.

Einen besonderen Dank schulden wir dem *Outstanding Investor Digest*. Weithin kurz als OID bekannt, stellt der *Outstanding Investor Digest* eine außerordentliche Publikation dar, die Einzelinvestoren die Gelegenheit verschafft, die besten Ideen von einigen der besten Geldmanager im Land kennenzulernen. Außerdem berichtet der OID über Berkshire Hathaways Jahresversammlungen und auch über gelegentliche Vorlesungen, die Warren Buffett und Charlie Munger halten. In dieses Buch habe ich zahlreiche Zitate eingearbeitet, natürlich mit Erlaubnis des OID. Wenn Sie den *Outstanding Investor Digest* noch nicht kennen, dann können Sie das im Internet unter www.oid.com nachholen. Ich glaube nicht, dass Sie enttäuscht sein werden.

Vielen Dank auch an Andy Kilpatrick, den Autor des Buchs *Warren Buffett – Von bleibendem Wert*, erschienen im FinanzBuch Verlag, München. Immer wenn ich neue Informationen über Buffett oder Berkshire Hathaway brauche, dann greife ich zu Andys Buch. Er ist für mich der offizielle Historiker von Berkshire Hathaway.

Es gab eine Reihe von Leuten, die mir ihre wertvolle Zeit zur Verfügung stellten, das Manuskript lasen und Verbesserungsvorschläge machten. Hier möchte ich Bill Ruane, Lou Simpson, Phil Fisher, Bob Coleman, Tom Russo und Michael Mauboussin danken.

Andere trugen mit ihrer fachkundigen Meinung zu verschiedenen Teilen des Buchs bei. Ich profitierte von Ajit Jain bei Berkshire Hathaway und Alice Schroeder bei Paine Webber. Beide halfen mir dabei, die Superkatastrophen-Versicherungen besser zu verstehen. Ed Thorp und Michael Levitan lehrten mich mit großer Geduld die statistischen Wahrscheinlichkeiten.

Ich hatte großes Glück, mit Joan Lamm-Tennant zusammen arbeiten zu können. Sie ist Vizepräsidentin von General Re, und wir studierten das Konzept des Fokus-Investing sehr genau. Vielen Dank auch an Pat Shunk für seine Hilfe beim Programmieren der Computer.

Besonderen Dank schulde ich William H. Miller, dem Präsidenten von Legg Mason Fund Adviser und Portfolio-Manager des Legg Mason Value Trust. Bill ist schon seit vielen Jahren mein Freund und intellektueller Coach. Geduldig und gründlich las er jede Seite des Manuskripts und machte wertvolle Vorschläge. Besonders wichtig für mich ist, dass Bill nicht nur ein guter Freund und Lehrer ist, er ist nunmehr mein Kollege.

Alle bei Legg Mason Fund Adviser haben Fokus Capital mit offenen Armen und viel Hilfe empfangen. Ich schulde Nancy Dennin, Lisa Rapuano, David Nelson, Ernie Kiehne, Kyle Legg, Mary Chris Gay, Jay Leopold, Randy Befumo, Chip Colemann, Michael Ray, Burr Burker, Darlene Orange, Corinne Ratliff, Cassandra Green und Jennifer Murphy großen Dank.

Bei Legg Mason Fokus Capital möchte ich mich besonders bedanken bei Tracy Haslett für ihre Hilfe bei der Vorbereitung des Manuskripts und bei Cathy Coladonato, die hart arbeitet, damit unsere Firma glatt läuft. Besonderen Dank an Ericka Merluzzi, meine Research-Assistentin. Ihr Research und ihre Nachforschungen waren immer erstklassig. Ihre Arbeit bei Fokus Capital ist unbezahlbar.

Meine Beziehung mit John Wiley & Sons, Inc. war hervorragend. Ich möchte meinem Verleger und Freund Myles Thompson für seine ständige Hilfe danken. Vielen Dank auch an Jennifer Pincott, die Lektorin, an Mary Daniello, die Projektbetreuerin, sowie Nancy Marcus Land und Maryan Malone bei Publications Development Company für ihre fachkundige Hilfe.

Großen Dank schulde ich Laurie Harper bei Sebastian Literary Agency. Laurie ist eine perfekte Agentin. Sie ist klug und loyal und arbeitet in jeder Hinsicht mit einem hohen Maß an Integrität. In einem Wort: Sie ist etwas Besonderes.

Großen Dank und Anerkennung schulde ich meiner Co-Autorin Maggie Stuckey aus Portland, Oregon. Dies ist das dritte Buch, das Maggie und ich zusammen geschrieben haben, und ich kann Ihnen ehrlich sagen, dass ich ohne sie schon oft aufgegeben hätte. Auch wenn wir an gegensätzlichen Enden des Kontinents arbeiten, hat Maggie die besondere Begabung, sich sehr gefühlvoll in das von mir begonnene Werk einzubringen. Irgendwie gelingt es ihr, in mein Gehirn einzudringen; sie weiß, was ich sagen möchte, bevor ich es gesagt habe, und ist mir behilflich, es besser auszudrücken. Maggie Stuckey ist die Beste in dieser Branche, und ich schätze mich glücklich, dass sie ihre Talente mit mir teilt.

Viele Menschen haben diesem Buch großzügig ihre Zeit und Aufmerksamkeit gewidmet. Für alles, was an diesem Buch richtig ist, danke ich ihnen. Für Fehler und Lücken bin allein ich verantwortlich.

Jeder Autor, der Vater und Ehemann ist, kennt die Opfer, die eine Familie bringen muss, bis ein Buch fertiggestellt ist. Für die vielen Male, an denen ich sagte, ich könnte nicht mit meinen Söhnen Robert und John spielen, ist die Antwort heute ein begeistertes Ja. Für all die vielen Male, wo ich mich auf meine Tochter verlassen musste, um im Haus zu helfen: Kim, jetzt bist du wieder frei. Und für meine wunderbare Maggie, die sich niemals beschwerte, wenn sie die doppelte Last an Pflichten auf sich nahm: Ich bin wieder da, und ich liebe dich!

Robert G. Hagstrom